THEORY OF INTERNATIONAL AID TO EDUCATION AND THE CHINESE
ASSISTANCE TO INTERNATIONAL VOCATIONAL EDUCATION

国际教育援助理论和中国对外职业教育援助策略研究

赵长兴 著

北京理工大学出版社
BEIJING INSTITUTE OF TECHNOLOGY PRESS

版权专有　侵权必究

图书在版编目（CIP）数据

国际教育援助理论和中国对外职业教育援助策略研究 / 赵长兴著. -- 北京：北京理工大学出版社，2022.7
　　ISBN 978-7-5763-1426-7

Ⅰ.①国… Ⅱ.①赵… Ⅲ.①国际教育—对外援助—研究②职业教育—对外援助—研究—中国 Ⅳ.① G51 ② G719.2

中国版本图书馆 CIP 数据核字 (2022) 第 110490 号

出版发行 / 北京理工大学出版社有限责任公司
社　　址 / 北京市海淀区中关村南大街 5 号
邮　　编 / 100081
电　　话 /（010）68914775（总编室）
　　　　　（010）82562903（教材售后服务热线）
　　　　　（010）68944723（其他图书服务热线）
网　　址 / http：//www.bitpress.com.cn
经　　销 / 全国各地新华书店
印　　刷 / 定州市新华印刷有限公司
开　　本 / 710 毫米 × 1000 毫米
印　　张 / 12
字　　数 / 180 千字
版　　次 / 2022 年 7 月第 1 版　2022 年 7 月第 1 次印刷
定　　价 / 78 元

责任编辑 / 李慧智
文案编辑 / 李慧智
责任校对 / 周瑞红
责任印制 / 边心超

图书出现印装质量问题，请拨打售后服务热线，本社负责调换

序　言

随着中国国力的增强和全球化的深入，中国在国际组织和世界各地所处地位的现状与其应有的影响力不甚匹配，国际发展战略的重要性上升到前所未有的高度，事关国家、政府部门、公共机构甚至民间社会。作为最大的发展中国家，中国正逐步从受援国角色向援助国角色转变。这是一个不断摸索和创新的过程，且面临诸如美国联合欧洲国家对中国发展的加大打压、新冠疫情的长期存在等挑战。如何在自己发展的同时，通过国际合作与援助来帮助其它广大发展中国家真正摆脱西方新旧殖民主义的束缚，实现共同进步和可持续发展；在中国较为重视的教育对外合作与援助领域，应依据什么理论和原则；哪些教育援助领域需要优先发展，哪些援助形式更适合发展中国家；西方援助的经验和教训有哪些；应采取哪些切实有效的教育援助策略，"助人以鱼"和"授人以渔"孰重孰轻……这些问题构成本研究的背景和意图。

由于此前国内类似研究多由教育机构的学者开展，缺少对外交和国际发展的实践认识，本人在外交前线从事中国国际教育合作30多年，有些切身感悟，希望通过本研究来为读者带来另一种看问题的视角，为决策者提供一些新的参考路径，为民间社会客观看待和支持对外援助展现合理依据。这是本研究的一个意义。此外，中国2011年提出构建人类命运共同体理念，本研究首次试图全面深入挖掘历史上有无类似概念，来断定这一理念的新颖性，将其融入到中国对外教育援助的理论中，为国际合作与发展注入新的生机。这是值得一提的另一个意义。

本研究主要内容包括构建人类命运共同体的国际普遍价值和理论新意，西方发展援助委员会及其成员国的教育对外援助现状、动机及特征，中国教育对外援助的发展、机制、理论元素以及在多边和双边援助中的实践。本研究的突出特点在于提炼可以丰富援助理论的人类命运共同体蕴涵的新元素，分析可以为中国教育对外援助带来启示的西方援助机制状况，阐述中国教育对外援助的后发性、主动性、多样性、重点性、全面性、层次性等特色，提出对外援助建设策略。

本研究适合的读者包括在国际发展援助、国际关系、国际双边教育合作、国际多边教育合作等方面的外交人员、各级政府行政管理人员、事业/企业单位人员、相关专家、学者、研究人员、教师、学生等。

本研究存在一定局限性。由于本人主要依靠个人努力开展研究，加上篇幅限制，不可能就提及的各方面进行逐一分析，不可能将多年的外交职业生涯的相关经验完全对号入座，也不可能过多依据个人感受归纳共性的成果。本人将在未来的研究中丰富相关内容。

赵长兴

2022 年 7 月于北京后海

目 录

导 论 1

第一章 人类命运共同体理论及其新颖性 6
一、类似的一些人类发展理论 6
二、与人类共同发展相制衡或相反的一些理论 10
三、人类命运共同体的提出及意义 11

第二章 国际合作、发展与援助 18
一、国际合作、发展与援助类型 18
二、官方发展援助 21
三、问题与批评 40
四、一些具体问题的解决办法 51

第三章 国际教育援助理论 58
一、国际教育援助政策演变 58
二、官方教育援助政策的几个特点 65
三、国际上教育援助的理论元素 70
四、教育援助分类及援助模式 80

第四章 国际教育和职业教育援助实践 87
一、援助国教育援助发展 87
二、职业教育援助基本情况 110
三、国际教育援助的主要问题 122

第五章　中国对外教育援助发展及策略 132
一、教育援外发展的历史实践 132
二、对外援助政策、管理机制与教育援助类型 137
三、中国职业教育对外援助理论、形式及实践 148
四、中国教育特别是职业教育援外的主要困难 161
五、中国开展教育特别是职业教育援助策略建议 164

结束语 180

导 论

国际援助,因全球性问题(环境恶化、资源耗尽、人口增加、恐怖活动、难民爆发、艾滋病流行、女性受剥削、战后重建、各种冲突不断等)而成为人类共同生存的必需,因多数发展中国家文化经济水平十分落后而成为人类共同富裕的必需,因贫富悬殊加剧、12亿人生活在日收入不到一美元的极端贫困之中而成为人类共同进步的必需。

然而,解决全球性问题、减少自由市场经济的无限性和竞争性的不良后果、阻止世界各国相互割裂和分立、限制世界强权的霸凌,单边主义和意识形态对立均无济于事。第二次世界大战后成立的联合国体系所倡导的人类和平与发展理念经历70多年的历程,仍然没有从根本上缓解全球性问题的严重程度,联合国2000年确立的15年人类发展目标和2015年确立的15年人类可持续发展议程均反映出国际社会面临任务的艰巨性,实现目标必须有新的理念去支持和补充联合国宗旨。

中国政府提出的构建"人类命运共同体"理念可以被认为是过去没有出现过的新思想,从其基本元素剖析,它虽与联合国宗旨以及其各机构使命相似或重叠,但仍具有新的元素,与其他国际上的类似理念也有不同之处。在此新理念支撑下,国际援助将可能获得新的生命,取得更好的效果,造福于发展中国家。

教育是发展之本,援助之首。中国对外国际教育援助刚刚起步,后劲巨大。本书首先解析"人类命运共同体"理念的新意,随后梳理世界官方发展援助的历史背景、发展状况和现存问题,然后对发展援助的教育部分从资金来源、管理机构、重点政策、援助领域、援助渠道、资源保障和改进策略等方面进行探究,对教育援助的理念进行梳理,对双边和国际多边教育援助以及职业教育援助进行分析,最后探寻中国在教育特别是在职业教育方面的对外援助策略。

本书基于作者曾经承担的一项全国教育科学"十三五"规划2019年度教育部重点课题"人类命运共同体语境下的国际教育援助理论及中国对外职业教育援

助的策略研究"（批准号：DGA190316），本人首先要向对此课题做出贡献的同事和朋友表示衷心感谢。本书内容与国家新近工作重点需求相吻合，题目的设计包含了几大元素："一带一路"倡议、人类命运共同体构建、国际教育发展援助、中国对外教育合作。本书试图为中国未来的教育援外在规章制度、政策导向、指导原则、科学理论和推进策略方面提供一些有助益的思考。

本书可能会有一定学术价值和实用价值，突出价值在于助力完善中国教育援外策略和实践，为人类共同进步做出努力。人与人之间的相互帮助是天经地义的人类道德，无须任何理论支撑这一基本原则的天然合理性。早在第二次世界大战结束后，国际社会就建立了联合国体系，并在其影响和指导下对穷国开展援助活动。进入新世纪后，联合国突出强调国际援助，消除贫困，并先后两次制定了15年期人类发展目标。中华人民共和国成立后，虽然经济尚很落后，百姓清贫，但也通过双边渠道对亚非拉地区进行了无私的援助。中国从受援国逐步转变为受援和援助并存的国家，直至成为现今的援助国，角色转变发生较快，各种转化工作在逐步调整之中。中国提出的"人类命运共同体"理念凸显中国为人类共同发展做出尽可能多的贡献的决心，中国专门负责国际援助政策和协调的国际发展合作署也应运而生。教育在国际援助中的重要性随着经济社会的发展，得到越来越多的国家的认可，教育援助额占总援助额的比例一直保持在高位。中国在教育对外援助通盘政策和行动上还处于刚起步阶段，比普通教育更容易开展合作的职业教育援助处于机制探索之中，亟待制定教育、特别是职业教育援助方面的政策和规划，这也是本书的价值所在。

由于援助内容涉及若干元素，且教育被涵盖在总援助之中，故本书不局限于对教育对外援助和职业教育对外援助的探讨，而是较大地扩展了涉猎范围，如，对与人类命运共同体相关的以往类似概念进行对比和分析，确定人类命运共同体的提法是否具有新意和价值；全面探讨国际发展援助的历史与现状、成绩与问题；把国际发展援助的教育方面作为重点从理论和实践上进行探讨，具体对职业教育援外的实践进行比较和分析；从中国法律、政策、机制及实践上对中国教育援外的现状和问题进行梳理，通过借鉴经验提出中国国际教育援助的政策和策略建议。在援助类型上，本书集中在官方发展援助（也可称为"公共发展援助"），既不涉及非促进发展意义上的其他国际合作，也不涉及私人慈善活动。

本书围绕题目涉及的四大元素提出问题：首先是人类命运共同体概念，这一概念以前是否有相同或类似的提法，也就是说是否有新意，此外，它与联合国的理念有何不同；其次是国际官方发展援助，为什么要开展援助，援助国和受援国如何看待发展援助，多边援助机构与双边有何异同，援助效果、问题及趋势如何；再次是教育援助的特点，教育援助在整体援助中的地位和发展趋势是什么，受援国对教育援助的期待是什么，职业教育在教育援助中的地位、作用和占比如何，未来的发展趋势如何；最后是中国对外援助的机制建设和政策制定，中国对外援助与经合组织发展援助委员会援助的内容有何差异，中国教育援外的类型有哪些，中国教育援外的现状及问题如何，教育特别是职业教育援外的比重、策略、计划与项目、统筹与统计，等等。

围绕以上核心问题，提出以下观点：第一，人类命运共同体理念与联合国宗旨和计划相似，但在处理国与国之间关系上更全面，在要求大国包容促进共同发展上更有效，故为新理念；第二，由于世界经济的不景气，西方官方发展援助额将停滞不增，此外，发展援助委员会规则和要求难以被所有成员国遵守，其教育援助呈现多样性；第三，中国教育援助机制继续保持多渠道和多样化；第四，中国职业教育援外将成为对外教育援助中较为有效的技术援助类型。

本书内容涉及大量国内外文献。首先，关于人类命运共同体的研究，国内有许多文章进行了分析和研究，有些文章认为，人类命运共同体是一个崭新的理念，但没有说明为什么新，因为对理念的种种解释均是联合国涉及的业务领域，也没有挖掘类似的理念进行比较，因为此前有类似的用词和运动。这些研究让读者无法看出其新意，亦无法找到其可行性和可操作性。该措辞几次被联合国文件引用，但国际上对此也研究不多，也许是对共同体一词包括思想价值共同体的基本看法持怀疑态度，也许是将"命运"翻译成共享的"未来"而感到平淡。本书试图找出此概念的新颖性和可行性，为消除国际误解和增进理解做出贡献。

其次，有关教育援助方面的研究文献不少，靳希斌等的《国际教育援助研究——理论概述与实践分析》有珍贵的实践论述[1]。张民选的《国际组织与教育发展》对多个组织的各种经验性认识进行了阐述[2]。赵玉池的《国际教育援助研究》[3]对教育援助理论与实践进行了探讨。胡小娇的《国际教育援助及其效果研究》研究了国际组织援助和国别援助效果[4]。沈蕾娜的《世界银行对发展中国家高等教育的政策及影响——以亚非四国为例》，梳理了中国、印度、尼日利亚和

---

[1] 靳希斌，严国华. 国际教育援助研究——理论概述与实践分析 [M]. 福州：福建教育出版社，2008：66-74.
[2] 张民选. 国际组织与教育发展 [M]. 上海：上海教育出版社，2010.
[3] 赵玉池. 国际教育援助研究 [D]. 重庆：西南大学，2010.
[4] 胡小娇. 国际教育援助及其效果研究 [D]. 上海：华东师范大学，2011.

肯尼亚的案例[①]。陈莹的《人类命运共同体视域下中国国际教育援助》梳理了人类命运共同体观念提出的历史，分析了国际教育援助的意义，扼要介绍了中国双边援助、汉语推广、奖学金发放等情况[②]。

最后，关于职业教育援助方面的研究较少，由于在国际援助统计中，中等职业教育被列在高中教育中，高级技术培训被列在高等教育中，专门对职业教育单独进行研究的不多。张永麟1997年编译的《世界银行、国际劳工组织专家对中国职业培训的考察评估意见和建议》[③]、中国职业技术教育杂志编辑部与职业教育与成人司2005年合作撰写的《教育部与世界银行携手研究促进农村进城劳动力转移》[④]，主要是项目研究。总体上看，有关教育援助的研究缺少理论概括和亲身经验，缺少批评。

国外学者对援助以及教育援助的研究文献不少，例如，从宏观研究成果看，多数文献认为要加大发展援助，以实现联合国确定的人类发展目标；也有个别人认为对发展中国家的援助不利于发展中国家的发展。从微观研究成果看，1991年世行M. E.Lockheed和A.M.Verspoor的《改善发展中国家初等教育》，1994年萨卡洛普洛斯（G.Psacharopoulos）的《教育投资回报，全球更新研究》等表明，基础教育援助为受援国的发展带来的益处要大于职业教育援助，强调基础教育对受援国发展至关重要。也有文献认为高等教育有同等重要性。在此方面，本书试图证实职业教育援助对受援国的就业有直接明显的实用逻辑。

本书以分析文献和有关数据为主要研究方法，参考本人多年国际双边和多边合作经验以及对发展中国家的了解，通过召开专家咨询会议、采访国内外官员和专家、分享研究成果、举行小范围援助政策讨论，锤炼政策建议的有效性。本人通过大量阅读和思考设计研究框架，运用历史回顾、文献分析、访问、观察、经验等取舍写作内容。用非量化的手段分析研究对象的特点和相互关系。研究步骤包括选题、假设、资料收集分析、核验假设、研究框架、资料分类和遴选、内容逐步聚焦主题、历史背景和内容分析、关键内容比较分析等。

本书在数据收集上有一定的局限性。中国刚成立国际发展合作署，行使政策和机制协调职能，但援助各领域的数据不易找到，因为对外援助的数据多分

[①] 沈蕾娜.世界银行对发展中国家高等教育的政策及影响——以亚非四国为例[D].北京：北京师范大学，2009.
[②] 陈莹.人类命运共同体视域下中国国际教育援助[J].暨南学报，2019，41（11）：119-132.
[③] 张永麟.世界银行、国际劳工组织专家对中国职业培训的考察评估意见和建议[J].职业技能培训教学，1996（4）：16-17.
[④] 明茜.教育部与世界银行携手研究促进农村进城劳动力转移[J].中国职业技术教育，2005(27)：15

散在各相关部委和机构中，涉及教育与培训的援助数据也有些分散，而财政部也不公布有关国际援助和国际合作的综合数据，这样，获取中国有关数据十分困难。特别是中国教育对外援助刚开始全面铺开，系统化和机制化尚不足，商务部援助统计数据往往简化为一揽子援助项目，经常不专门分立教育项目，更不细分基础教育、中等教育、职业教育和高等教育。另外，奖学金种类、层级和发放及管理部门多样，数据很难保证齐全。对于西方援助国数据，发展援助委员会虽有其教育数据，但往往把职业教育列入中等教育或高等教育类，不单列，项目描述也相对简单，这给专门的分析工作带来了困难。

由于本书侧重对官方发展援助教育方面的分析，而教育又是官方发展援助的重要组成部分，不是独立的一个领域，因此，本书使用了一定篇幅讨论"人类命运共同体"新理论，阐述国际援助现状和问题，在此基础上梳理教育援助理论与实践，以及中国教育特别是职业教育对外援助的建议。

第一章　人类命运共同体理论及其新颖性

一、类似的一些人类发展理论

（一）"二战"后联合国和平与发展理论及其局限性

第二次世界大战结束后，为了人类的和平与发展，联合国及联合国专门机构应运而生，这样，推动共识、相互帮助、共同发展得到机制保障。从"人类命运共同体"概念上看，我们能找到一些与联合国宗旨和使命一致的地方：在范畴上，联合国也致力于帮助地球上的人类；在合作上，联合国也注重加强各国之间的联系；在工作方式上，联合国也倡导协商一致；在持久上，联合国也强调可持续性；在和平上，联合国将之定为主要目标；在发展上，联合国主张共同发展和南北合作。具体来说，在政治方面，纽约联合国总部的安理会职能之一是确定打击恐怖主义、避免武装冲突等优先工作事项；在难民方面，国际难民署专司相关事务；在贸易方面，世界贸易组织承担着化解纠纷和惩治违规的职责；在文化方面，联合国教科文组织通过公约力保文化多样性；在生态和环境方面，联合国环境计划署等机构致力于环境保护，联合国倡议召开的世界气候大会机制也是应对生态与环境的，联合国教科文组织通过的生物多样性公约确定了人与生物及环境的关系准则，具有官民双重性质的世界保护大自然联盟推动人类对环境的保护。从"人类命运共同体"所蕴含的各种元素看，庞大的联合国系统基本都有相对应的机构去应对。

联合国的基本使命充分体现了人文主义。联合国智力合作机构——教科文组织前任总干事博科娃于2010年10月7日在意大利米兰接受荣誉博士证书仪式上代表教科文组织的发言中提到"人文主义者认为存在人类共同体，它不断地扩大着，直至地球上的所有人类"，她呼吁把世界各地的人群集中在人类共同体中[①]。

[①] BOKOVA I. Un nouvel humanisme pour le XXIe siècle[EB/OL].（2010–10–22）[2021–05–03]. http://www.unesco.org/new/fileadmin/MULTIMEDIA/HQ/BPI/EPA/images/media_services/Director–General/mission–statement–bokova–r.pdf.

但随着时光推移，联合国系统在人类和平与发展的过程中也面临着诸多新挑战，例如，超级大国退出联合国专门机构（世卫组织、教科文组织等）和拖延支付会费使联合国用于发展的资金紧张状况进一步恶化；世贸组织的改革给未来各国贸易争端带来更多不确定性因素；联合国亲西方的传统面临新兴国家的挑战（常任理事国、国际职位、游戏规则等）；联合国在价值观和国际干预上不能保持绝对中立；联合国系统官僚作风使其缺乏创新，无法有效解决争端；等等。

（二）新人文主义理论及其弊端

反映人类共同发展基本良知的新人文主义建立在人文主义基础之上。人文主义最初特指14世纪意大利文艺复兴时期的文化、哲学和艺术运动，当时正是欧洲从中世纪向近现代过渡的时期，运动蕴含着世俗精神，人文主义思想家不再强调世界是由外部神圣力量所创造的，而是开始注重人类智力在一切事物的现实探索中的积极作用。人文主义因而成为西方共同价值的集合体。法国人蒲鲁东最早对之做出解释，"人"的含义更多地指个人，它与政治、经济、社会系统或制度对立。历史学家们从革命或进步角度把文艺复兴之初的思想运动称作"人文主义"。人文主义与人道主义不同，前者是一种哲学思想和理论，而后者则侧重于社会行动。

"新人文主义"一词由德国人弗德里克·鲍尔生（Friedrich Paulsen）于1885年创造，是文艺复兴时期最初提出的人文主义的延伸，更强调知识的人文主义思想，也就是自我学习和修养。进入20世纪以来，各种相关思潮随着时间得到更新和完善，导致新人文主义完全展现。阿根廷作家马里奥·路易·罗德里格兹·科沃斯（Mario Luis Rodríguez Cobos，别名Silo）是新人文主义运动的创始人之一，他于1978年创立的"人类发展共同体"旨在促进世界发展。

新人文主义或者叫作普遍人文主义是一个旨在改造世界的新流派，它期望人类文明有所改变，促成一个"普遍人义国家"的诞生。其原则立场包括：①把人类作为核心关注点和价值。它不同意当今社会的发展方向，因为当今社会被经济和金融强权统治着，致使其他一些人还在受苦。②重申所有人是平等的。③承认文化和个人的多样性，倡导普遍的、多元化的和求同存异、尊重别人选择的生活方式。④寻求超越被认为是绝对真理的知识，反思使个人与社会之间不再激烈对抗的办法。⑤承认言论自由和信仰自由。⑥反对歧视、宗教狂热、压迫和暴力行为。这一原则立场和态度并非代表着一种哲学，而是一种展望，一种与其他人共同生活在一起的方法，其行动旨在使人们对待别人就像自己想要让别人对待自己那样，同时推动社会改造和个人发展。

新人文主义者还建立了专门机构，如1978年在社会领域建立的"人类发展共同体"，1984年在政治领域建立的"国际人文主义党"，1995年在文化领域建立的"多文化中心"（2010年更名为"多文化汇聚组织"），1993年在莫斯科论坛建立的"世界人文主义研究中心"，以及1995年建立的"无战争和无暴力的世界"协会等。这5个机构践行新人文主义的基本观念。

面对国际多重危机和矛盾，许多政治人物也倡导新人文主义。例如，统领天主教世界的罗马教皇方济各在2016年9月18日萨拉热窝举行的教会理事会会议上期待"欧洲新人文主义"的出现。牵头肩扛自由平等博爱大旗的法国为了制衡美国的单边主义和"最强者法则"，在联合国大会论坛提出建立"当代新人文主义"[①]。

然而，人文主义早已在走下坡路，而新人文主义仍然面临着难以逾越的传统困境，存在诸多弊端。人文主义思想强调以人为中心，强化了人类种族的高低之分，而且，世界大战、大屠杀、集中营、大规模扭曲的意识形态等使"人的本性"泯灭，在这些严酷的现实面前，有关人文主义和进步的话题式微，在政治和媒体方面变得陈旧，被称作是"大杂烩"的代名词。在自然问题上，生态环境成为重要价值，人不能是主宰地球的上帝，而是大自然的一部分，要与自然共处，人文主义不是宗教[②]，只是道德要求；改变人类基因也是将人类置于自然之上的行为，生物伦理要求人类在发展上不能无边际地拓展。在社会及政治问题上，人文主义并不是解决一切的灵丹妙药，特别是涉及政治时，道德与政治是两个不同方面，不能有所混淆或偏颇，人文主义道德确定发展目标，而政治主要为采取的手段负责，道德试图达到共性，而政治则是个性，道德要求不要有利益欲望，而政治则不可能这样，人权是普遍的共性，但不能替代政治。从道德上看，慷慨援助是十分高尚的，因为它不带有利益，而从社会和政治上看，团结互助则更为有效，因为没有人会为了慷慨援助而缴纳税赋。政治不属于慷慨援助，它必须采纳团结互助的方式。道德要求人不要太自私，而政治要求大家共同以聪明的方式表现自私，而不是愚蠢地相互争斗，人不是圣人，而是团结互助者，人类社会在利益之下运作。在精神问题上，人不是上帝，不能永远生存，永远正确，

---

① MACRON E. Discours du président francais à l'ONU[EB/OL].（2018-09-26）[2021-05-03]. https://www.elysee.fr/emmanuel-macron/2018/09/26/discours-du-president-de-la-republique-emmanuel-macron-a-la-73e-assemblee-generale-des-nations-unies.
② CAPELLE P，COMPTE-SPONVILLE A. Dieu existe t-il encore？[M].Paris：Cerf, 2006:54.

永远强大，永远睿智。在机制问题上，新人文主义运动不同于政府间性质的联合国各相关机构，它发自民间，成员是志愿者，义务性地在街区、城镇等地方一级开展活动，以民间渠道推进人类的共同进步，因而面临诸多困难[①]。

（三）国际主义理论及其缺失

国际主义[②]是一个政治运动和思想流派，它将人类的共同利益与国家之间的冲突对立起来，主张未来建立一种超越国家和边界的国际制度。创立于1864年的"第一国际"组织在工人运动的定义和架构上以及当时的战略性社会运动中发挥过关键作用。无产阶级国际主义首先寻求建立无产者之间的国际团结，它基于社会阶级分析，誓言将世界无产阶级打造成有觉悟、有组织的政治力量。阶级斗争不局限于工人阶级与资产阶级的冲突，无产化触及所有非统治阶级。无产阶级在其为解放而进行的斗争中应该解放所有社会和整个世界。第一国际组织构建与1871年巴黎公社、1917年列宁格勒、1923年汉堡、1937年巴塞罗那的革命自治制密不可分。

国际主义延伸到国际团结上，重新提及人民的概念，人民这一概念的确立是依据它的斗争历史，在由阶级、人民、民族和国家形成的复杂整体中实现的。国际团结将多种努力结合在一起，例如，受压迫人民团结起来反对统治势力的强加，所有人民团结起来反对现有统治体系的超越计划，在斗争中和在世界化时代形成新的国际主义团结。

国际主义反对国家主义将所有其他形式的特性置于国家特性之下的企图。世界化从其发展之初就是资本主义性质的，而资本主义在其发展之初又是世界性的。资本主义世界化的新阶段，即新自由主义，面临着社会、生态、经济、疫情、地缘政治等危机，不得不进行"紧缩性"掉头，将"紧缩"与"专制"结合起来，这使各种暴力和冲突频发。与此并行出现的是满足这种野蛮的世界资本主义，即国家主义、种族仇视等意识形态的加强。

然而，国际主义过分强调世界革命的重要性，与国家主义与社会阶级的重要性和优先性对立起来，忽略了那些集体、共同体提出的问题以及归属的重要性，错误地认为这些问题从属于社会阶级的架构。此外，国际主义侧重于阶级斗争，把人类社会的经济发展和生活改善放在次要地位。有的国家理解的国际主义以国际人道主义为基础开展对外援助，是从广义角度看发展，因此是有区别的。

---

① BADIE B. Nous ne sommes plus seuls au monde : un autre regard sur l'ordre international[M],Paris : La Découverte, 2016.
② MASSIAH G. Internationalisme : quelques repères, Ritimo [EB/OL]. （2019-06-30）[2021-05-06], https://www.ritimo.org/Internationalisme-quelques-reperes.

二、与人类共同发展相制衡或相反的一些理论

（一）与爱国主义不同的国家主义

爱国主义反映人类本性，是指对祖国的深深牵挂和献身。在 18 世纪末的法国，它寓指大革命支持者。现代社会中，爱国主义者的代表包括军队战士、政府行政部门代表、外交官等，百姓悬挂国旗也属于爱国主义行为。1937 年 3 月 1 日，毛泽东在会见美国进步记者和作家史沫特莱时说："中国共产党人是国际主义者，他们主张世界大同运动；但同时又是保卫祖国的爱国主义者"，"这种爱国主义与国际主义并不冲突，因为只有中国的独立解放，才有可能去参加世界的大同运动"[①]。对国际的援助不妨碍爱国主义的情怀。

而国家主义或民族主义虽也具有爱国主义的内容，但它不局限于"对国家情感的宣示"，它是一个建立在这种情感基础上的理论，它更多反映人类私利，把所有内政都置于发展国家实力之下，主张向外部申明这一主权无限制的权利。现代社会中，国家主义者或民族主义者把自己民族的利益置于所有其他国家利益之上。

政治家们多避免被戴上国家主义和民族主义的帽子，更多地声称自己是爱国主义者。在修辞严谨的法语中，法国总统马克龙说，爱国者都希望法国变得强大和对欧洲开放，这并不意味着要退缩、回到自己的范畴，这是迎击国家主义和保护主义的一种方法。真正的爱国者认真审视过去与未来，并知道如何让两者相互妥协。密特朗总统早前也说过"国家主义和民族主义意味着寻求战争"。国家主义作为一种思想体系和意识形态，并不能穷尽国家问题的永恒性和发展变化状态。

国家主义与爱国主义的不同也反映了阶层思想。资产阶级是世界主义和国家主义，工人阶级是国际主义和爱国主义，这从侧面褒奖了工人阶级观念。的确，各国的国家利益往往试图擦掉阶层冲突，以服务于统治和国家或国际资产阶级。

（二）孤立主义及单边主义

孤立主义反映了惧怕因与外界接触而使自身利益和发展受损的私心，是一些国家在对外政策中采取的尽可能少地干涉国际事务的做法。早在 1832 年，美

---

① 毛泽东. 毛泽东文集（第 1 卷）[M]. 北京：人民出版社，1993：484.

国门罗总统就奠定了美国这一不干涉别国事务的外交政策基础。"一战"时期，美国走向强大，孤立主义被终断，美国威尔逊总统倡议建立"国际联盟"，但美国自己却一直没有加入，直至"二战"之后羽翼丰满才倡导成立联合国，真正放弃孤立主义。1948年美国上议院通过决议，彻底放弃传统的孤立主义理论体系。

单边主义是指国家、政党、公司等组织不与其他方协商，采取单方面的行动，它可能无视其他当事方利益，不对当事方承诺。它往往带有民族主义和霸权主义的色彩，显示强权和任性。具有较大影响力的国家或组织往往采用此学说。美国经常在其外交政策上采取单边主义，特朗普执政以美国优先为原则，一旦不能得到利益满足即退群，不向国际组织缴纳会费，致使国际发展援助往往得不到有效推进。

（三）文明冲突论

文明冲突论实质是在遮掩西方自私的和唯我独尊的阴暗心理，它不利于国际援助发展。《文明冲突论》是1993年由美国哈佛大学教授塞缪尔·P.亨廷顿在《外交季刊》上发表的一篇题为《文明的冲突》的文章中的观点。1996年，此文章又被拓展为一本专著，取名为《文明的冲突与世界秩序的重建》。文明冲突论以"文明冲突将是未来冲突的主导模式"为主要论点。作者基于一些历史事实，认为世界变小，文化的接触会产生摩擦，由于现代化及社会变迁，宗教填补了人从传统中跳脱后的真空。全球化不等于西化，文化差异是不易改变的，对同类的喜爱以及对异类的憎恶是人的天性。

美国政府的对外政策明显受到该理论的影响。在国际发展援助中，美国以及其他一些西方国家的援助政策无疑带有极强的政治色彩。例如，美国前总统特朗普的去全球化和退出自己曾主导创立的国际组织，打压意识形态不同的文明国度中国和伊朗。

三、人类命运共同体的提出及意义

（一）在日益复杂的国际背景下提出人类的团结发展

当今世界处于大发展、大变革与大调整的时期，和平与发展仍是时代的主题。全球的治理体系与国际秩序的变革正加速推进，世界各国相互联系与依存也日益加深，但是，国际力量更趋平衡，和平与发展的大势不可逆转。与此同时，世界面临的不稳定性与不确定性非常突出,全球增长动力不足,贫富分化严重,恐怖主义问题、网络安全问题、传染性疾病问题等威胁蔓延,当今人类面临着许多共同的挑战。这是倡导人类命运共同体的现实依据,全球的问题需要人类共同面对、共同应对,没有哪个国家能够单独应对所面临的各种挑战。

"人类命运共同体"概念起源于中国对外和平发展的理念。国务院在 2011 年 9 月发布的《中国的和平发展》中首先提出此概念,该白皮书第四节中指出"不同制度、不同类型、不同发展阶段的国家相互依存、利益交融,形成'你中有我、我中有你'的命运共同体"[①]。2012 年 11 月,中国共产党的文件也写入了这一概念,倡导人类命运共同体意识。2013 年 3 月 23 日,习近平主席在莫斯科国际关系学院演讲时首次作为国家领导人提出"人类命运共同体"。其定义为"这个世界,各国相互联系、相互依存的程度空前加深,人类生活在同一个地球村里,生活在历史和现实交汇的同一个时空里,越来越成为你中有我、我中有你的命运共同体"[②]。

正确的义利观是组成该概念的重要元素。2013 年 3 月,习近平主席访非时提出并在年底的周边外交工作座谈会上重申"亲、诚、惠、容"的周边外交理念,这是正确义利观的政策阐释。坚持"义利相兼、以义为先",通过"多予少取"或"只予不取"的经济援助、经验分享和集群式发展,帮助受援国走上自强发展的道路;坚持"扶危济困",通过实施好每一个实实在在的援助项目,将有限的援助资源投向受援国发展急需和民众急难所需;坚持"己所不欲,勿施于人",通过充分尊重受援国主权、政治现实和核心利益,与受援国建立起相互尊重、平等包容的发展伙伴关系;坚持"授人以鱼不如授人以渔",通过加强技术援助、提升参与度和促进能力建设,帮助受援国增强自主发展的能力[③]。

时隔一年,2014 年 3 月 27 日,习近平主席首次在联合国系统演讲,即选择了其智力合作机构——联合国教科文组织。习近平主席倡导人类文明互鉴互益,再次提及人类必须团结应对共同的挑战,有力回击了文明冲突论和文化霸权,"我们应该从不同文明中寻求智慧、汲取营养,为人们提供精神支撑和心灵慰藉,携手解决人类共同面临的各种挑战"[④]。2015 年 9 月 28 日,习近平主席在第 70

---

① 中国国务院.《中国的和平发展》白皮书 [Z/OL].(2011-09-06)[2011-05-16].http://www.scio.gov.cn/m/zfbps/ndhf/2011/Document/1000032/1000032_4.htm
② 习近平.顺应时代前进潮流 促进世界和平发展 [Z/OL].(2013-03-24)[2021-05-16],http://www.gov.cn/ldhd/2013-03/24/content_2360829.htm.
③ 国际发展合作研究所,等.中国与国际发展报告 2020——纪念、传承与创新,中国对外援助 70 年与发展合作转型 [R].北京:国际发展论坛,2020.
④ 习近平.习近平在联合国教科文组织总部的演讲 [Z/OL].(2014-03-28)[2021-05-19].http://www.xinhuanet.com/politics/2014-03/28/c_119982831.htm

届联合国大会一般性辩论时发表题为《携手构建合作共赢新伙伴，同心打造人类命运共同体》的讲话①，标志着这一理念正式向国际社会推出。2017年1月18日，国家主席习近平在瑞士日内瓦万国宫发表题为《共同构建人类命运共同体》的主旨演讲。此后，联合国获得了和平与发展的新坐标和新活力，多次将该概念载入联合国决议等文件。这一理念使联合国重新坚定信念，成为联合国发展、协商、改革和创新的催化剂。

2021年中国国务院新闻办对推出"人类命运共同体"理念提出了四大源泉：古代大同思想、投桃报李、国际主义、大国担当②。

（二）以"共同未来"为核心推动共荣共进

人类命运共同体概念中的"共同体"一词是外来词"community"的中文翻译，在20世纪50年代末，"欧洲经济共同体"建立，"共同体"一词的中文翻译从改革开放开始逐步为中国人所熟悉。而"共同命运"可以有两层意思，一是各国绑定在一起，二是共同面对未来。因此，中国官方将之翻译成"共享的未来"（shared future）。汉语中"命运"寓意更深更广，英文中难以准确表达，故一般将"人类命运共同体"的英文翻译成"a community with a shared future for mankind"，没有使用英文"命运"修辞。由于"shared future"经常在英语世界中见到，此英文翻译寓意较为通用，语气平和。但在汉语中，"命运"包含的特定"程度"和"关键"含义不言而喻。

构建人类命运共同体具体内容为："建设持久和平、普遍安全、共同繁荣、开放包容、清洁美丽的世界。"构建的原则为：要相互尊重、平等协商，坚决摒弃冷战思维和强权政治；要坚持以对话解决争端、以协商化解分歧；要同舟共济，促进贸易和投资自由化、便利化；要尊重世界文明多样性；要保护好人类赖以生存的地球家园③。该理念的重要元素为：创新、协调、绿色、开放、共享。

"共同体"一词意指各类人群生活的同一空间、同一时间和同一维度。由于该词是从欧洲语系中舶来的，原意包含各方面高度一致的意思，因此，欧洲语系国家容易错误地理解为各种价值特别是意识形态基本一致的集合体，其实，汉语中的意思并非强迫思想和观念的趋同，不同价值观的群体一样可以求同存

---

① 李正穹，解轶鹏.细数习近平2015外交成绩单五大努力构建人类命运共同体[N/OL].中国青年报，（2015-12-28）[2021-05-19].http://news.youth.cn/wztt/201512/t20151228_7471566.htm.
② 国务院新闻办公室.新时代的中国国际发展合作[R].北京：中华人民共和国国务院，2021.
③ 颜利，唐庆.习近平人类命运共同体思想的深刻内涵与时代价值[J/OL].（2017-12-12）[2021-05-19].http://world.people.com.cn/n1/2017/1212/c1002-29702257.html.

异,生存在一起。中国无意将政治价值观输出给世界,在"人类命运共同体"的理念中,人类总能找到共同的价值观,如:平等、民主、博爱、和平、发展等。2021年10月25日,习主席在北京出席中华人民共和国恢复联合国合法席位50周年纪念会议时,提出支撑该理念的"全人类共同价值",即:"和平与发展是我们的共同事业,公平正义是我们的共同理想,民主自由是我们的共同追求"。

共同体具有共同价值。推动构建"人类命运共同体",不是以一种制度代替另一种制度,不是以一种文明代替另一种文明,而是不同社会制度、不同意识形态、不同历史文化、不同发展水平的国家在国际事务中利益共生、权利共享、责任共担,形成共建美好世界的最大公约数。"天下大同"是中国人的追求和理想,这里的"同"不是指整齐划一,而是一种"和谐","和而不同",高低不同的音符组成美丽的世界篇章,体现着"不同"与"大同"的辩证统一,为世界各国应对挑战提供了思想指引。

(三)丰富了联合国和平与发展理念

在过去出现的相似理论中,联合国宪章"促进人类和平与发展"的主旨与中国提出的"人类命运共同体"理念相似度较高。随着时代的推移,联合国系统内的各种相关机构先后建立了起来,以服务于和平与发展这一主导目标,机构涵盖教科文、原子能、农业、环境、卫生、人权、发展资金、人口、旅游、居住、气象等诸多领域,各种行动和计划与人类命运共同体有相似和重叠之处。那么,是不是联合国的理念和执行机构早已覆盖了"人类命运共同体"理念和目标了呢?经过分析比对,发现"人类命运共同体"确有新意和优势,细微区别于联合国宗旨,是联合国宗旨的重要补充。

1. 理念要求的团结发展,使联合国和平与发展理念得到延展和支撑

新理念为世界和平与发展提供了聚合效力。"人类命运共同体"概念诞生之时就伴随着各领域发展理论元素的支撑,它基于中国长期以来积累的各种经验和教训。在联合国75年和平与发展历程基础上,它对联合国理念做出重要补充。"命运"一词涉及人类生死攸关的前景,要求各国和各类人群在生存和发展面临的挑战问题上要有深刻的共识,世界各种纠纷、冲突、战争、贫穷、资源耗尽、环境破坏、生物消亡等威胁着人类,不能再像目前这样消极应对,"命运"的绑定为生存和发展提供了推动效力,促进人类在联合国组织的领导下更健康地发展,通过发展促进和平。"共同体"要求人类在发展中真心团结起来,和平和发展理念贯彻需要建立在共同团结和积极向上的基础之上，不是现有联合国机制的一般松散联合所能实现的。

联合国193个会员国一国一票的组织和选举制度显示了公平和民主，但长期的按部就班导致对和平与发展问题的激情缺失和各说其理，而不是求同存异和大局为重，走进了效率低下瓶颈，导致"联合国过时论"大行其道。在这一关键时期，人类命运共同体一说给联合国和平与发展理念带来了新鲜血液，使未来人类发展道路得以走得更快更稳。

2. 理念要求的公正平等，使联合国职员价值观中立和成员国之间平等得到强化

"共同体"将世界各国、各民族集中在一个大家庭中，不论男女、不论什么种族和文化，一律平等，不应在价值观上有所偏向。而作为为联合国服务的国际职员则更应该保持中立，不应随意干涉他国内政。的确，联合国作为国际政府间组织，规定了中立原则。

然而，现今的联合国系统国际职员，特别是高级官员，常常做不到中立，使组织的公信力下降，他们往往将个人的意识形态当作组织的立场。这种中立缺失比比皆是，例如，2021年9月20日联合国秘书长古特雷斯在会见美国总统拜登时表示"我们联合国与美国有同样的价值观"。又如，2011年叙利亚发生推翻阿萨德内战后，联合国教科文组织公共宣传局就不遗余力地投入人力、物力和财力宣传对阿萨德政权不利的信息，配合以美国为首的扶植叙反对派的国际氛围。再如，2005年联合国教科文组织《全民教育全球监测报告》公开指责中非基金只用于开发非洲资源，不用于教育。

长期以来，国际组织多边关系中隐形存在强权政治、霸权主义、单边主义、入侵战争、策划政变、经济制裁等，严重制约了发展中国家的发展。在国际关系的公正上，中国倡导"国家之间要构建对话不对抗、结伴不结盟的伙伴关系"。这一原则运用在联合国系统就是保持中立和友好，联合国职员不能有价值观的偏颇。在各国文明和文化上，中国倡导文明只有特色之别，没有优劣之分，拥护联合国成员的平等关系；在经济发展上，强调引导经济全球化健康发展，避免不公正的贸易战争，"推动建设一个开放、包容、普惠、平衡、共赢的经济全球化，既要做大蛋糕，更要分好蛋糕，着力解决公平公正问题"。这些原则和做法能有效推进联合国系统的中立，改善各成员国之间的平等、合作和共赢关系，灵活有效地处理好国际事务。

3. 理念要求的求大同，使联合国协商一致原则提高效率

人类命运共同体要求求同存异、团结一致，这种真心实意是公正的协商一致的关键推力。"二战"后左派促进人类共同进步的呼声促使联合国建立，应该说，经过几十年的团结努力，为人类社会长足发展做出了贡献，协商一致成为其解决问题的基本原则。但个人主义构架下的社会自然滋生自私自利行为，导致众多协商因个别阻碍而无法达成一致，和平与全面发展受阻，这要求国家和国际社会进行干预。事实证明，无论是国家层面还是国际层面，如果没有真心实意的团结，协商解决世界性问题只能流于空谈。

联合国在许多问题上因不积极地协商一致或不公正地协商一致而遭受失败的事例比比皆是。例如，2020年世界贸易组织总干事人选，所有163个成员国中只有一大国不同意，其他国家均就人选协商一致，却无法形成一致的决定。某大国因打击异己的意愿而操控联合国对伊朗核问题进行不合理打压和制裁，造成伊朗经济倒退、生活水平下降和地区局势动荡。

因国家私利而不顾国际共同利益的结果只能是制约国际社会共同发展。西方的国际援助额在近十年来停滞不前，联合国期待发达国家将援助额占国民收入总值比例提高到0.7%的目标一直没有实现，目前还在平均0.3%徘徊，多数援助国不愿提高捐助额，国际教育目标也因此迟迟无法实现，例如，早在19世纪50年代末，联合国教科文组织即倡导普及初等教育，为此，各地区召开宣誓大会承诺1980年实现这一目标，如1959年在巴基斯坦卡拉奇举行的普及初等教育亚洲大会，但各地区均距目标遥远。1990年在泰国宗滴恩举行的世界教育大会再次提出普及初等教育的目标，但仍未实现。2000年在塞内加尔达喀尔举行的世界全民教育论坛提出包括普及初等教育的6项目标，但到2015年尚未实现，原因诸多，但这不仅与国家层面的治理相关，还与国际团结与努力不够相关。

团结促进发展在中国得到验证。中国1978年改革开放后用20年的时间实现了世界第一人口大国普及义务教育和扫除青壮年文盲，全社会的团结是实现目标的关键。中国妥善处理好与别国关系，广泛参与区域合作和全球事务，倡导普惠、共治原则，推动深海、极地、外空、互联网等领域的合作，化解相互博弈。随着国力的强盛，中国逐步加大国际资金、物资和技术援助，真心实意地推动发展中国家的发展，在国际舞台上倡导合作共赢，而非分裂和斗争，带动了国际社会走向团结。高效的协商一致建立在公正、谦让和付出的基础之上。

4. 理念要求的大国包容，使联合国和平与发展使命得到保障

构建人类命运共同体这一理念要求联合国大国做出一些牺牲，要有博大胸怀和历史担当，包容弱小国家，推动国际发展。在生态和环境方面，尽管中国仍然是发展中国家，而西方已经进行了两百年的工业化，造成大量碳排放，中国仍主动承担责任，牺牲发展，落实减排，使《巴黎协定》得以推进，造福人类。《巴黎协定》得以批准通过，部分原因归功于中国优先国际团结的精神。在全球治理上，中国对因个别国家推行霸权主义而造成的难民提供援助，对因推行新自由主义而造成的金融危机提供资金支持；在经济方面，中国不仅让其他发展中国家在合作中获得共赢，而且获得多赢，持续免除债务，真心帮助它们搭上中国高速发展的列车受益；在抗击新冠疫情方面，中国成为最大的疫苗援助国，对120多个国家及时提供了18.5亿剂疫苗，坚决响应"暂缓发展中国家还债"的倡议，成为缓债最大的债权国。而中国人口众多，属于发展中国家，财力十分有限。大国的包容和大度才能推动国际事业的发展。

而个别大国仍然奉行单边主义、霸权主义、强权政治，依旧信奉唯我独尊、你输我赢的零和博弈，以合则用、不合则弃的心态在国际规则面前讲求'例外'。美国作为联合国第一会费大国和安理会常任理事国，长期拖欠会费，甚至因联合国成员国不听从其意志而退群，先后退出联合国教科文组织和世界卫生组织，退出地区合作组织。美国的单边主义对联合国这一真正的多边主义机构带来巨大的冲击，损害了人类共同进步事业。

此外，人类命运共同体还要求在联合国系统处理好大国关系，这是保证联合国使命得以实现的关键之一。中国倡导"大国要尊重彼此核心利益和重大关切，管控矛盾分歧，努力构建不冲突不对抗、相互尊重、合作共赢的新型关系"。大国应着眼全球长远和共同发展，摒弃狭隘的民族主义和以邻为壑思想，积极支持联合国等多边机构发挥作用，发展真正的多边主义，而不是另起炉灶。只有这样，联合国才能秉持公平与正义，站在促进全球共同发展的高度，根据形势变化积极进行改革创新，进一步提升自身的效率、效果、决策力和公信力。

第二章　国际合作、发展与援助

一、国际合作、发展与援助类型

国际发展合作有不同类型。国际发展是指通过与地区或国家的合作或对其援助来促进其发展。一般来说，援助分为西方发展援助委员会定义的官方发展援助和使用其他性质的资金进行的援助。而其他资金则分为公私两种来源：出口贷款和投资等公共基金、向外国直接投资和由非政府组织出资的私人基金。

在上述的官方发展援助、其他公共资金援助和私人资金援助3类中，其援助方法、类型和内容也不同。官方发展援助的方法包括双边和多边，类型包括资金和贷款，内容包括捐助、技术合作、项目援助、物资援助、紧急自然灾害、债务减免、与非政府合作资助；其他公共资金援助方法为双边，类型为贷款，内容主要为国际机构的贷款；私人资金援助方法一般为多边，支持类型为贷款，内容包括外国直接投资、超过一年期的出口贷款、国际机构贷款、股票投资等，非政府组织资助类型涉及贷款等，内容为提供资金。

官方发展援助的定义自从经合组织1961年建立发展援助委员会之初即得到统一。官方发展援助的实质可以通过3个问题来了解，即谁提供、提供给谁、如何提供。提供方为捐助国的中央和地方政府或其他公共机构和国际政府间组织。受供方为列在经合组织发展援助委员会提供的官方发展援助受援国清单中，均为发展中国家。提供方式是通过向受援国提供资金等援助物或优惠贷款来促进其经济发展和福祉改善。援助物，即提供不附偿还或赎回条件的、免费形式的现金、物资或服务。在执行特定援助项目中，一些类型的开支或费用可以被列入援助物类别。援助贷款是指提供附有偿还债务规定的、现金或物资形式的援助。作为官方发展援助一部分的优惠贷款对受援国来说在利息、期限和宽限上比商业贷款合适。能被列为官方发展援助类贷款的条件是，优惠贷款额中必须有25%以上属于无偿援助。法国、德国、韩国和日本的援助既包括了无偿援助，也包括了优惠贷款援助,这种多样性援助能够满足更多情况和社会对经济援助的急需,包括环境和治理方面的援助。美国、瑞典等其他国家的援助主要是无偿援助。一般贷款主要指世界银行等多边国际组织提供的贷款。包括官方发展援助在内的各类合作类型特点如下:

(一)性质分类

从合作性质上看,主要可分为两种:非援助性质的经济合作、援助性质的国际发展合作。

非援助性质的经济合作包括投资和资本合作,国家之间贸易性质的经济活动;对发展中国家的经济支持,政府发展支助、商业贷款、出口贷款、私人直接或间接投资、海外建设、贸易、出国移民、海外就业,发达国家之间、发展中国家之间、发达国家与发展中国家之间的经济合作。

援助性质的国际发展合作包括发展资源转让、经济资源从发达国家或国际组织向发展中国家转移。但是,向发展中国家在军事装备、宗教目的、艺术和文化活动、出口开销等方面提供较高价格的财政支持不计算在国际发展合作中;从发展中国家流出的资本也被排除在国际发展合作之外。应当指出的是,经合组织发展援助委员会定义的"官方发展援助"不包括军事援助、援助国自身安全开支、维和开支和以商业为目的的援助[①]。

(二)出资者分类

援助者可以是一国或一个国家的公共机构或私立机构,例如,对于援助国来说,往往通过一国的国际发展机构援助;对于援助机构来说,往往由一些国家通过国际货币基金、世界银行等多边国际组织援助。当然,援助也可以来自一个国家内部机构,如设在该国的国际机构分支。发展援助包括私人、企业、非政府、基金会等的援助渠道,从发展合作的出资者看,主要分为以下3种形式:

多边合作,包括受援国与世界银行、国际货币基金组织等多边金融机构的合作,与联合国开发计划署、联合国儿童基金会、粮农组织等联合国机构的合作,与泛美开发银行、亚洲开发银行等地区发展银行的合作,与欧盟等地区组织的合作等。

双边合作,指国家之间、政府之间的合作,双方合作者可以属于北南、南南、

[①] OECD. Official development assistance (ODA)[EB/OL].http://www.oecd.org/development/financing-sustainabledevelopment/development-finance-standards/official-development-assistance.htm.

北北合作关系。

非政府组织合作，指与红十字会、无疆界医生协会等国际性非政府组织以及与比利时 – 玻利维亚协会一类的国家性非政府组织的合作。这类合作的特点是私人性质，独立于政治权力，以非营利为目的。属于私人捐助的数额远超"官方发展援助额"。

（三）资金流分类

跨境汇款，这是最大的资金流。2018 年，47 个经济发达国家个人向世界各国的汇款达 4 810 亿美元，占 4 大类资金流总额的 58%。主要的汇款是移民向发展中国家的汇款，96% 的汇款者来自高收入国家的移民，73% 的汇款流向中低收入国家。汇款总额超过官方发展援助、私人资本投资和慈善捐款总和[①]。此外，此汇款数据是保守数据，因为相当一部分通过私下渠道流出国境。

官方发展援助资金，是经合组织发展援助委员会成员国各级政府和公共机构对发展中国家提供的无偿资金或低息贷款援助。2018 年，官方发展援助达 1 750 亿美元，占各类援助的 21%。这一援助额来自对 37 个国家的统计，其中 31 个高收入国家捐助了 1 610 亿美元。

私人资本投资，它包括对发展中国家土地、楼房、设备、机器等可以升值的、有商业目的的资产购买。22 个有数据的经济发达国家数据表明，2018 年对发展中国家资产的投资达 1 090 亿美元，占 13%。

慈善捐款，它指各种为了公共目的的私人捐款，这些目的包括外交、人道主义援助、国际关系、促进国际谅解和国际团结。2018 年，47 个经济发达国家的慈善捐助达 680 亿美元，占 8%。

2018 年，以上四大跨境资金流动总额达 8 340 亿美元。

（四）援助方式分类

从合作方式上看，可以分为两大类：技术服务性合作和财政援助性合作。这两类既可以是可偿还的，也可以是不需要偿还的。技术性合作指一国接受的技术转让或交换，如人力资源支持，建设学校和医院、赠予物资等实物援助，帮助建设通信及宽带等技术服务。财政性合作包括一国在投资项目或还贷项目上接受的转账或现金资助，也被称为"资本援助"，有时投资项目也包括技术合

---

① IUPUI. Global philanthrophy tracker 2020[R]. Indiana University Lilly Family School of Philanthrophy, 2020.

作的成分。在这两种合作方式中，援助可以是带有利息的偿还形式，也可以是纯粹无偿援助。

（五）援助资金使用条件分类

援助者提供的援助资金在使用上分两类：资金无使用限制条件的援助和资金有使用条件的援助。多数援助国实行附有条件的、指定性的捆绑式援助，这类援助的比例大小不一，但经常能达到80%。捆绑式援助要求项目的组成部分必须在援助国采买，这一强制行为不考虑受援国的具体情况。例如，日本援助玻利维亚的一个建设一所医院的项目要求所有必要的材料如木材、砖瓦、工具、汽车等均要从日本购买，这将导致极其高昂的成本，这是舍近求远的不合理做法。被要求从日本进口木板的玻利维亚是木材生产大国，日本的援助某种意义上成为出口行为。

二、官方发展援助

（一）官方发展援助的起源

对外援助是经济外交的一个重要类别。援助非同市场体系，援助以国际为范畴，它能促进双边或多边国际关系的调整。因此，与私人、企业、非政府、基金会等援助渠道相比，官方和公共发展援助是最为稳定的渠道。

官方发展援助（Official Development Assistance-ODA），有的国家称之为政府发展援助或公共发展援助，它的正式诞生时间一般理解为20世纪60年代。它伴随着当时世界范围的殖民地独立运动而壮大。

正式的官方发展援助机制的出现有其历史传承。19世纪，欧洲国家对非洲大陆及世界其他地区的地域瓜分后形成近现代殖民体系。20世纪60年代掀起殖民地独立浪潮，独立后，西方与其殖民地的关系发生了质的变化。为了保持与殖民地的传统关系，西方国家的政府继续维持对各自殖民地的资金和技术支持，相关部委名称做相应的更改，如法国的"殖民地部"逐步改称"国际发展部"。1960年为了协调西方各国国际发展援助工作，经济合作与发展组织专门建立了相应机制——发展援助委员会。

1945年成立的联合国推动了官方发展援助，而1920年成立的国际联盟为促进和平发展和援助打下了基础。从国际历史背景看，美国总统威尔逊1918年的

14点讲话包括了建议建立一个维护和平的组织，因此，国际联盟于1920年《凡尔赛和约》签署后成立，它是地球上首个政府间国际组织，成员国曾达到58个，其宗旨是维护和平，即在交战双方进入战争前先通过谈判协商，减少武器数量，通过协商和外交手段减少国际纠纷，提高民众生活水平以及促进国际合作和国际贸易。国际联盟的成立对经济合作与发展组织这样的官方发展援助机构的诞生起到了一定的启蒙作用。不论是国际联盟还是经合组织，一般认为，国际援助这一概念的先驱是西方人。

但也有人[1]认为，国际发展援助机制建设最早起源于中国孙中山的建议，早在"一战"结束时，孙中山即提议建立一个"国际发展组织"以便有效疏通援助资金到中国，使资金使用能够更好地符合中国人民的愿望，而私立资助者则无法做得更好。他还论述了为什么西方大国应该支持他的建议，他的建议还为美国在20年后建立"国际复兴发展银行"提供了说辞。他有关国际发展援助方面的革新性思想出自3个思想因素的结合：他对经济发展拥有非同寻常的、雄心勃勃的现代观念；他拥有中国经济发展需要适当的外部援助的独特观点；他对"一战"后国际合作前景保持乐观心态。

如果说国际联盟起源于美国的倡议，那么，形成发展援助的合力则源于美国、英国和法国三方的共识，而英国和法国等早前对其殖民地的支持经历使官方发展援助这一援助机制顺利实现。第一次世界大战后，英国、法国等殖民国家从道德上改善了态度，更多地支持落后的殖民地，而此前，与殖民地的关系原则是财政上自给自足[2]。较多殖民政府感到，要树立良好形象，必须调整殖民政策。例如，英国政府每年从国库收入中拨出一小部分资金，用于解决殖民地基本设施建设、当地人才培养、医疗条件改善等问题。1929年，英国议会通过了《殖民地发展法》，允许英国政府拨款援助殖民地，用以资助殖民地的交通和卫生建设。1940年，英国政府通过了《殖民地发展与福利法》，将英国政府支持殖民地发展的资金提升。1945年，英国修订《殖民地发展与福利法》，确定了政府在未来20年内的拨款额。

20世纪上半叶，由于各官方援助尚未机制化，这一时期可以被当作官方发展援助的启蒙阶段。但应该承认，这一时期资助一直是各国独立自行开展的，

---

[1] HELLEINER E. Sun Yat-sen as a pioneer of international development[J]. History of political economy, 2018, 50 (1): 76-93.

[2] HODGE J, HODL G, KOPF M. (edi) Developing Africa: concepts and practices in twentieth-century colonialism[M]. Manchester: Manchester University Press, 2014: 12.

更多的是对各自殖民地的资助。在经合组织成立后，西方发达国家在发展援助方面的行动得到有机协调。

（二）官方发展援助定义及基本内涵

1969年发展援助委员会对"官方发展援助"进行了准确定义，"促进和侧重发展中国家经济发展和福祉的政府援助"。具体定义为，给予列入发展援助委员会制定的官方发展援助受援国清单的国家和领地以及多边援助机构的资金，通过包括国家和地方政府等官方机构或由它们的执行机构提供资金，每一笔交易都以促进发展中国家经济发展和福祉为主要目的并得到相应管理，交易的特点是优惠[①]。

从以上定义可以看出其具体内涵，即发达国家、经济富裕国家和新兴工业国家的政府直接或通过国际多边组织，支持发展中国家发展经济、社会和福利事业，提供的财经援助包括赠予资金、赠予资金购置的人力和技术支持以及部分条件优惠的长期、免息或低息贷款。援助多由发达国家向发展中国家、特别是最不发达国家提供；援助行动形式多样；许多专业工作者更喜欢称之为发展合作，因为除了援助主义者确立的范式，发展合作应基于由受援方当地制订的计划，从此意义上讲，援助应该是真正的参与性伴随和支持。这一概念趋向强调发达国家和不发达国家直接的共同努力。

发展援助还包括紧急援助，但理论上有所区别，紧急援助也有所区分，紧急援助要侧重受援人口的发展，而一般紧急援助主要是在自然灾害或武装冲突情况下进行的。而实地情况往往更复杂，两种援助经常互补使用。另外，发展援助特别是官方发展援助的理由经常含有政治性，当然也有以明理性、人文性和宗教性为目的的援助。从援助的形式往往可以看出援助者的思路。

（三）发展援助项目运作和内容

官方发展援助需要制定预算，确定地点和时间，由出资者和受援的发展中国家当地组织（部委、非政府组织、生产组织、职业组织、地方政府等）共同执行。项目周期过程包括立项、可行性研究活动开展、项目评估。一般来说，项目评估要进行若干次。从方法上看，大多数项目遵循最初由欧盟使用的框架。项目的每个阶段的框架都包括目标、活动、预期结果、可以客观核实的指标以

---

① OECD. What is ODA?[EB/OL].https://www.oecd.org/dac/financing-sustainable-development/development-finance-standards/What-is-ODA.pdf.

及发展假说。根据国家不同及合作伙伴的不同,开展的活动千差万别,覆盖领域广泛,如加强农村组织的能力培养;在投入供给、生产、改造、进入市场等环节对农业食品机构的支持;人口教育与培训;健康护理、医药;医院、学校、水坝、水井等;对国家政策支持,建立法治国家;等等。

(四)发展援助委员会机制

1. 成立背景

随着第二次世界大战和殖民地走向独立,欧洲殖民国管理殖民地的行政机构发生改变,促进了管理向援助过渡。例如,法国在1950—1955年由负责与殖民地关系的部委管理援助,当时的殖民地事务部下分两个部级部门,即协理国家事务部和法国海外领地事务部,其职权扩展到整个法语非洲和太平洋领地(与英国共享的新赫布里底群岛,Hebrides,1980年改称瓦努阿图)。1950年,一个专门部委建立,负责非本土省(4个海外省和3个阿尔及利亚省)、保护国(摩洛哥和土耳其)以及印度支那协理国,1959年改为合作部[①]。

美国挑头、团结法国和英国等西欧国家削弱苏联的影响势力是发展援助委员会设立的背景之一。美国政府对别国的财政援助始于第二次世界大战之后。1948年,美国开始实施"马歇尔计划",向西欧资本主义国家提供经济援助,以帮助欧洲恢复和重建。随之,美国经济合作局建立。1949年,极力反共反苏的美国总统杜鲁门提出了"第四点计划"。他指出,为了维护和平和安全,美国不仅要向"自由国家"提供军事顾问和技术支持,而且要向"不发达地区"提供经济援助,提供科技进步的发明和产业进步的成功来改善其发展。此后,美国为了加强与苏联的竞争,将"马歇尔计划"扩展到东亚、中东和其他地区,进一步扩大对发展中国家的援助。1951年,美国《共同安全法》将促进低收入地区发展列为美国的目标之一,技术合作局成立,1953年成立外国行动局,1955年更名为国际合作局。1961年国会通过《外援法》,在美国联邦政府国务院设立了专司对外援助事务的"国际开发署"(USA International Aid,简称USAID)。

经济合作与发展组织的建立奠定了西方援助协调的基础。1960年,由西方发达国家组建的经济合作与发展组织召开会议。美国代表、助理国务卿道格拉斯·狄龙(Douglas Dillon)提议,应该在经合组织内部建立发展援助小组,以协

---

① PACQUEMENT F. Le système d'aide au développement de la France et du Royaume-Uni:points de repère sur cinquante ans d' évolutions depuis la décolonisation, Africa: 50 years of independence[J]. Major development policy trends,2010(1) :55–80.

调成员国对发展中国家的援助事业。美国的建议获得了大部分成员国的认同，经合组织随后通过了《关于共同努力提供援助的决定》。该文件明确指出，为了满足部分欠发达国家的发展需求，经合组织成员国应共同努力，以提供无偿援助资金和优惠贷款的方式，为这些国家提供援助。此后，发展援助小组更名为"发展援助委员会（DAC）"[①]。从此，经合组织作为有能力提供援助的一方，推动了官方发展援助事业，加快了官方发展援助的机制化、体系化、规范化步伐。

2. 组织构架

发展援助委员会下设9大工作机构[②]。统计工作组于1968年建立，旨在通过数据来监测和改善援助。援助效率与实践工作组于2003年建立，旨在促进世界合作，加速实现千年发展目标。发展评估网络于2003年建立，旨在加强信息与数据的交流。男女平等网络建于1984年，旨在通过妇女教育的改善来提高援助的质量和效益。发展合作与环境网络于2003年建立，旨在通过部门间的合作来促进协调的发展办法。减贫网络于1998年建立，旨在通过多领域的努力来减少贫困。治理网络于2001年建立，旨在通过良治和能力建设来增进援助效果。发展合作与冲突及和平网络于1995年建立，旨在通过推动预防冲突和安全体系改革方面的准则来改善援助中的合作效果和政策融合。治理网络和发展合作与冲突及和平网络涉及的脆弱国家组建于2003年，旨在加强援助国在双边和多边援助中的协调一致，提高对脆弱国家援助的效率。

经合组织的发展合作局既可以被看作是发展援助委员会的秘书处，也可以被看成是等同于委员会秘书处的单位。其使命是帮助会员国改善在发展援助方面的政策制定与协调，改进信息系统。它既服务于经合组织，也服务于发展援助委员会，与委员会关系极其密切。发展合作局由一名经合组织的副秘书长直接领导。该局约有40位工作人员，下设协调处、减贫与经济增长处、援助效率处、审查与评估处、统计与监测处，1999年由联合国、经合组织、世界银行、国际货币基金组织和欧洲经济委员会联合设立的"统计合作关系为发展服务"秘书处的办公地点设在发展合作局内。

该委员会每2~3年举行由部长参加的高层会议，两届会议期间举行由各援助机构负责人参加的高级会议。

委员会在跨部门问题、特别是促进可持续发展的政策一致性方面与经合组

[①] Wikipedia. Official development assistance [EB/OL]. （2015-10-11）[2021-06-02]. https://en.wikipedia.org/wiki/Official_development_assistance.

[②] OECD. Le CAD et ses travaux[J].Revue de l'OCDE sur le développement, OECD, 2006,7 (1): 145–165.

织其他相关机构紧密合作;继续向成员国以及理事会在其职权范围内就有关发展问题提供建议;邀请非委员会成员国在涉及相互利益领域参与委员会及其附属机构的所有会议;邀请合作伙伴和其他非委员会成员、国际组织、私营组织、基金会和民间社会代表在其行动上与发展有效性原则相一致,以确保委员会工作的透明性、贴切性和包容性。

3. 成员国及受援国

1)委员会成员及重要成员国

发展援助委员会共有 30 个成员国(包括欧盟),基本都是经合组织成员国,但经合组织成员国并非都是该委员会成员。国际货币基金组织、世界银行和联合国开发计划署为观察员。

2018 年,官方发展援助国中援助额前五名的为美国 340 亿美元、德国 250 亿美元、英国 190 亿美元、日本 140 亿美元、法国 120 亿美元,占 31 个高收入国家官方援助总额的 65%,占所有 37 个向发展援助委员会提供援助数据的官方援助总额的 60%[①]。

2)受援国

发达国家提供的国际援助是发展中国家重要的外部资金来源,约占最不发达国家外部资金的 70%[②]。

受援发展中国家是指那些列在经合组织发展援助委员会和发展合作局确定的受惠国名单中的国家。这一名单列有 150 多个国家,涵盖根据人均收入确定的 4 类国家:最不发达国家、低收入国家、中低收入国家、中高收入国家。发展援助委员会每 3 年更新一次受援国名单,通过其网站对外发布[③]。受援国名单分为 4 类:最不发达国家(主要是非洲国家,也包括柬埔寨、老挝、阿富汗、尼泊尔、缅甸、孟加拉等亚洲国家);其他低收入国家(朝鲜、津巴布韦);中低收入国家(指 2016 年人均收入 1 009~3 955 美元的国家,包括非洲、拉美(拉丁美洲)、中亚、南亚、东南亚等地区的国家);中高收入国家(指 2016 年人均收入 3 956~12 235 美元的国家,包括东欧、非洲、南美、中东等地区的一些国家,较为重要的国家包括阿根廷、巴西、中国、古巴、伊朗、伊拉克、马来西亚、

---

① IUNUI. Global philanthropy tracker[R]. IUNUI, 2020.
② OECD. Aid at a glance[EB/OL].http://www.oecd.org/dac/stats/documentupload/ODA%20Before%20and%20After.pdf.
③ DEPOVER C, JONNAERT P. Quelle cohérence pour l'éducation en Afrique[M].Louvain-la-neuve:De Boeck,2014.

墨西哥、南非、塞尔维亚、泰国、土耳其等）。俄罗斯没有被列入其中①。

另外，由于20世纪90年代出现的对官方援助新的需求，例如前社会主义国家采纳市场经济，经合组织发展援助委员会1996年12月将需要发展援助的国家分为两类，一类是一般发展中国家，另一类是前社会主义国家和较为先进的发展中国家。

4. 具体使命

发展援助委员会在实现总体援助目标方面采取以下行动：通过公开透明地收集和分析有关官方援助和其他官方和私营资金的数据和信息，来监测、评估、报告和推动用于支持可持续发展的资源供给；结合国家和国际认可的目标，审查发展合作政策和实践，支持建立国际规格和标准，保护官方发展援助的正义性，促进透明和相互学习；提供分析、指导和范例来帮助成员国和扩大的捐助团体加强在扶贫可持续增长和消除贫困方面的革新、影响、发展效果和发展合作成果；分析和帮助塑造全球发展构架，以使可持续发展结果最大化；支持《2030年可持续发展议程》的实施和推动根据《亚的斯亚贝巴行动议程》精神的资金动员；加强促进可持续发展的全球公共产品和政策的一致性。

5. 成员国的多边援助与双边援助

援助者类型分为双边援助和多边援助两类。双边援助有赠款和贷款两部分，赠款包括技术援助、粮食援助、债务减免和其他赠款；贷款包括开发贷款、粮食援助贷款、债务调整等。双边援助是一种国家之间具有战略意义的经济性、政策性的政府行为。

多边援助是对联合国等国际性机构提供的、用于援助活动的捐款，以及对国际开发协会、各区域开发银行和其他国际金融机构认缴和捐助的资本等。多边渠道主要有两种情况。第一种情况是，出资国将部分资金捐赠给由多个国家参加的国际组织，然后，再由接受官方发展援助资金的国际组织将所获资金统一安排，投入发展中国家。这是纯粹的、最为基本的官方发展援助多边投入方式。接受捐款的国际组织是各国官方发展援助捐款的所有者、规划者和项目实施者。第二种情况是，官方发展援助出资国通过与国际组织的协商，将部分官方发展援助资金投入国际组织希望开展的援助项目中去，并与国际组织共同协商将官方发展援助资金投入特定的国家或者某个具体项目。换句话说，国际组织在名

---

① OECD. DAC list of ODA recipients for reporting 2020 flows[EB/OL].https://www.oecd.org/dac/financing-sustainable-development/development-finance-standards/DAC-List-of-ODA-Recipients-for-reporting-2020-flows.pdf.

义上接受了资金提供国的官方发展援助,并且用以实施了某个国际发展援助项目,但是实际上国际组织并没有真正拥有官方发展援助资金的支配权,官方发展援助资金只是"流经"某个国际组织,再流入国际发展援助项目的实施国。

欧洲委员会是主要的多边捐助者,欧盟提供给的援助额占总额的55%,此外,欧盟对世界银行和联合国系统的多边援助额也较大。

联合国多边机构包括联合国开发计划署(负责协调联合国系统内各机构在发展合作领域的工作)、联合国儿童基金会、联合国难民救济及工程局、世界粮食计划署、联合国难民事务高级专员办事处、联合国人口基金会、国际农业发展基金会、世界卫生组织、世界知识产权组织、国际劳工组织、万国邮政联盟、国际电信联盟、联合国教科文组织、联合国组织、联合国维和行动部及其他联合国机构和基金组织。地区开发银行包括亚洲基础设施投资银行、亚洲开发银行、亚洲开发银行特别基金、美洲开发银行、非洲开发银行、非洲开发基金、加勒比海开发银行、美洲银行、非洲团结基金等。其他多边机构包括国际货币基金组织、全球基金、全球环境基金、蒙特利尔议定书机制、全球疫苗免疫联盟等[1]。

近年来,国家一级的双边官方发展援助比例下降,发展援助委员会成员国不断增加对多边和全球性组织的资助,以应对全球挑战[2]。这在实现规模扩大和减少直接教育成本方面有优势,但这可能对发展援助委员会成员国更具挑战性,因为这涉及如何持续对话,稳固与受援国政府以及地方执行者建立的合作伙伴关系。

2010年以后的几年里,经合组织国际发展委员会成员国通过多边渠道投入的资金占各国官方发展援助资金投入总量的35%~40%。其中,捐助给国际组织的官方发展援助经费占26%~28%,10%~12%的经费是各国通过国际组织共同实施的发展援助专项[3]。

各国通过多边渠道投入的官方发展援助资金占各国官方发展援助资金总量的比例也有相当大的差异。例如,据英国国际发展部的统计报道,2014年,英国通过多边渠道投入的官方发展援助资金占41.7%,而美国通过多边渠道投入

---

[1] OECD. General trends in the multilateral system and the policy implication[EB/OL]. 2010. https://www.oecd-ilibrary.org/docserver/9789264046993-5-en.pdf?expires=1602322781&id=id&accname=guest&checksum=86481B6036A6A71387FF544FE224DED4.

[2] OECD. Development cooperation profiles-trends and insights on development finance[R]. OECD,2020-05-06.

[3] UNESCO. Education 2030 Incheon declaration and framework for action[M].Paris:UNESCO,2015:32.

的官方发展援助资金仅占 16.9%。在经合组织国际发展委员会成员国中，通过多边渠道投入官方发展援助资金比例最高的成员国是波兰，高达 82%，而投入比例最低的国家是澳大利亚，仅为 7.5%[①]。在国际组织中，接受捐助较多的多边机构为世界银行及其下属机构国际开发协会（IDA）。该协会是世界银行集团中专门服务最不发达和最贫穷国家的国际发展机构，其资金来源除了各国政府以外还有慈善机构的捐款以及世界银行收入中拨付给国际开发协会的资金，该协会向最不发达国家和发展中国家提供的是"赠款"和"软贷款"，即长期无息贷款。其他接受捐款较多的国际组织还有联合国开发署、联合国环境署、联合国儿童基金会、世界卫生组织以及专门对付某些传染病（如埃博拉病毒、艾滋病等）的基金会和联合国难民署及相关基金组织。

6. 主要统计变化

什么样的贷款可以被认为属于官方发展援助范畴，多少贷款能被计算在内，一直是发展援助委员会讨论改进的话题。2014 年，该委员会决定将官方发展援助贷款的计算和统计方法进行较大的调整。

根据官方发展援助委员会 2018 年之前的规定，官方贷款赠予成分达到 25% 以上可被认为是官方发展援助，用 10% 的贴现率计算赠予成分。此改革的缘由诸多，首先，贷款利率普遍降低，大部分的委员会成员国已经不再提供援助性质的贷款，优惠贷款计入援助额中，但偿还时则要将偿还额在当年的援助总额中减去。此外，一直应用的净交付额的统计方法过多地体现了过去援助政策对当前援助额的影响，优惠贷款最终在援助总额中没有得到任何体现，这也不公平。调整要点如下：第一，将 5% 贴现率作为基数，对中高收入国家的调整因数为 1%（6% 作为贴现率），中低收入国家为 2%（7% 作为贴现率），最不发达国家和其他低收入国家为 4%（9% 作为贴现率）。向最不发达国家和低收入国家提供优惠贷款的赠予成分需要达到 45%，向中低收入国家达到 15%，向中高收入国家达到 10%，才能被作为官方发展援助向委员会上报。第二，采用优惠贷款赠予成分等同无偿援助统计方法，如一笔官方援助贷款赠予成分为 45%，则只将这一比例的款额纳入官方发展援助额，列入无偿援助项下。这样统计便于直接反映当年贷款援助国的贡献，贷款偿还额也将不再会从援助总额中减去。从 2018 年开始采用这一新的统计标准。当然，为了便于与以前的援助做比较，过去的贷款援助计算方法在 2019 年尚并行存在。

[①] DFID.Statistics on international development 2015[R].London:DFID,2015:40-41,23,24,48.

7. 教育援助业务分类

发展援助委员会把援助经费使用划成4大业务类别，即社会基础设施及服务、经济基础设施及服务、生产部门、跨部门业务等。社会基础设施及服务类又分成6个业务分类，即教育、医疗健康、人口与生育、水资源与卫生、政府与民间社会、其他社会基础设施及服务。教育类目下又分4类，即综合性教育（包括教育行政管理、教育设施与培训、师资培训、政策研究等）、基础教育（包括婴幼儿教育、初等教育、学校用餐）、中等教育（包括中等教育和职业教育）、高等教育（主要包括高等教育、奖学金计划、高级技术培训和管理培训）。职业教育没有得到细分，被分别归并在中等和高等教育类别中。从以上统计方法可见，非教育系统的项目中含带的培训性质活动划归到所属的业务类目，不归到教育类目中，例如，医疗健康类目下的培训活动归到医疗健康。

（五）发展援助委员会成员国的出资比例

援助额对援助效果有决定性作用，因此备受关注，成为各种力量斗争的焦点。1958年有关官方援助目标的讨论基于官方和民间全额资源，世界教堂理事会建议以国民生产总值的1%作为目标，1960年所有发展援助委员会成员国均同意此目标。但主要缺陷是政府不能控制或预估民间资本额，也不能调整资本额来补充民间资金的浮动变化，因此只能制定官方援助额分目标。基于诺贝尔经济学奖获得者简·丁伯根（Jan Tinbergen）对发展中国家为实现期待的增长率所需流入的资金估算的研究，国际社会提出了国民生产总值的0.75%这一官方援助额，并决定在1972年前实现此目标。1964年，联合国第一届贸易发展大会提出，发达国家应该给予发展中国家慷慨的援助，免除欠发达国家用于社会发展的债务。1969年，皮尔森（Pearson）委员会在其"发展中合作伙伴"报告中提出捐助国国民收入总值0.7%的援助额目标，促进发展中国家的经济社会和福利事业发展，并计划在1975年之前基本实现，并无条件在1980年之前实现这一目标。这一目标建议得到联合国大会1970年10月24日通过的决议的呼应，这一目标确立在援助发展委员会1969年援助定义中，随后在最高层次的国际援助与发展大会上多次被认同。发展援助委员会成员国至少在长期目标上广泛承认这一目标，当然也有例外，瑞士只是在2002年才加入联合国，没有批准这一目标，另外，美国表示支持做出更宽泛目标的决议，因而不支持专门的目标或时间表。1993年，由于修订了国际会计体系，国民生产总值被国民收入所替代，但概念是等同的。

此后，发展援助委员会成员国针对 0.7% 的目标所做出的努力开始按照发展援助额与国民收入额的比值计算[①]。

然而，20 世纪 70 年代的中东石油战争引发了欧美各国和苏东国家的经济危机，许多国家自顾不暇，致使官方发展援助经费被普遍削减。据此，美国转而提出"不设比例""不设时限"的官方发展援助方针，这种状况一直延续到 20 世纪 90 年代中期。1995 年，联合国哥本哈根社会发展问题世界首脑会议通过的《社会发展问题宣言和行动纲领》，就官方发展援助中援助国和受援国的责任以及对最不发达国家的帮助达成共识。

官方发展援助额在 1991 年以前一直稳步增长，冷战结束后出现下滑。到 1997 年，援助额下降了 22%。"援助疲劳症"普遍存在。许多非洲国家明显缺少有效的发展计划，发展不成功的国家数量攀升，这一切都导致了官方发展援助额的减少。在 2000 年到来时，各国领导人和积极支持国际援助的人们决心建设一个 21 世纪的新世界，使下滑趋势得到阻止。进入 21 世纪以来，《千年宣言》承诺解决赤贫问题，确立了到 2015 年要实现的若干宏伟目标。全球化进程和全球治理的诉求成为国际社会中的重要话题，联合国《千年发展目标 2000—2015》提出了 8 大发展目标，而实现这些目标离不开大量资金援助及其有效使用。在此过程中，官方发展援助再次成为各国政府、国际组织和学界的关注点。

2002 年蒙特雷国际会议提供了协调努力的机会，大力筹集官方发展援助资金，以开展旨在实现千年发展目标的各国计划。富裕国家同意官方发展援助额必须得到明显提高的原则，但不承诺具体数字目标。2005 年的 G8 峰会期间发起口号为"将贫穷变为历史"，25 万人大游行，随后各国达成了一项协议，承诺援助额逐步增长，2005 年至 2010 年的援助额增长明显。

2002 年的英国《发展援助法》确立了国际发展部，英国在 G7 大国中率先"达标"，即兑现了经合组织关于官方发展援助投入资金超过国民收入总值（GNI）0.7% 的标准。随后发达国家中参加发展援助委员会的国家逐渐增加到 29 国，提供的官方发展援助也重新迅速增长。

同年，联合国蒙特雷"发展筹资国际会议"要求发达国家提供的官方发展援助最迟在 2015 年达到国民生产总值 0.7% 的指标要求。2005 年，当时欧盟 15 个成员国同意在 2015 年时实现这一目标。这一目标成为欧盟、格伦伊格尔斯 G8

[①] HYNES W, SCOTT S. The evolution of official development assistance: achievements, criticisms and a way forward[J]. OECD development co-operation working papers, 2013(12).

峰会和联合国世界峰会上筹集官方发展援助的政治承诺。然而，联合国《2013年千年发展目标报告》指出，发达国家向发展中国家提供的总体援助金额的减少，对千年发展目标的实现带来一定的影响，而最贫穷国家受到的不利影响最大。2015年《亚蒂斯行动议程》重申纳入《蒙特雷共识》和《发展筹资问题多哈宣言》中的官方发展援助承诺，包括由许多发达国家承诺的实现援助额达到国民收入的0.7%和对最不发达国家的援助额达到国民收入的0.15%~0.2%。议程超越了之前国际协议规定，将官方发展援助对最贫穷和最脆弱的国家的重要性纳入新的承诺，以扭转对最不发达国家援助额下降的趋势，鼓励官方发展援助额中占国民收入的0.2%用于最不发达国家，赞赏那些将官方发展援助额的50%用于最不发达国家的援助国。议程还承诺将国际公共资金优先拨给最有需求的、获得其他资源能力最差的国家[①]。

2017年以来，约有一半的发展援助委员会成员国更新了其发展合作政策与战略。新的政策与战略指明了成员国如何为发展中国家实现可持续发展目标做出贡献，包括直接做出贡献和间接地应对全球挑战，同时也服务于成员国本国在诸如贸易和安全等方面的利益。目前，发展援助委员会成员国均未公布在2030年前实现融资目标的计划。

发展援助委员会也要求各国将国民收入总值（GNI）的0.7%用于对外援助[②]。发展援助委员会各成员国在官方发展援助的投入资金上相差巨大，各国比例也相去甚远。就绝对数看，美国投入的资金最多；就所占国民收入比例来说，挪威、丹麦和瑞典的投入占国民收入总值（GNI）的比例最高，2013年的占比情况为瑞典1.4%、挪威1.05%、卢森堡0.93%、丹麦0.85%、荷兰0.76%和英国0.71%[③]。各国每年投入官方发展援助资金占国民收入总值（GNI）的平均值为0.3%~0.39%。这些不同份额和比值与各国的人口体量、经济总量、富裕程度、对国际义务和责任的态度有关。

由发展中国家组成的"77国集团"对西方官方发展援助的力度形成压力。它成立于20世纪60年代初，认为第二次世界大战以后的国际经贸秩序不平等，导致发展中国家国际贸易收支逆差不断扩大，严重损害了发展中国家的经济和

---

① OECD. ODA[EB/OL] .https://www.un.org/esa/ffd/wp-content/uploads/2016/01/ODA_OECD-FfDO_IATF-Issue-Brief.pdf.
② SCOTT S.The accidental birth of "official development assistance"[M].Paris:OECD,2015:2.
③ OECD. Development co-operation report 2016:the sustainable development goals as business opportunities[M]. Paris:OECD,2016:125,162-277,276-277.

社会发展。1964年,联合国第一届贸易和发展大会发表了《77国联合宣言》,第一次要求经济发达国家每年向发展中国家,特别是欠发达国家提供援助。1967年,该组织指出,由于世界经济秩序的不公平和发达国家的剥削压迫,在发展中国家每年还有10亿人口处于极度贫困的状态。为此,"在'联合国发展10年'结束之前(1970年),每个经济发达国家都应该达到以下目标,即向发展中国家提供相当于国民生产总值(GNP)1%的纯财政援助"。

(六)成员国援助数额

2019年,所有发展援助成员国的总援助额为1528亿美元,官方发展援助与国民收入的比值,作为衡量援助水平相对于经济体量的指标,为0.3%,见表2-1。这一总援助额包括1494亿美元无偿援助、贷款和对多边机构的资助,19亿美元拨给以发展为导向的私营部门金融工具媒介平台,14亿美元拨给在受援国工作的私营公司的纯贷款和股票,1亿美元为债务免除。

表2-1 2019年发展援助委员会成员国援助额相比2018年变化　　　单位:亿美元

序号	成员国	援助额	占收入比	增减	增减原因
1	奥地利	12.11	0.27%	+7.4%	双边下降,多边增加
2	比利时	21.77	0.42%	−2.3%	国内接待难民开支减少
3	捷克	3.06	0.13%	+2.6%	对世行资助增加
4	丹麦	25.46	0.71%	+2.5%	全面微增
5	芬兰	11.26	0.42%	+18.2%	对私立机构援助投资增加
6	法国	121.76	0.44%	+4.2%	双边无偿援助、难民开支和支持私营部门金融工具增加
7	德国	238.06	0.60%	−1.4%	难民开支减少
8	希腊	3.08	0.14%	+11.0%	难民开支增加
9	匈牙利	3.17	0.22%	+14.5%	全面增加
10	爱尔兰	9.35	0.31%	+4.5%	双边增加
11	意大利	49.00	0.24%	−1.0%	
12	荷兰	52.92	0.59%	−4.1%	难民开支减少
13	波兰	6.84	0.12%	−7.7%	双边减少
14	葡萄牙	3.73	0.16%	−5.4%	双边增加
15	斯洛伐克	1.29	0.12%	−4.0%	双边减少
16	斯洛文尼亚	0.86	0.16%	+5.8%	难民开支增加
17	西班牙	28.96	0.21%	+4.0%	对非洲双边增加
18	瑞典	53.97	0.99%	−4.8%	难民开支减少
19	英国	193.65	0.70%	+2.2%	双边增加,多边减少

续表

序号	成员国	援助额	占收入比	增减	增减原因
20	卢森堡	4.74	1.05%	+2.7%	双边增加
21	澳大利亚	29.49	0.22%	-2.5%	双边减少
22	加拿大	46.73	0.27%	+0.5%	对国际重建与发展银行资助增加
23	冰岛	0.67	0.27%	-1.6%	全面减少
24	日本	155.07	0.29%	+7.5%	对发展中国家借款增加
25	韩国	25.21	0.15%	+13.9%	双边增加
26	新西兰	5.59	0.28%	+3.4%	多边增加，特别是对地区发展银行与基金的资助
27	挪威	42.92	1.02%	+9.7%	对非洲的双边增加
28	瑞士	30.93	0.44%	+0.6%	
29	美国	346.15	0.16%	-0.4%	双边略减

美国是第一捐助国，其次是德国、英国、日本、法国。

此外，属于经合组织成员国但非发展援助委员会成员国的有爱沙尼亚、以色列、拉脱维亚、立陶宛、土耳其；发展援助委员会非成员国但属于参与国的有保加利亚、罗马尼亚、沙特、阿联酋；其他非经合组织成员国有马耳他、塞浦路斯等。这些国家要向发展援助委员会上报各自援助情况。金砖五国中，俄罗斯向发展援助委员会报告其对外援助额。

（七）发展援助委员会成员国管理机构的特点

随着各发达国家在官方发展援助事业上的投入增加，越来越多的国家设立了专门的行政管理机构。成员国对外援助的主管机构各异，一般来说外交部参与较深。以外交部主导的成员国有丹麦、芬兰、爱尔兰、荷兰等；以独立于外交部之外的部门主导外援的有澳大利亚、新西兰、瑞士等；曾经以与外交部分开的部委或机构主导的有加拿大①和英国；外交部有外援全面责任但双边援助由完全分离的机构执行的有奥地利、比利时、卢森堡、挪威、瑞典等；各相关部委分担责任或由不同机构执行的有法国、德国、日本；外交部有重要作用并有协调职能的其他成员国有希腊、意大利、葡萄牙、西班牙、美国。

日本和德国的经验是以援外主管部门为主导，同时发挥相关专业部委的领域优势。英国的机构曾经为"国际发展部"，国际发展部有自己的大臣，大臣为政府内阁成员②。2020年，融入英国外交、联邦及发展事务部（FCDO），直接负

---

① Government of Canada. The ODA accountability Act[EB/OL].https://www.international.gc.ca/gac-amc/publications/odaaa-lrmado/index.aspx?lang=eng.
② DFID.Department for international development,about us [EB/OL].(2016-01-05)[2021-05-21].http://www.gov.uk/search?q=department+for+international+development.

责援助管理,在世界各国的官方发展援助行政管理机构中,英国的机构层级最高,统筹全英国际援助事务,该国86%~87%的政府援助资金,由原国际发展部统筹分配。其他部门,如环境部、农业部、能源部、内政部也会提供少量与专业或者专门事务联系十分密切的项目资金。美国与澳大利亚做法相仿,美国设有国际援助署(USAID),澳大利亚外交部下设有澳大利亚国际援助署(AUSAID)。日本、韩国这两个东亚国家的援助机构名称为合作署,而不像欧洲那样取名为发展署。加拿大也是在外交部下设官方对外援助行政管理机构。有些国家的政府援外机构具有传统特色。例如,瑞典国际发展署(SIDA)是半官方且有自主权的独立公益法人机构,其资金主要来自政府拨款,主要是一个执行机构和负责资金使用的效益和效率的机构,外交部制定外交战略和援助政策。

法国的管理机构是多部委组成,与中国有类似之处。法国官方发展援助预算分成由14个部委分别管理的13大使命、24个不同的计划,另外还有预算外资金。这一建制由1个主管协调机构(国际合作与发展部际委员会,CICID)、3个主要机构(外交部、财政部和发展署)以及10个左右的参与机构(部委、执行机构、专业机构和合作伙伴)。国际合作与发展部际委员会会议由总统主持,对法国援外政策做出战略决策,在总理的领导下,上述委员会确立国家参与的总框架和各种政策与参与者之间的接合。在外交部内,全球化、文化、教育和国际发展总局负责合作的战略监督;在财政部内,国库总局负责管理与国际金融机构的关系、债务事宜和报告援助数据。发展署在这两个部委的领导下主要负责执行,法国双边官方发展援助40%的经费由发展署拨付。发展与国际团结全国理事会由外交部部长领导,代表各类相关利益者,如非政府组织、经济机构、研究所和大学、雇主、地方政府、议员、行会,特别是还包括外国专家,对法国发展政策提供咨询。

(八)若干援助趋势

在援助额方面,面对新冠疫情对世界经济的冲击,各成员国对未来援助走势莫衷一是,但发展援助委员会期待官方发展援助资金能继续保持,因为这一特殊时期强化了各国政治意愿和国际团结效应。

在受援国方面,发展援助委员会成员国对低收入国家的援助比例将逐步提高[1]。目前对最不发达国家的官方发展援助仍然较低[2],因为援助国将关注聚焦

---

[1] AHMAD Y, et al. Six decades of ODA: insights and outlook in the COVID-19 crisis[R]. OECD,2021.
[2] CAIO C. ODA spending in 2018[EB/OL]. https://devinit.org/resources/final-oda-data-2018/.

在出现危机或处于脆弱状态的国家。2017 年，处于脆弱状态的国家接受了 68% 的官方发展援助指定资金，达到 6 年来的最高点。在 2016—2017 年间，委员会成员国援助额增加了 8%。处于脆弱状态的国家的挑战过于严峻，委员会单独应对远不能改变状况。尽管如此，获得援助最多的受援国仍将较为集中。2019 年，印度、阿富汗、孟加拉、叙利亚和约旦 5 个受援国获得的双边援助额占官方发展援助总额的 10%。

在重点项目方面，包括教育在内的社会基础建设仍然是重点，有关卫生方面的援助将显著增加；对男女平等方面的援助总体平稳，对环境气候方面的援助将增加[①]。2017 年，1/3 的双边官方援助支持环境活动，1/4 的双边官方援助聚焦气候变化，加强气候变化适应性的官方发展援助预算不断增加。

在贷款援助方面，未来非无偿援助在援助总额中占比会继续升高。近年来，非无偿援助，包括援助性贷款、股权、担保等形式在成员国的援助中占比持续提高，由 2008 年的 11% 增长到 2019 年的 17%，其中援助性贷款是主要组成部分。法国、德国、日本、韩国等是主要贷款提供国，2018 年提供的双边援助协议额中分别有 36.4%、20.3%、67.6% 和 57.4% 为优惠贷款。双边援助贷款相比于赠予额 2018 年增加了 5.7%。法国、德国、日本、韩国和欧盟提供的非赠予形式的双边官方发展援助超过 20%，优先将贷款提供给中低收入和中高收入国家。

在援助新方式方面，通过援助搭配或撬动商业贷款或投资会越来越受到欢迎。为动员更多的资金支持可持续发展目标，亚的斯亚贝巴发展筹资会议宣言强调了私有部门发展、投资和发展中国家自身资源撬动的重要性，支撑了此种合作。

在多边和双边援助政策方面，联合国等多边平台将继续在国际发展政策和规则制定中发挥引领作用。

在援助数量和质量方面，质量将继续受到发展援助委员会的重视。发展援助委员会出现一个明显的趋势，即转而提出注重援助质量。例如，"对发展指数承诺"就是一项重要举措，它以广泛的"发展友好型"政策为基础，将最大的援助国进行排列。它将援助质量纳入其中，与援助额并列，这就对那些侧重附带条件的援助国不利。援助并不是百分之百的纯净，一个国家有关贸易和移民的政策也对发展中国家有显著的影响。传统的侧重以援助数额来定援助力度，把援助额与其国民生产总值的比例作为参数进行比较的主流做法受到冲击。

---

① DAC. Trends and insights on development finance, development co-operation profiles[M]. Paris: OECD,2019.

在被允许纳入援助总额的项目类型方面，发展援助委员会的讨论仍将持续下去，影响着是否重新定义官方发展援助。在 29 个主要捐赠国中，只有英国和卢森堡等少数国家提供的国际援助达到其国民总收入 0.7% 的目标。欧洲一家负责救济和发展的非政府组织（Concord）认为，欧洲国家"有名无实"的支出，即将没有直接用于发展中国家的援助计算在内是习惯做法。如法国和英国将在法国海外属地开展的专业培训和英国前殖民地官员的养老金都计算在其支持发展中国家减贫的努力中。2013 年，欧洲国家将与避难申请相关的 17 亿欧元支出计算在官方发展援助中。卢森堡是唯一没有将此类支出算入的欧洲国家。资助外国留学生也被越来越多国家算入援助额，如德国和法国列为此类支出的奖学金费用较大。有些国家还建议将维和行动支出也列入。

（九）援助国立法或立规做法

每个发展援助委员会成员国都有对发展合作计划立法的传统。其中有不少国家对政策甚至援外计划做出了详细的立法规定，但有些没有专门立法，只有政府制定的政策和战略，通过立法拨款获得财务开支授权。在一些成员国，立法只确定发展合作计划大政方针，然后授权给政府或相关部委在确定的范围内执行计划。而另一些成员国则制定详细立法文件，分清相关部委的责任，把发展目标定在整个系统发展合作的重点上。当然，那些没有制定正规法律文件的国家可以有更多的灵活性，有些国家的援助机构是联合机制，有些国家与援助有关的机构对发展中国家发展有政策影响，这些都显示出优势[1]。

（十）与中国行政体系相似点较多的法国案例

2019 年，法国双边援助额比 2018 年增加 5.2%，这包括通过国际多边组织捐赠给指定国家和项目的份额（发展援助委员会把这种绑定的多边援助在统计上划归为双边援助），总额达 97 亿美元。项目援助占 62.1%，而发展援助委员会成员国项目援助平均为 48%；接收难民开支达 12 亿美元，比上年增加 56.8%，占双边援助总额的 12.5%。双边援助重点集中在非洲和亚洲。援助非洲 40 亿美元，占 41.3%；援助亚洲 16 亿美元，占 16.5%。双边援助的最大领域是基础设施和服务，占 38.2%，重点在教育（达 17 亿美元）和水资源与卫生（17 亿美元），经济基础设施和服务领域的重点是能源（15 亿美元）和运输仓储（11 亿美元），双边人道

---

[1] OECD. Managing aid: practices of DAC member countries[R]. DAC Guidelines and Reference Series, OECD, 2005.

主义援助占双边援助总额的1.5%。通过多边机构的指定性援助的重点在社会部门和治理领域。

法国的多边援助主要拨付给欧盟机构，占法国多边援助总额的52.3%，对联合国系统的援助占11.5%，对联合国系统的多边援助额为5.94亿美元，其中接受援助最多的3个机构为农业发展基金（1.8亿美元），联合国秘书处（0.57亿美元）和联合国和平行动局（0.49亿美元）。

2018年，法国官方发展援助金额达103亿欧元，占国民总收入的0.43%，较2017年增加2.5%，根据现行计算方法上涨5%。法国确立了一项新的援助政策，即为应对全球不平等而采取实际行动，并为增强法国在世界上的地位而贡献力量。在所有国际援助出资国中，法国一般保持着世界第五的位置。

无偿（赠予）形式的双边援助持续上涨，多边援助也保持强劲上涨趋势（12%），这主要得益于2018年在第18次官方发展援助重组的框架内提供的2017—2019年度的贷款。继2018年引入由经合组织发展援助委员会制定的新的贷款计算方法之后，尽管支出款项上涨，但作为贷款申报的官方发展援助总额有所下降。

法国总统确立了到2022年援助额达到国民收入的0.55%的目标，因此，用于官方发展援助的支持力度持续增加。2019年，法国将法国开发署以赠予形式提供的援助承诺提高了10亿欧元，旨在根据2018年2月8日法国国际合作与发展部际委员会达成的决议更有效地为最脆弱国家提供援助，尤其是非洲国家。增加人道主义贷款成为优先事项，在2019年投入1.8亿欧元用于对有最严峻危机国家的管理，尤其是叙利亚、也门和萨赫勒地区。

法国援助政策改革是与团结发展和应对世界不平等政策有关的法律草案的核心。该草案指明法国发展援助政策要点，即为法国对外行动的战略优先事项服务：专门针对法国优先援助的非洲国家的发展政策；通过更有效地处理诸如贫穷、饥饿、教育、卫生、男女平等、气候和生物多样性、脆弱与冲突地区等一些重要问题，为应对世界上的不平等而采取行动的政策。

《有关国际团结与发展政策的指导和计划法案》反映了政府对2012年以来制定的发展政策革新的意愿，旨在推出更透明、更贴切、更有效的政策。

法国制定援助法律，规定援助的透明性，规定法国资助多少项目、多少人连接到电子网络系统、多少人获得可饮用水源、多少儿童能接受教育等问题，法国发展与国际团结方面的合作伙伴以及受益者可以上网了解有关援助的数据及指标。

议会议员参与其中。议会通过审议财务法案来评估法国发展政策。自从通过新法以来，议员们就政策的原则和方针进行了深入具体的辩论。民间社会也参与其中，在法国国际团结委员会的努力下，法律规定建立国际团结与发展政策协调机构。负责发展援助的部长主持该机构，总统、政府、议会、非政府组织、工会和高等教育与科研机构、培训机构、企业和地方政府等参与。

当今发展援助行动与可持续发展保持一致。发展中国家可持续发展成为发展政策的目标，由经济、社会与环境三大部分组成。法律规定了减贫的目标和在健康、教育、营养等方面产生的影响，并要求侧重开展应对气候变化和保护地球方面的活动，促进民主、法制国家建设，保障人权与体面工作及树立企业对社会及环境的责任等价值观。具体目标面向促进人权、可持续经济发展、人类发展、环境保护等。

发展援助要在确定地理优先事项上保证效率。例如，法国援助的重点国家有16个。法律再次重申撒哈拉以南非洲以及地中海北岸国家是援助的重点。调动各种援助，如物资捐助、财务援助、优惠贷款或无优惠贷款、主权贷款或非主权贷款、保证金、革新资金、对经济合作国的支助等。

通过推动合作伙伴关系及援助的多样化，在一些国家的援助侧重于世界公共遗产的保护和合作伙伴关系的促进。法国一半的援助和法国发展署的2/3资助给予了16个优先受援国家，主要对这些国家提供补贴，调动双边和多边手段促进发展政策目标的实现，目标包括可持续发展议程目标、经济发展、民主治理和法制国家、环境资源保护等。

（十一）世界其他官方发展援助

社会主义国家也对其他发展中国家提供了大量援助。与经合组织并行，苏联及其东欧阵营作为另一个重要援助供给阵营，也曾向发展中国家和新兴独立国家提供力所能及的经济援助，为许多刚刚独立的发展中国家提供了公路、桥梁、医院、民房建设援助，提供了大量奖学金，接收大量来自发展中国家的留学生。例如，苏联和东欧国家除了曾向中国、蒙古国、越南、古巴等社会主义国家提供奖学金，还为广大第三世界国家提供奖学金、招收留学生、派遣专家和教师。有学者统计，在1965年到1968年间，苏联等东欧国家为发展中国家提供奖学金，接收了近6.2万名发展中国家留学生。苏联还专门设立了招收发展中国家留学生的大学,并以非洲民族英雄、著名反殖民主义战士、刚果民主共和国之父卢蒙巴的名字命名,称为"卢蒙巴人民友谊大学"(现更名为"莫斯科人民友谊大学")。

一批新兴工业国、石油出产国,甚至一些发展中国家也参与到官方发展援助的事业之中,努力增加他们对外援助的官方资金投入。据经合组织报告,到 2014 年,匈牙利、罗马尼亚、马耳他、克罗地亚、塞浦路斯和列支敦士登等国也力所能及地提供了官方发展援助资金。在欧美以外,不少国家也开始提供官方发展援助资金,如沙特阿拉伯、卡塔尔、南非、印度、泰国、智利、哥伦比亚。近年来,这些非经合组织成员的国家所提供的官方发展援助资金不断增长[①]。

中国作为不结盟的独立力量,在中华人民共和国成立后对非洲等亚非拉国家提供了无私的帮助。有研究表明,从 2018 年官方和私人援助额占国民收入比例看,中国占 0.03%、南非占 0.04%、印度占 0.008%、巴西占 0.02%[②]。根据日本学者推算的世界援助排名,中国 2019 年援助额排在美国、德国、英国、法国、日本、土耳其之后,列第七位[③]。

三、问题与批评

(一)援助现存问题

1. 援助专家的能力有限

有些专家难以满足不同受援国的需求。从多边援助机构和双边援助机构的专家力量看,由于多边机构的专家是国际招聘,并有一定的稳定性,在项目执行中似乎比双边援助国提供的专家更加专业。但是,由于在同一领域内的不同国家的专家增多,带来不同的工作方法,这使国内的援助协调复杂化。此外,援助国和机构往往不能培养出一个领域内的特殊专家。这些专家成了万金油,给有效参与发展援助打了折扣。

一些援助人员存在不适当的行为。发展援助经常是通过支持当地发展援助项目来提供的。在这些项目中,有时没有严格的行为准则,援助人员不遵守当地行为准则,如当地穿着要求和社会交往等。在发展中国家,这些习俗往往十分重要,一些不尊重行为可能是严重的冒犯,会给援助项目带来困难和推延。

[①] OECD.Development co-operation report 2016:the sustainable development goals as business opportunities[M].Paris: OECD,2016:125,162-277,276-277.
[②] IUNUI. Global philanthropy tracker[R]. IUNUI, 2020.
[③] KITANO N, MIYABAYASHI Y. Estimating China's foreign aid :2019-2020 preliminary figures[R]. Ogata Sadako Research Institute for Peace and Development, JICA, 2021.

强加不适当的战略和技术。在莱索托出现的对人口经济活动和逃离地方政治的愿望的错误诊断导致了家畜项目的失败[①]。这说明专家诊断能力的缺失。

2. 援助额一直未达到目标要求

如上所述,1969年公布国民收入的1%用于援助,1972年规定贷款的25%必须是捐助性质,后来,0.7%成为联合国一直沿用的敦促发达国家履行官方发展援助义务的目标要求。这一比例本身不高,因为"二战"后美国为重振欧洲提供了其国民生产总值3%的援助,但这一比例没有得到各国的遵守,个别国家如北欧国家、荷兰和加拿大的援助基本能达到这一比例。美国虽从援助额上处于第一,但其援助占国民生产总值的比例却十分低。

援助国一方面不承诺实现援助比值目标的时间,另一方面对受援国提出要求,如2005年巴黎议程转而强调援助效果,2008年《阿克拉议程声明》又强调受援国自我拥有权(自主管理)、援助成果、援助和受援国双方的相互责任。

应该说,官方发展援助额在提升,但相对国际承诺目标太缓慢。联合国最初希望发达国家在第一个"联合国发展十年"(1960—1970年)和第二个"联合国发展十年"(1970—1980年)实现国民生产总值0.7%的援助目标,两次都未能兑现。2015年联合国宣布"人类可持续发展议程",但到2030年,各发达国家在官方发展援助方面的投入是否真能达到国民生产总值的0.7%仍然是个问题。

3. 发展援助委员会的协调能力有限

1)难以统一成员国援助目标和比例

虽援助额有所增加,但仔细观察发现,一些资金没有按照原有意图用于消减赤贫。国际大会和承诺对确保各国负担均衡和实现共同目标是有用的。但在达不到协商一致的情况下,各援助国则更易自行其是,曲解和滥用目标。此外,官方发展援助被定义得相当宽泛,等级较多,不能真正地进行比较。也就是说,发展援助没有为协调一致而制定更为清晰的框架,协调成员国实现国民收入0.7%的援助额标准尚不现实。

2)援助导向失衡

仅伊拉克和阿富汗两个国家就每年占用大量援助款。在"9·11"事件之前,这两个国家每年获得的援助很少。尽管官方发展援助得到发展,但可以用于伊

[①] FERGUSON J. The anti-politics machine: "development" and bureaucratic power in Lesotho [J]. The Ecologist. 1994,24 (5).

拉克和阿富汗以外的项目和计划资金并没有像实现千年目标所需资金的要求那样显著增加。委员会各种项目尚不能在对发展中国家援助上统一调子。此外，委员会还面临多边国际机构和私立援助机构的竞争。

3）统一规则执行效果差

6个成员国（澳大利亚、丹麦、冰岛、爱尔兰、挪威、英国）表示，遵循2001发展援助委员会有关不绑定官方发展援助资金用途的建议书，他们的援助已经全部不再存在捆绑性质。而在此方面，做得最差的是奥地利、捷克和韩国。

援助项目的附带条件问题根深蒂固。早在1970年即提出援助项目不附带条件的目标和要求。根据经合组织1991年报告，附带条件的援助可能增加20%~30%的发展援助项目经费[1]。但1999年开会仍不能对不附带条件的援助达成一致。最近几年普遍的一个批评是富裕国家对援助设置很多条件以至于减少了援助效果。在附带条件的援助中，即使其他地方更便宜，援助国经常邀请受援国购买援助国的产品和服务，另外，其他条件还包括向外资开放，即使受援国还没有做好开放准备[2]。

4. 官方发展援助运作的诸多不足

1）援助贷款的利息较多

并不是所有的发展援助资金都是单向来自富裕国家，每年40亿~50亿美元是发展中国家要向富裕国家支付的援助利息，发展中国家支付利息和再次得到利息借款是纯粹的发展资金转移，而且数额可观。

2）债务免除存在诸多问题

债务免除是较大的援助类别。许多贫穷国家积累了大量来自官方出口贷款机构的商业债务。当受援国家没有能力再支付时，债务就被取消了。然而，债务免除的价值却没有严格地限定在借款时的数额，相反，它被作为合法欠款的数额来衡量。这一数额可以远高于借入款项的数额，因为它包括积累的未支付利息，甚至还常常伴有罚款性利率以及其他各类费用和负担。只是在国际事务中这类冲账被打上"援助"的标签。在商业界，它们被叫作"债务勾销"。当穷国债务被勾销时，它们不会得到更多的资金。债务免除在理论上可以开放受援国国内资源来开展消除贫困计划。然而，对获得债务免除的国家与没有获得的

---

[1] JEPMA C J. The tying of aid [R/OL]. OECD. 1991. http://www.oecd.org/dev/pgd/29412505.pdf

[2] ANUP S. Foreign aid for development assistance[R/OL]. Global Issues. 2007. https://www.globalissues.org/article/35/foreign-aid-development-assistance#AidMoneyOftenTiedtoVariousRestrictiveConditions

国家的比较研究表明，这一数额很小，几乎找不到证据来证明债务免除增加了总体公共开支或在医疗和教育等特殊领域的公共开支①。

3）技术援助分量过大，且难以评估

官方发展援助的相当大的部分是技术合作形式，技术合作当然对发展很有价值，它能培养国家管理自我发展的能力，提供执行政策改革和健全机构的实用专家。但技术合作很难评价，系实现发展的非直接途径。技术合作并不为贫穷国家提供资金和充实预算，或开展减贫的专门计划。它甚至不涉及跨境资金。所提供的只是人力和研究，而非金钱。这使技术合作的可测量价值依赖它是如何提供的，而不是它完成了什么。而这样的测评可以有很大的伸缩尺度。一项研究提出，技术合作通过一份来自官方机构的咨询合同可能会产生非营利机构的同样有资格的个人专家的3倍价格②。

4）食品援助效益不高

难以估价的官方发展援助是食品援助，食品以富裕国家食品购买政策的价格购买，然后运到发展中国家，产生高额运输开销。援助食品作为发展项目的收益卖出，但在效益方面引起很大的争议。批评者认为，援助的食品与全球市场的价值相比存在高估，援助还可能扭曲当地市场，对当地农民带来损害。为了应对这些关注，许多国际非政府组织已经停止接受食品援助。

5）人道主义援助存在短期行为

食品、物资和资金也有通过人道主义目的给予的。这一援助拯救生命，上百万人民依赖它，但它的目的不是长线发展援助。人道主义援助额最近几年每年达到80亿~90亿美元。

6）行政管理占援助额较大比例

为了搞清楚有多少官方发展援助可以用于发展项目和计划，确立了"国别定项援助"，这个概念是扣去双边援助机构行政开支方面费用（每年达15亿美元）。只有44%的官方发展援助资金可以用于长期发展项目和计划。

援助过程中的资金流失严重。要观察官方发展援助的影响，有必要评估受

---

① DOMELAND D. Debt relief and sustainable financing to meet the MDGs [M]// BRAGA C A P, DOMELAND D. Debt relief and beyond, Washington: World Bank, 2009；CUARESMA J C, VINCELETTE G A. Debt relief and education in heavily indebted poor countries [M]// BRAGA C A P, DOMELAND D. Debt relief and beyond, Washington: World Bank, 2009.
② ROLLINS K. The index of global philanthropy 2007[M]. Washington: The Hudson Institute, 2007.

援国内承受的"渗漏"和行政开支的规模,一些研究建立在调查多少钱被拨给学校和诊所的基础上,粗略估计这些"渗漏"能够达到所有援助的50%。如果简单计算国别定项援助占多大比例,那么,从富裕国家到贫穷受惠国资源转移,如果是1美元的话,只有19美分转移,8美分投入撒哈拉以南非洲国家。

5. 援助不能满足受援国要求

援助国的侧重与受援国的重点不一。2005年《巴黎援助有效性宣言》再次强调援助的重点要与受援国政策重点相一致。此外,双边援助项目对与环境问题相关的事项重视不够。援助的环境影响依赖捐助者类型。人们发现多边援助在减少二氧化碳排放上结果是有效的,双边援助则无效[1]。

6. 援助中存在较重的政治倾向

长期以来,将援助给予受援国在政治上与援助国保持一致的党派是通行的做法。政治与援助之间存在因果关系[2],在2006年巴勒斯坦选举中,美国国际开发署对巴勒斯坦提供发展援助计划资金,以支持巴勒斯坦当局,支持其再次当选。受援政党与援助国保持一致的程度越高,在选举年平均获得的援助额越高[3]。在对日本、法国、美国这3个援助国分析后看出,每个国家对援助都有其自己的侧重点,日本优先将援助给予那些在联合国有类似投票偏好的国家,法国将多数援助给予其前殖民地国家,美国将援助按照悬殊比例分别给予以色列和埃及[4]。这些资金支持经常在维护捐助国在受援国的战略利益上发挥巨大作用。又如最近西方对中国新疆棉花的抵制,幕后机构瑞士良好棉花协会也有美国国际开发署的资助。

(二)援助的不良后果

1. 地方产业死亡

外国援助扼杀了发展中国家的地方产业[5]。以食品形式给予贫穷国家或不发达国家的援助造成了贫穷国家地方农业加工产业的死亡。由于当地的人道主义

---

[1] BOLY M. CO_2 mitigation in developing countries: the role of foreign aid[J/OL]. Etudes et documents, 2018(1), CERDI. http://cerdi.org/production/show/id/1915/type_production_id/1.
[2] FAYE M, NIEHAUS P. 2006 Palestinian elections[R].2012.
[3] FAYE M, NIEHAUS P. Political aid cycles[J/OL]. American economic review. 2012,102 (7): 3516-3530. http://www.aeaweb.org/aer/data/dec2012/20100239_app.pdf.
[4] ALESINA A, DOLLAR D. Who gives foreign aid to whom and why?[J]. Journal of economic growth. 2000,5 (1): 33-63. http://nrs.harvard.edu/urn-3:HUL.InstRepos:4553020.
[5] BANDOW D. Foreign Aid, Or Foreign Hindrance[EB/OL].(1998-03-01)[2021-05-18].https://www.fff.org/explore-freedom/article/foreign-aid-hindrance-part-2/.

危机和自然灾害，大量廉价进口的援助食品进入贫困国家，当地农民因无力竞争而破产①。外部援助使大量资金从发达国家流入发展中国家，提高了当地生产的产品的价格。由于价格过高，地方产品的出口下降②。因此，当地产业和生产者被迫倒闭。

2. 援助增加依赖性

援助依赖一词被定义为一个国家在没有外国资金和专家援助的情况下不能开展诸如基础公共部门的运行和维护的政府核心职能的情况③。援助使得非洲许多国家以及其他贫穷国家在没有外国援助的情况下没有能力实现经济增长。多数非洲国家变得依赖援助，因为外国援助已经成为高收入和低收入国家之间的国际关系体系中的一个重要形式。

外国援助使非洲国家变得依赖，是因为援助被政策制定者看作是正常预算收入。因此，他们没有动力去制定使他们国家独立地资助其经济增长和发展的政策和决定。此外，由于外国援助的持续流入，援助不刺激政府对公民课税，因此公民没有任何权利来要求产品和服务适应发展需求。

3. 腐败现象与治理能力低下

发展援助对贫穷和不安全的社会是一个重要的投资，援助的复杂性和不断扩大的援助额使援助面对贿赂腐败变得不堪一击，而讨论腐败问题又难以进行，甚至是一个不能启齿的话题。

外国援助鼓励寻租行为，政府官员利用他们的位置和权威来减少社会财富，牺牲公民的利益，增加他们个人的财富④。多数非洲官员能够从获取的外部援助中积累巨额个人财富，而不是将援助用于预期的使用目的上。

贿赂腐败很难数量化，因为很难把腐败与其他问题区别开来，如浪费损耗、管理不善、效率低下，例如，有巨额美元因浪费、欺诈、滥用和管理失误而失踪，使因卡特琳娜飓风的减免债务努力受损。

4. 问责能力和社会民主的削弱

外部援助降低受援国政府向公民征税的需求，使这些政府更加自主，不愿

---

① BOVARD J. Free food bankrupts foreign farmers [N]. The Wall Street journal, 1984-07-02(18).
② MOYO D. Why foreign aid is hurting Africa[N]. The Wall Street journal,（2009-03-27）[2021-06-02]. http://online.wsj.com/articles/SB123758895999200083.
③ RAUTIGAM D. Aid dependence and governance[M/OL]. Almqvist & Wiksell Intl,2000. https://www.researchgate.net/publication/245235870_Aid_Dependence_and_Governance.
④ MOYO D. Dead aid: why aid is not working and how there is a better way for Africa[M].London: Macmillan，2009.

听取公民的需求，同时公民这边也越来越认为没有必要向政府提出要求，这一情形会阻碍受援国的民主发展[①]。虽然国际援助在普及医疗保健、改善教育、减少饥饿与贫困方面做出了极其重要的贡献，但只是在1997年世界银行才开始反思其援助政策，开始使用一部分援助款来加强受援国能力[②]。2004年，美国建立了"千年挑战公司"，只向治理体系良好的国家提供发展援助，促进受援国国家主事权。

新型世袭制和不良治理愈演愈烈。尽管在非洲由捐助国支持的改革进行了二十多年，但由于国家因素的积累和对非洲开展的国际援助的反生产力情形，非洲大陆继续受到经济危机的困扰[③]。国家因素包括国家精英的新型世袭制趋势，这些精英维持和集中权力，维护自身优先享用的秩序，对改革设立障碍；有倾向性的意识形态阻碍发展，这是多年的经济政策改革的失败造成的，这些障碍导致形成对改革敌视的环境；国家的能力低下走向固化，这一情况被国家新型世袭制趋势所强化。

由国家引发的这些因素阻碍经济政策改革的有效执行，同时外部援助造成这一情况进一步加剧。因此，援助不太可能导致政策改革。此外，国际援助使新型世袭制趋势得到发展，减少国家精英们开展改革的欲望，他们更希望维持现状，保持本来可以由市场力量进行矫正的管理不良的官僚结构和政策，将许多国家职能和责任交给外人使国家能力恶化，这一切使非洲经济持续停滞。

因此，为了使援助卓有成效，使经济政策改革成功实施，援助国和受援国政府之间的关系必须改变。援助必须被设计成更具条件限制，更具筛选性，以便激发受援国接受改革，在非洲各国政府中形成非常必要的问责制。此外，信息的不对称经常阻碍援助的恰当分配，南苏丹和利比里亚在支付员工工资和控制资金流向上存在着严重的问题，南苏丹在工资表中有大量虚构人名，利比里亚的公务员署不能支付给公务员足够的工资，因为卫生部和教育部很少对他们相应的工资表提供说明[④]。

除了总统和其亲近的人接收的发展援助的资金外，其他机构获得的资金也

[①] CLARK W R, GOLDER M, GOLDER S N. The British Academy Brian Barry Prize essay: an exit, voice and loyalty model of politics[J]. British Journal of Political Science. 2017, 47 (4): 719–748.

[②] World Bank. World development report 1997: the state in a changing world[R/OL]. New York: Oxford University Press. World Bank,1997. https://openknowledge.worldbank.org/handle/10986/5980.

[③] VAN DE WALLE N. Economic reform: patterns and constraints[M]// GYIMAH–BOADI E. Democratic reform in Africa: the quality of Progress. Lynne Rienner Publishers, Inc. 2004: 29–63.

[④] BLUM J, FOTINI C, ROGGER D. Public service reform in post-conflict societies[R]. World Bank: Fragile and Conflict State Impact Evaluation Research Program paper. 2016.

经常乱花。例如，世界银行资助的产油项目在乍得设立，每年600万美元的项目所得被用于购买武器。政府为这一行为辩护称"没有安全就没有发展的可能"。但乍得军队因为一些严重的不端行为而声名狼藉，同时也不保护处于危难之中的人群。2008年世界银行不得不放弃这一增加环境污染和民众痛苦的项目①。

从现有的有关援助与公共机构之间关系的研究看，大量和持续的援助对低收入国家改善公共机构的努力有负面影响②。负面影响产生的机制包括"荷兰病"、收取税款的懈怠和对国家能力产生的不良效果等。

5. 加大冲突的可能

援助对冲突程度和冲突发起的作用已经被证实在不同国家和不同的情形下有不同的影响。例如，美国在哥伦比亚的援助似乎被转移到了准军事队伍里，增加了政治暴力③。另外，美国食品援助的增加提高了冲突程度，导致这一结果的主要机制是反叛队伍对援助的掠夺，援助无意中增加了反叛队伍继续冲突的能力④。此外，在菲律宾开展的一个援助计划无意中对当地武装冲突起到了推动作用，因为援助对当地政府一方有利，反叛队伍被迫进行反击⑤。

6. 新殖民主义

新殖民主义是指一国理论上独立并具有国际主权的所有外表，而实际上其经济体系和政治政策受到外部指导和操控⑥。新殖民主义国家的政治和经济事务直接受到来自北半球外部力量和国家的控制，这些国家向南半球发展中国家提供各种援助。新殖民主义是殖民主义的新面孔，其存在得益于外国援助⑦。援助国向贫穷国家提供援助，换取对贫穷国家和受援国的经济影响和政治标准强加，造成援助国控制穷国的经济体系为援助国获益服务⑧。

---

① DALEN D V. Tsjaad[M]. Amsterdam: Bijzonderheden: Kon. Instituut voor de Tropen. 2009.
② MOSS P, VAN DE WALLE. An aid-institutions paradox? a review essay on aid dependency and state building in sub-saharan Africa[R/OL]. Center for Global Development, Working Paper 2006(74) . http://www.cgdev.org/.
③ DUBE O, NAIDU S. Bases, bullets, and ballots: the effect of US military aid on political conflict in Colombia[J]. The journal of politics. 2015,77 (1): 249–267. http://www.cgdev.org/content/publications/detail/1423498.
④ NUNN N, QIAN N. US food aid and civil conflict[J]. American Economic Review, 2014(6):1630–1666.
⑤ CROST B, JOHNSTON P. Aid under fire: development projects and civil conflict[J]. American economic review, 2014(6):1833–1856 .
⑥ NKRUMAH K. Neo-colonialism: the last stage of imperialism 1965[M]. New York: International. 1966.
⑦ ROBERTS J.Neocolonialism: the new face of imperialism (and why it should've gone for a nicer one)[N/OL]. Affinity magazine,（2016-11-27）[2021-06-02]. http://affinitymagazine.us/2016/11/27/neocolonialism-the-new-face-of-imperialism-and-why-it-shouldve-gone-for-a-nicer-one/.
⑧ ASONGU S A,NWACHUKWU J C. Foreign aid and governance in Africa [J/OL]. International review of applied economics. 2016, 30 (1): 69–88.[2021-06-02] http://www.afridev.org/RePEc/agd/agd-wpaper/Foreign-aid-and-governance-in-Africa.pdf.

外国援助导致了依赖体系的建立，发展中国家或贫穷国家变得在经济增长与发展上严重依赖西方或发达国家①。由于不发达国家对发达国家的依赖，他们很容易被发达国家剥削，以至于被发达国家直接控制其经济活动②。

7. 强加西方价值

西方国家经常为其他社会和文化制定他们自己的需求和方案。西方的帮助在某些情况下变成了更为内源的，也就是说按照当地文化来设计需求和方案③。例如，有时项目希望让多个少数民族合作。这虽是一个高尚的目标，但大多数这些项目因为这一意图而失败。另外，虽然援助提供给受援国更大的社会收益，这一实用目标可以被认定是有价值的，但从伦理动机上看，需要的不是那些通过合作试图强加西方价值观的项目，而是真正帮助受援国的项目。

（三）主要根源的理论解释

阿尔伯特·赫希曼（Albert O. Hirschman）"离开 – 进谏 – 忠诚"模式④可以被用来了解一些政策变化是如何影响一个国家的增长的，是如何影响内部谈判能力变化的。克拉克等人（Williams Clark et al,2006）用政治的模型形象展示了发展援助在受援国发展上可能产生的影响并强调了援助可能会损害受援国。

赫希曼的模型建立的基础是，"在任何经济、社会或政治体系下，个人、公司和组织总体来说受制于有效、合理、守法、有德或其他功能性行为的缺失"。受到体系内缺失影响的消费者（在他们正消费的一个产品的质量上的一个缺失）有两种回答："离开"或"进谏"。如果这个人选择"离开"，他们会简单地停止购买这一产品并引发公司收入下降，逼迫公司或者纠正它们的错误，或者不复存在。如果这个人选择"进谏"，那么，他们将或者对公司或者对相关的权威机构表达不满，这将逼迫公司确定它们的缺失，但公司将不会遭受收入下滑。最后，赫希曼纳入"忠诚"元素，"忠诚"发生在消费者不能"离开"和公司不在意"进谏"对他们的收入带来的影响，选择该公司的消费者继续消费这种有缺陷的产品。

---

① VENGROFF R. Neo-colonialism and policy outputs in Africa[J]. Comparative Political Studies, 1975,8(2):234–250.
② ITIMI S. Is foreign aid a facilitator of neo-colonialism in Africa?[EB/OL]. （2018–05–03）[2021–06–02]. https://www.researchgate.net/publication/327847826https://www.researchgate.net/publication/327847826.
③ HELLER N. The future of the anti-corruption movement[N/OL], Global integrity, （2018-12-15）[2021-06-02]. https://www.globalintegrity.org/2008/12/15/post–321/.
④ HIRSCHMAN A O. Exit, voice, and loyalty: responses to decline in firms, organizations, and states[M]. Cambridge, MA: Harvard University Press. 1970.

克拉克的研究将赫希曼模型应用于一国内的政治发展[①]。当政府改变一项对现在一些公民的福祉有消极影响,或一直对有害的情形没有应对的政策时,公民会有同样的3种应对选择。这里,"离开"可以当作公民离开国家,不被统治和不交国家税赋或重新安排他们的资产,以便他们不被政府课税。"进谏"可以当作诸如甘地的"盐路长征"和在2014年弗格森发生的"黑人的命也是命"的抗议等非暴力公民反抗,或诸如英国勒德工人为了反对政府缺少保护主义政策而捣毁纺织机械、"每日反抗"等暴力示威,这些小的、不合作的,以及假的事件给国家带来高额成本。"忠诚"可以当作公民接受现状,进行像往日那样的生活。

如果国家收到国际援助,它对向本国人征收的税费依赖就会变小,从而会减少公民讨价还价的能力,政府受到公民"离开"的威胁就小,执行税收时,政府受到的伤害就小。因此,这就消除了公民为请求改善当前的处境而在谈判桌上使用的可信威胁。同时,对收入依赖的缺失降低了公民的"进谏"行动,削弱了暴力示威或每天抵抗对国家决策影响的效果。

只要接受国际援助国家的政府知道它将继续得到援助,援助国一方没有出现对该国问题的不满意,对该国政府最佳的事情就是继续忽略其公民不断弱化的需求。由于讨价还价能力被削弱,国家回应较少,公民与国家之间可以没有讨价还价。

在有些人眼里,对外援助是一个产业,一项既得利益,有着他们自己的优先重点,专家的利益与发号施令者的利益一致[②]。为了实现他们的共同利益,需要从富裕国家筹集更多资金运往这些资金往往被拥有权力的人悄悄偷窃的国家。支持这一产业的专家得到很好的补偿并对履行一项慈善事业而感到满足。从事这一产业是自我服务,它不需要在发展中国家进行资金再分配,或做出任何切实的牺牲,导致发展中国家作为谈判者为别人的利益服务。

(四)反对与支持援助两种力量的看法

1. 反对者认为援助带来消极效果

近年来的许多计量经济学研究表明,发展援助对受援国发展速度没有明显

[①] CLARK W R, et al.Power and politics: insights from an exit, voice, and loyalty game[Z/OL] https://citeseerx.ist.psu.edu/viewdoc/download?doi=10.1.1.560.9898&rep=rep1&type=pdf(数字图书馆)
[②] EASTERLY, W. The tyranny of experts: economists, dictators, and the forgotten rights of the poor[M]. New York:Basic Books, 2014.

的平均效果，援助导致增加贫困和减少穷国经济增长①。这些经济学家认为，援助不促进发展，援助的负面效果包括受援国货币的不平衡的升值（这就是通常说的荷兰病）、依附、腐败增加、必要的经济和民主改革的推延等相反的政治效果②，消极地影响非洲和全球其他贫穷地区的经济增长和发展③。

一些批评人士主张取消发展援助④。匈牙利经济学家彼得·托马斯·鲍尔（Peter Thomas Bauer）的批评最为犀利，认为援助可能阻碍发展⑤；还认为援助导致依赖，培养了贪腐，加大了当地市场的缺陷。还有学者认为援助是资源浪费⑥；有学者认为援助对经济增长没有可测量的效果⑦；有学者认为援助帮助了腐败政府，肥了精英阶层⑧。另一位重量级经济学家丹比萨·莫约（Dambisa Moyo）在她的《死亡的援助》（*Dead Aid*）一书中也据理反对官方发展援助，她的理由是习惯接受援助的国家可能会永久倚赖这类援助。她还认为援助可以增加国家内部冲突的机会，加大通货膨胀压力。尽管一些成功的援助计划得到认可，但批评者认为，援助应该由国际贸易替代。官方发展援助更多倾向于扶贫减贫，而不是经济发展⑨。

另外一些批评也存在，援助国一手给予大量发展援助，另一手又通过严格的贸易和移民政策拿走，或获得他们公司在受援国的立脚点。"发展指数承诺"测量援助国的全面政策，评估他们的发展援助质量。富裕国家帮助穷国发展他们的经济，消除贫困，这一说法受到挑战，实际上富裕国家没有发展贫穷国家，而是贫穷国家发展了富裕国家⑩。

---

① KAUFMANN D. Aid effectiveness and governance: the good, the bad and the ugly[J/OL]. Development outreach,2009, 11(1): 26–29. http://www.brookings.edu/opinions/2009/0317_aid_governance_kaufmann.aspx.
② RAHNAMA M, FAWAZ F, GITTINGS K. The effects of foreign aid on economic growth in developing countries[J]. The journal of developing area,s 2017,51(3):153–171.
③ MOYO D. Dead aid: why aid is not working and how there is a better way for Africa[M]. Macmillan. 2009.
④ RAMALINGAM B. Aid on the edge of chaos: rethinking international co-operation in a complex world.[M].Oxford University Press, Oxford. 2014.
⑤ BAUER P. Dissent on development: studies and debates in development economics[M].Cambridge:Harvard University Press, 1972.
⑥ DICHTER T. Despite good intentions: why development assistance to the third world has failed[M].Amberst and Boston:University of Massachusetts Press,2003.
⑦ RAJAN R G, SUBRAMANIAN A. Aid and growth: what does the crosscountry evidence really show?[R] International Monetary Fund Working Paper, 05/127, Washington, DC: IMF,2005.
⑧ EASTERLY W. The white man's burden: why the west's efforts to aid the rest have done so much ill and so little good[M]. New York and London: Penguin. 2006；EASTERLY W. Was development assistance a mistake?[J]. American economic review,2007. 97 (2): 328–332.
⑨ N'DRI K D. Contribution of official development assistance to poverty alleviation in the ecowas[J/OL]. IOSR Journal of economics and finance,2017,8(2):37–49. https://www.semanticscholar.org/author/N%E2%80%9Fdri-Kan-David/121403591.
⑩ HICKEL J. Aid in reverse: how poor countries develop rich countries[N/OL]. The Guardian.（2017-01-14）[2021-06-17]. https://www.theguardian.com/global-development-professionals-network/2017/jan/14/aid-in-reverse-how-poor-countries-develop-rich-countries.

往往右派批评援助扭曲了市场机制，让受援国政府和民间社会推卸责任，使受援国或其政府对国际援助产生依赖；而左派则谴责援助成为发展中国家经济自由化和全球化的不良力量；企业则批评殖民地独立以后对于援助资金使用的高挥霍和低效率；受援国当地社会还批评不为受益者服务的公共机构损坏环境、侵犯地方社会、破坏平等、支持当地专制政权。

2. 支持者认为援助带来积极效果

尽管援助对非洲国家等的增长和发展有一些消极效果，但多数人还是肯定援助的作用，杰弗里·萨克斯（Jeffery Sachs）等多数经济学家以及联合国均持有援助是经济增长和发展驱动器的观点[1]。

还有一些研究表明，发展援助有效地减少了发展中国家的贫困[2]。另有研究表明，发展援助目前对经济增长和发展有较强的积极效果。它可以通过对基础设施和人力资源的投资促进经济的长期增长和发展。更多的证据说明，援助的确对多数非洲国家的经济增长和发展有促进的作用。根据2013年对36个撒哈拉以南非洲国家的调查，其中27个国家亲身体会到援助对国内生产总值和投资带来的强大积极效果[3]。这与那些相信援助无效果、不能推动多数非洲国家经济发展的论调相反。

研究还表明，根据人均测算的援助支持了低收入非洲国家的经济增长，如坦桑尼亚、莫桑比克、埃塞俄比亚，但援助对中等收入非洲国家的经济增长效果不显著，如博茨瓦纳和摩洛哥[4]。低收入国家最受益于援助，他们将接收到的援助用于公民教育和健康护理方面，这从长远看可以改善经济增长。

四、一些具体问题的解决办法

（一）采取措施减少碎片化援助

由于援助国数量变大，援助资金也被碎片化。2006年在发展援助委员会登

---

[1] QIAN N. Making progress on foreign aid[J/OL]. Annual review of economics,2015(7): 277–308.
[2] MAHEMBE E. Foreign aid and poverty reduction: a review of international literature[J]. Cogent social sciences: 2019,5(1).
[3] JUSELIUS K, MØLLER N F, TARP F. The long-run impact of foreign aid in 36 african countries: insights from multivariate time series analysis: long-run impact of foreign aid in African countries[J]. Oxford bulletin of economics and statistics. 2013,76 (2): 153–184.
[4] LEE J-S, ALEMU A M. Foreign aid on economic growth in Africa: a comparison of low and middle-income countries[J/OL]. South African journal of economic and management sciences. 2015,18 (4): 449–462. https://doi.org/10.4102%2Fsajems.v18i4.737.

记的新的援助项目承诺达 8.1 万个，而 1996 年只有 1.7 万个，与此同时，每个活动的平均规模在稳步减小，中等大小的活动仅有 6.7 万美元的资金。官方援助总额的增加是通过增加许多小的新项目来实现的，而不是通过扩大有效的项目来实现的[1]。小项目本身并不坏，它们是实验和革新的源泉。小项目可以是偏远社区急需的，小额资助可以发挥决定性作用。但援助的碎片化冒着巨大行政开支的风险。每个项目必须在政府间做准备、谈判、监督和上报。官方援助国在 2007 年大约派出了 3 万人次出差，来管理它们的援助项目。

碎片化还造成其他开支。它可以通过撬走在政府关键岗位负责管理援助国项目的人员来削弱当地机构力量。它可以引起出现一个绕开政府机构和程序的体系，因为小项目不太可能被纳入受援国政府预算。它可以导致政府对项目所有权的缺失[2]。官方援助援助国承认这一点并承诺减少使用分离的项目执行部门，但这方面的进展缓慢。一项监督为提高援助效率的《巴黎援助有效性宣言》确定的目标执行情况的调查发现，与政府体系并行存在的有 2 473 个活跃的项目执行部门。通过对覆盖接收一半以上官方发展援助的国家的样本分析，推算得出并行存在的项目执行部门总数应该为 5 000 个。

官方发展援助和成功的私人企业之间的对比很明显，在私营部门，成功革新的增加迅速出现，这基于利益动机的驱使。在公共部门，特别是官方发展援助方面，成功更难鉴定，动机更为复杂。有一些官方发展援助活动不断扩大，例如在墨西哥和巴西的与河盲症斗争国家"有条件资金转移计划"（给穷人钱有条件，穷人必须承诺学习知识）。但是，这些活动属于特例，不是规律，财政支持和部门努力构成实现规模化的机制。当国家和部门发展计划衔接良好，拥有为实现千年发展目标的进展情况记录时，这些机制就可以得到广泛的运用。但是，几乎没有哪个穷国具备这些条件。只有约 20% 的援助接收国被认为是拥有世界银行认可的 B 类或以上的国家发展战略，也就是说几乎没有国家拥有目前能够推行的战略[3]。

（二）加强劳动分工

减少碎片化和改善援助协调的一个方法是通过援助机构间的劳动分工。当

---

[1] KHARAS H. Action on aid: steps toward making aid more effective[M]. Washington:Brookings, 2009.
[2] KNACK S, RAHMAN A. Donor fragmentation and bureaucratic quality in aid recipients[R]. Policy Research Working Paper Series No. 3186, World Bank, Washington, 2004.
[3] OECD. Survey on monitoring the Paris Declaration[Z]. OECD, Paris, 2008.

一个援助机构把力量集中在个别国家时，或当一个援助机构在一个专门部门或领域培养专家时，可以这样分工。这一援助方式已经被欧盟接受，欧盟要求成员国聚焦主要问题，明确谁负责做什么。通过制定一个可操作的工作办法来达到更有效的劳动分工[1]。欧洲委员会提及了一套得到成员国同意的原则，以便对欧盟国家的援助计划进行互补。劳动分工包括国内互补，来确定可以组织资源和最大限度地减小受援国行政负担的牵头机构，开展实用的政策对话，进行以各部门分配资源为目的的需求评估。

劳动分工也在跨国一级进行。目前的体系制造了接受大量援助的"援助宠儿"和不被援助国重视的"援助孤儿"。虽然各国在政策和接收能力上有所不同，但官方发展援助体系没有建立确保援助国对受援国的选择满足国际目标要求的机制。欧盟指导准则确定跨部门互补的重要性。每个援助机构不需要在所有部门进行能力培养。一些援助国早已熟谙应该被全面使用的专门技能。建立在不同援助机构的可比优势基础上，援助体系作为一个整体可以提供部门专业化的工具箱，可以对任何国家的需求提供增值服务。把可比优势作为系统效率的一项指标并不是官方发展援助独有的。它长期在贸易理论中应用，1965年"显性比较优势"概念被 Bela Balassa 开发出来，用以评估某国在某一技术领域的相应优势或劣势，确定发展中国家可以在其出口中拥有突出技术的领域[2]。用于贸易的这一公式同样可以应用于评估官方发展援助的显性比较优势。在跨国一级，每个援助国的显性比较优势指的是援助国提供给各国的援助集中程度。如果援助国对一个国家提供的援助在该国接受的全部援助中占比较大，则显性比较优势比较大。每个援助国的总体显性比较优势指数通过衡量援助比例中的显性比较优势来计算。当援助国集中援助一个国家，比较优势指数就上升，当援助分散到许多国家，比较优势指数就下降。

跨国的显性比较优势测量直接解决援助宠儿和援助孤儿问题。当许多国家给同一个受援国提供援助时，援助国对该国的显性比较优势自动下降。相反，当很少援助国对一国援助时，就容易获得高显性比较优势。根据对42个援助国和多边机构的对比发现，诸如加勒比发展银行、欧洲发展银行、美洲开发银行特别基金等专门机构有很高的显性比较优势，那些集中其援助在一些地区性邻

---

[1] European Commission. Communication from the commission to the council and the European Parliament[Z]. Brussels,2007.
[2] BALASSA B. Trade liberalization and revealed comparative advantage[J]. The Manchester school of economic and social studies, 1965(33): 99-123.

国的国家，如澳大利亚对巴布亚新几内亚较大的援助，新西兰帮助许多太平洋岛国，它们的得分也很高。相比之下，那些面向全球的援助国或机构，如国际发展协会、联合国机构、欧洲委员会等，援助最分散，德国的双边援助面向的国家也是其他援助国大力资助的，其指数就是最低的。跨国显性比较优势的测量引发了对援助国的偏见，对那些与所有发展中国家保持关系的全球性援助国家来说不公平。一项可替代测量办法需要了解援助国的援助有多少比例投入那些与该援助国有较大比较优势的国家。例如，非洲发展基金将其99%的资金投入有比较优势的国家。总之，多边机构在这个测量方面的显性比较优势的指数远好于双边援助国家。

（三）积极应对援助的波动性

官方发展援助的支付，在受援国看来是很不稳定的。这就减少了其价值。官方援助的早期，1961年通过的"共同援助努力"的决议就认识到，"在有把握的和持续的基础上提供的援助将对最不发达国家的良性经济增长做出最大的贡献"[①]。不幸的是，这一认识没有被付诸实践。援助带来的冲击虽少，但不可忽视。对于穷国，失去援助给国民收入造成的损失是很大的，就像富裕国家20世纪面临的重大全球经济冲击一样，如1929年大萧条、两次世界大战、西班牙内战、当今全球萧条等。在援助依赖强的国家，援助一旦中断，则会对如何使用已获得的援助带来重大影响。有必要聚焦援助危机的情形，因为有充分的经验证据证明危机在削弱增长方面是最重要的因素。援助危机对汇率、公共投资和通货膨胀有重要的破坏性效果。良好的宏观经济政策被广泛认为是增长和发展的基础，遇到援助的高波动性，特别是如果这种波动性趋向足以破坏正常的商业循环，制定良好正常的宏观经济政策是不可能的事。在宏观一级，国别定项援助的波动性是国民生产总值的波动性的5倍，是出口波动性的3倍。

如果当国家面临外部冲击时援助扩大，在全球繁荣时援助收缩，援助的波动性是件好事，是一条在全球经济中应对冲击的有用的方法。不幸的是，正好相反的情况常常出现。从受援国观点看，当一国宏观条件恶化时援助也会下滑。这也许是因为援助款经常与国家筹集对等基金的能力相连，或可能因为当预算赤字恶化时，援助国变得更不愿意提供援助。不论原因如何，作为经验规律性，

---

① OECD. DAC in Dates: The history of the OECD's development assistance committee[Z]. Paris: OECD, 2006.

援助支付根据受援国的经济周期变得顺势循环，当税收和开支扩大时扩大，当其萎缩时也相应萎缩。这对长期发展计划具有较高的破坏性[①]。援助国为应对这一问题做出了一些努力，例如，向选定的、有很好记录的受援国做出多年期承诺，但这些努力与全部援助量相比仍然较少。其他方法，如对拥有良好记录的国家附带偿还条件的贷款，或自动反周期资金支持，还没有实验。在微观一级，波动性可以影响税收规划和投资水平及投资组成。一个典型的例子是肯尼亚财务部部长1998年的预算演讲："虽然一些项目援助和贷款可以在这一年中实现，但如果当增加的资源实现时，我将用这些资源来减少我们巨大的国内债务。"[②]十年后，同样的情感在2008年预算演讲中得到表达："与我们财政独立战略相一致，我们还没有将尚未承诺的预算支持作为因素考虑。"大家都愿意怪罪援助波动性会引起外部冲击。不管怎样，人道主义危机不能被预测到，我们不会感到惊讶，当有冲击时援助应该增加，当紧急状态结束时援助应该减少。为了校正，可以测量国别定项援助的波动性，而不是测量整个援助。国别定项援助去除人道主义援助、债务免除和其他元素，国别定项援助聚焦可以用于长期发展项目和计划的资源。但波动性计算结果是同样的，国别定项援助像整体援助或人道主义援助一样波动。这似乎令人惊奇，但有一个明显的解释。多数援助国把预算当作整体援助。如果需要基金来管理一个特定国家的紧急状态，基金被从其他地方带到那个国家的援助计划或从援助其他国家的计划带去。这样，任何人道主义援助的增加都将导致国别定项援助的下降。波动性都是相连接的。当然，一些波动性与受援国行为有关。当援助国1991年开始进一步集中力量在治理（援助的一个先决条件）上时，肯尼亚被切断了援助。因此，人们可以想象，援助在虚弱或脆弱的政治波动性高的国家中可能更具波动性，然而几乎没有经验证据来说明这一系统性情况。援助的波动性在强大国家和弱小国家都一样高。在非洲与在东亚一样，在低收入国家与在中等收入国家一样，在援助依赖型国家与在非援助依赖型国家一样。实际上，在不同的援助接收国的特征上波动性具有较大的一致性。相比之下，在每个援助国的波动性方面具有更大的差异。每个援助国对援助波动性的贡献可以通过查看它对受援国总体波动性的贡献来计算。例如，如果波动性因为任何援助国的项目组合的问题而上升，它可以对

---

① KHARAS H. Measuring the cost of aid volatility[R]. Wolfensohn Center for Development Working Paper No. 3, Brookings, Washington, 2006.
② MWEGA F. A case study of aid effectiveness in Kenya[R]. Wolfensohn Center for Development Working Paper No. 8, Brookings, Washington, 2009.

受援国的总体波动性具有重大意义。如果接受国有援助国的投资组合，它可以被多样化。但是，如果波动性因为援助国的协调行动而发生，它就更具意义。在援助组合方面计算波动性对确定其影响很重要。有一个标准的财政学规则，一个有风险或不确定的资金流动比没有风险的、稳定资金流动的价值要低，即使当两者都有同样预期的净现值。应用同样的原则和技术来评估官方发展援助，这暗示在一个国家将接收多少援助上的不确定性会减少15%~20%的受援国价值。这意味着由于援助波动性带来的额外损失很大。如果援助国采取适当的步骤，很多可以避免。援助国之间的援助波动性有较大的差异，一些国家通过建立援助拨款机制来维持可预期资金的稳定。另一些国家则喜欢保持援助拨款更大的灵活性，保持支付过程的较大制约性。如果受援国家不能满足条件，支付的较大波动性就会出现。2005年通过的《巴黎援助有效性宣言》开始承认这一问题的重要性，要求援助国改善援助的可预期性。但2007年做的执行后续调查显示，只有45%的援助根据国家预算体系计划的时间表拨付。

（四）减少腐败，提高治理能力

各方近年做出了巨大努力来增加与援助有关的参与、问责力度和透明度，但援助的意义对那些受援国来说仍然没有被充分理解，因此需要制定有效的问责体系进行约束。

然而，当拯救生命和减少痛苦的人道主义需求与降低腐败风险所需的时间和资源冲突时，加快拯救与加强监控之间很难权衡，特别是在处于紧急状况的国家。但应对腐败十分必要，需要抵抗住要求快速开支援助款的压力；继续在审计能力上投入，不局限于简单地审查文件；建立投诉机制并检查其有效性，密切关注妨碍申诉的当地力量结构、安全体系以及文化因素；在确定目标和等级阶段，要明确地解释过程，强调要点，如人们不应该支付已被纳入的收费，不应该支付官方清单复印费用。

（五）深入了解受援国需求和环境

萨克斯（Jeffery Sachs）承认政策制定者应该深入了解造成贫穷的地理因素。他认为，为了使外国援助成功，政策制定者应该"更多地关注与地理相关的发展障碍，特别是卫生健康、农业生产水平低下和运输成本高昂的地方"[①]。世界银

---

① SACHS J D, et al. The geography of poverty and wealth[J/OL]. Scientific American, 2001,284(3):71-74. https://www.scientificamerican.com/article/the-geography-of-poverty-and-wealth/.

行和国际货币基金组织是他推荐的、可对外国援助提供建议和指导的两大组织。然而，这两个组织过于将精力集中在机制改革上。由于地理上的障碍，撒哈拉以南非洲国家接受的外国援助特别具有多面性。而多数宏观外援努力都没能认识到这些情况，致使国际援助和政策改善不充分。如果外国援助不能提供克服地理障碍的机制，非洲撒哈拉以南地区的艾滋病等引起心理创伤的疾病将继续造成数百万人死亡。

第三章 国际教育援助理论

一、国际教育援助政策演变

(一) 现代国际教育发展援助的起源

国际比较教育是国际教育援助的雏形。国际教育源自对别国教育的了解，而比较教育则是对国与国之间教育的比较研究，因此，比较教育是国际教育研究的开始，通过探究它国教育与本国的教育区别，才能开展两国之间教育的互补、交流和帮助，这种帮助可以被认为是教育援助。国际比较教育的鼻祖是法国人朱利安，他于1817年专门著书谈比较教育[1]。国际教育的交流与发展始于这个时期。第二次世界大战以后，随着联合国的建立，推动国际教育合作与发展成为其重要使命，一些国家开始对此进行系统研究，例如，1956年美国建立"比较教育与国际教育学会"，通过对教育思想、体制和实践的国际研究和跨学科研究来加强跨文化理解和社会发展。1961年，英国伦敦又建立了"欧洲比较教育学会"，到20世纪60—70年代，拓展到与发展中国家教育的比较研究[2]。有关教育模式的普遍性与特殊性哲学问题不断被提及，有人支持普遍主义，有人支持排他主义。

欧洲19世纪在非洲的殖民教育是国际教育发展援助的重要源头。英法等殖民者在非洲建立学校，开展文化和宗教教育。非洲第一所学校圣路易学校于1816年在塞内加尔建立[3]。殖民地主要集中在非洲、亚洲和拉美地区。殖民地

---

[1] JULLIEN M-A. Esquisse et vues préliminaires d'un ouvrage sur l'éducation comparée, et séries de questions sur l'éducation[M]. Paris: I.Colas, 1817: 1-56.
[2] CARBONNIE G, CARTON M, KING K. International education and development: histories, parallels, crossroads in education, learning, training: critical issues for development[R]. International Development Policy series No.5, Geneva: Graduate Institute Publications, Boston: Brill-Nijhoff, 2014: 3-26.
[3] REYNAUD-PALIGOT C. L'école aux colonies-entre mission civilisatrice et racialisation 1816-1940[M]. Champ Vallon, coll: La chose publique, 2020.

教育既有道德、政治、宗教目的，也有文化和经济目的。殖民地学校主要由殖民当局从其预算中拨款。在法属殖民地苏丹，当地法国军政府甚至给宗教学校开支[①]。到20世纪初，法国一些殖民地的宗教学校逐步被公立殖民学校替代。被殖民者期待接受教育的愿望开始强烈，但教育仍然是只面对白人子弟和极少当地精英，种族隔离仍然根深蒂固。

殖民国家自18世纪末到"二战"前在本土建立旨在协调管理海外殖民地的部委，这些部委的开支主要是支持其在海外政府的基本开支。殖民国家政府出资建校的预算有限。比利时1908年建立的殖民地部的预算主要是支持当地雇用管理人员、物资供应和疆界勘测等费用。当地的经济和社会建设主要靠私人投资进行[②]。

宗教团体在殖民地办学是主体。英国政府更愿意将办学留给宗教团体去做，因为宗教团体能从当地得到更多资金。例如，在英国殖民地尼日利亚，1899年，8 154所小学中只有33所是政府办的，136所中学只有9所由政府举办，97所师范学校只有13所由政府举办[③]。1925年英国殖民地教育顾问委员会采取政策，鼓励举办私立学校，政府与私立学校合作，使教育与当地传统习俗相适应。

法国在殖民地的教育也是首先由教会组织推进的，尽管法国政府在1847—1895年间在塞内加尔建立公立学校，但公立体系后来才在其他国家铺开。20世纪初，法国开始有殖民地教育政策，例如，对法属西非殖民地教育体系设计为小学、高小、职业学校和一所师范学校。1898年，法国在法属刚果建有50所小学，在西非建有72所小学。1935年，法国在西非建立的小学共有6万多名学生，在赤道非洲建立的小学共有1.5万名学生，喀麦隆、多哥各有1万多名学生[④]，约占当时总人口的0.5%。1921年法国殖民部制定法律，从开发殖民地资源转到与当地协作的政策轨道上[⑤]，殖民地教育得到更大的发展。

[①] BOUCHE D. Les écoles françaises au Soudan à l'époque de la conquête. 1884-1900 [J]. Cahiers d'Études africaines, 1966(22): 228-267.
[②] VAN HOVE J. Histoire du ministère des colonies[M]. Bruxelles: ARSOM, 1968.
[③] Britannica. Education in british colonies and former colonies, partens of education in non-western or developing countries, education[EB/OL]. https://www.britannica.com/topic/education/Education-in-British-colonies-and-former-colonies.
[④] GARDINIER D E. The Impact of French Education on Africa, 1817-1960[C/OL]//COOKE J J. Proceedings of the meeting of the french colonial historical society,East Lansing Michigan:Michigan State University Press,1980: 70-82. https://www.jstor.org/stable/42953170?refreqid=excelsior%3Af63ebd8fb3afbc44ecd97bf4195113b8.
[⑤] PACQUEMENT F. Le système d'aide au développement de la France et du Royaume-Uni : points de repère sur cinquante ans d'évolutions depuis la décolonisation, Dossier | Africa: 50 years of independence[J/OL]. Review major development policy trends,2010(1) :55-80. https://journals.openedition.org/poldev/75.

（二）国际官方教育发展理念的机制化

当代官方教育援助理念起源于第二次世界大战之后。时至今日，经过70年的发展，援助政策在目标、目的、规格、参与者、资助以及计划执行方面发生较大变化。

第二次世界大战结束后的十年间教育处于次要地位。联合国在美国、苏联、英国、中国和法国的推动下建立，致力于促进人类和平与发展。随后成立的联合国教科文组织开启多边组织通过教育科学文化促进世界各国和平与发展的征程。与此同时，许多其他多边机构建立了起来，开展援助活动，如国际复兴与开发银行、联合国开发计划署等。洛克菲勒、福特等基金会是最早一批开展教育援助项目的私立机构。美国出资的马歇尔欧洲复兴计划对受资助欧洲国家进行包括教育在内的资助。20世纪60年代前期，也正是瑞典国际发展署的国际发展援助理念刚刚出现的时期，经合组织发展委员会的成员国和国际组织都把援助的主要领域放在基础建设、经济恢复、医疗机构建设和设备购置等方面。即便是联合国系统中专门负责发展中国家援助的金融机构，如世界银行，也是到1963年才开始实施第一个教育援助计划的，而且即便用于教育援助的资金，也主要用于硬件建设。在20世纪60年代，世界银行用于教育援助的资金69%用于建造学校，28%用于仪器设备购置，仅有3%用在人力和技术支持上[①]。

（三）初期阶段侧重人员培训和教育设施援助

20世纪50年代末，殖民地独立后双边教育援助成为重点。当时，西方殖民国家被认为是应为贫穷的独立国家的发展负一部分责任，应该为其提供资金和技术援助的。双边发展援助机构，如美国国际开发署，随之建立，对国际整体发展和教育发展提供较大资助。无论是双边还是多边援助，当时的工作重点是现代化和进步。"发展"一般被认为是朝向西方工业化的经济和政治体系推进。而教育和人力资源的开发被认为是与工业化国家取得的经济进步和国家发展密切相关的，成为各国发展议程的重要组成部分。贷款的优先重点是中等教育和职业教育基础设施建设。当时教育援助一部分被用于在援助国为外国国籍人员提供高等教育与培训，然后将受过培训的教育工作者带回到发展中国家。

20世纪60年代，教育援助重点转变。关于"人才流失"的忧虑和发展中国

---

① JONES P. World Bank financing of education[M]. London: Routledge, 1992: 60.

家对外国机构的持续依赖,导致援助国政府和组织更为支持职业项目和在发展中国家建设高等和中等教育机构。援助国开始分散投资教育项目,经常集中在教师培训上,并对受援国教育部或建设好的学校提供技术支持,援助项目不提供给受援国经常性开支,如教师工资。项目在规模上较小,由援助国提供工作人员和进行监督。单独援助者经常集中在专门的教育援助类型或专门的教育层级上,因此这类援助者往往在这一专门领域处于领导地位,在受援国的发展模式上起引领作用。

这一时期,教育在官方发展援助中的分量得到加强。1968 年援助委员会专门审议教育对外援助事宜。教育援助开始作为官方对外援助的一部分,当时主要用于支持劳动力开发计划中,侧重职业培训、工程教育和可以立即应用的工作技能。高速公路、铁路、大坝、桥梁、农业和工业机械等基础设施投资仍然是发展援助的重中之重。这些重要项目需要有技能的人员来维持,教育援助能够帮助当地随时聘用到必需的技能人员[①]。

20 世纪 60 年代和 70 年代,甚至到 80 年代,教育援助方式的主要特征是"生产主义",也就是说那时的教育援助主要集中在帮助发展中国家进行楼房基础建设以及为其提供设备及技术援助方面,而这些发展中国家中有许多是独立的原殖民地国家。世界银行在 20 世纪 70 年代将教育贷款的 2/3 用于学校建筑,30% 用于购买设备[②],援助的努力集中在加强国家的供给侧能力,以便促进劳动生产力和经济增长。这些活动还包括支持那些侧重职业培训和工程教育的劳动力发展规划。

(四)中期阶段以基础教育为主的多样化援助

20 世纪 70 年代,世界银行对师资培训计划及教材予以较大支持,而基础教育仅吸引了教育援助总额的 5%[③]。由于对激励机制、社会准则和其他需求相关的因素重视不够,教育机构的作用发挥受到影响。

教育援助领域重点开始由中等教育和职业教育转向基础教育。这一时期的基础教育援助包括成人教育、非正规教育和初等教育。在援助资金上,20 世纪

---

① HEYNEMAN S P. Foreign aid to education, recent US initiatives: background, risks, prospects[J].Peabody journal of education, 2004,80 (1): 107–119.
② TILAK J G. Foreign aid for education[J/OL]. Int. Rev. Educ., 1988,34 (3):313–335.https://www.sciencedirect.com/science/article/pii/S0738059315300225#bib0170.
③ REIFF H. International cooperation in education with the least developed countries[J/OL]. Prospects, 1983,13 (4):449-458. https://www.sciencedirect.com/science/article/pii/S0738059315300225#bib0150.

70年代末，尽管援助机构再次确认教育对国家发展的益处，教育援助预算却开始停滞不前甚至下滑[1]。经合组织各成员国对教育的整体援助在1980年后勉强与通货膨胀保持一个速度。1982年的债务危机使援助资金受到影响，援助国开始强调由援助数量到援助质量转变。

来自东欧、苏联和石油输出国组织以及更多新独立国家的资金很少。同时，参与教育发展项目的援助者之间的力量发生转变，世界银行由于其技术和金融能力成为最重要的出资者。

到20世纪80年代，教育援助范畴拓展成为涵盖初等教育、中等教育、人文和社会学、职业教育和教育研究的全面教育援助。当时有学者对教育投资将促进经济增长的假设提出疑问[2]，因为二十多年来对发展中国家教育投资的大规模增加并没有令人信服地支撑这一假设。世界银行发布教育政策报告，要求评估教育成果的分析模型多样化，不能仅仅预测劳动力需求，要纳入教育投资的经济回报率的计算[3]。此后，世界银行研究表明，对基础教育的侧重，特别是对该阶段女童教育的侧重，是成本效益最高的教育投资，即经济回报率最高，是发展上最有效的形式[4]。世界银行呼吁公共财政从高等教育转向初等教育，高等教育要通过缴纳学费来提高私人出资比例。这一研究成果导致后来1990年开始的"全体教育（全民教育，Education for All）"国际计划，此计划要求援助国将重点放在初等教育援助上[5]。

（五）中后期阶段呈现各类教育并重

这一阶段的教育援助基于以下基本逻辑：重点放在支持发展中国家政府做出的承诺和发展中国家对发展的主事权和所有权上，承认文化多样性和促进相互理解，将援助建立在与国际社会的协作和合作基础上，促进社区参与和调动地方资源，与其他发展部门联合起来，彼此借鉴教育经验。

20世纪80年代末和90年代初教育援助理念为"发展主义"，开始占据全球教育进程，也就是说侧重中学和中学后教育，其中包括职业培训[6]。实际上，接

---

[1] WEILER H N. Aid for education : the political economy of international cooperation in educational development[R]. Canada:international development research center, octobre 1983.
[2] HURST P. Aid and educational development: rhetoric and reality[J]. UK: comparative education, 1981,17(2).
[3] World Bank. Education policy paper[M]，Washington, DC :World Bank，1980.
[4] LOCKHEED M E, VERSPOOR A M. Improving primary education in developing countries[M]. Washington, DC: Oxford University Press, for the World Bank，1991.
[5] UNESCO. EFA Global monitoring report 2008 education for all by 2015: will we make it?[R].Paris:UNESCO,2008.
[6] World Bank. World Development report[M/OL].New York:Oxford University Press,1980. https://www.sciencedirect.com/science/article/pii/S0738059315300225#bib0215.

近50%的双边援助投在了中等教育，接近1/3投向高等教育和技术教育①。这一方式的特点是以多领域的视角审视教育，从广义范围说就是审视发展，重点找出阻碍最佳使用教育机构的结构性因素。

20世纪90年代，教育援助的重点领域仍呈现多样化，其中包括对中等收入国家的科技研究与发展方面的援助。教育部门工作开始改革和调整②，可能是因为1990年联合国教科文组织和世界银行及联合国儿童基金会在泰国宗滴恩召开了"世界全民教育大会"，资源有效使用的政策和筹资政策发生改变，教育援助领域的重点更加向基础教育集中，无论是多边还是双边援助，进一步承诺加强援助协调，重视全系统规划和当地监督。在协调方面，援助国之间缺少协调、受援国政府对教育发展的领导缺少监督仍然是通病，协调政策的长期可持续性仍然令人质疑③。

在资金方面，促进教育发展的外部资金仍然很有限，整个90年代，许多发展中国家在国家教育开支上面临严重危机，这主要是由波及面广的经济危机和随后的结构调整引发的。资金紧张引起援助国对教育扩张和质量改善、基础教育和基础后教育发展、学历教育和职业技术教育及成人教育一系列问题是非曲直的大辩论。后来国际出现公共经费紧缩，教育援助项目引进新内容，包括强调成本回收机制、教育系统的非集中化、国家考试的引入、支持非政府办学等。

这一时期还出现了各国援助政策的进一步融合，也许部分原因是苏东政变后的意识形态趋同。在多边领域，1990年世界全民教育大会将援助国和发展中国家聚集在一起，制定更为统一的援助议程，把力量集中在最贫穷发展中国家的初等教育振兴上。许多援助国随后调整了他们的教育援助计划。然而，援助国尽管做了庄重的承诺，其援助的整体水平在90年代并没有得到切实增长。

这一时期援助方式的政策出现调整，援助国认为教育以"以部门为单位援助"（SWA）更有优势④。以部门为单位的工作方法在若干方面不同于以项目为基础的方法。一个最显著的不同是"以部门为单位的援助"根据教育发展长期规划直接向发展中国家政府预算提供整体资金。这一机制可能给受援国政府对资金如何使用以更大的控制权，这一转变对受援国政府可能形成一些限制。首先，

---

① OECD. Aid statistics[M]. Paris:OECD, 2012.
② VERSPOOR A. Educational development: priorities in nineties[J]. Finance & Development, 1999,27(1).
③ Education Encyclopedia. History, the project model, aid for education[EB/OL].https://education.stateuniversity.com/pages/1942/Education-Development-Projects.html#ixzz6cuAsei36.
④ RATCLIFFE M, MACRAE M. Sector wide approaches to education-a strategic analysis[R/OL]-DFID Education Research Paper No. 32, 1999:1–104. https://files.eric.ed.gov/fulltext/ED445385.pdf.

"以部门为单位的援助"经常附有苛刻条件,其次,援助国可以期待受援国政府进行全面的、以部门为单位的努力,开展对发展最有益的教育。再次,以部门为单位的模式不是向许多国家提供小型援助,而是遴选程度很大、针对很小一部分能够提供合理的教育改革部门规划的国家。最后,"以部门为单位的援助"可以加强与治理和经济政策领域改革的联系。

这一时期,国际社会切实加大了教育援助力度。尽管国际援助在获取改善医疗保健机会、改善教育、减少贫困和饥饿等方面,做了长久的贡献,但只是在1997年世界银行才开始重新思考其援助政策框架,开始专门使用其中一部分援助来培养受援国的能力。

(六)现今强调国际协作促进基础教育

进入21世纪,达喀尔全民教育论坛确定国际社会到2015年要实现六大教育目标,其中最为重要的是普及初等教育,这是国际教育援助的政策优先。因此,基础教育仍然是教育援助的重点。国际社会反复提出类似目标承诺,只因实现困难大,所以推进速度缓慢[①]。而2015年联合国再次提出人类下一个15年要实现的17项目标,基础教育仍然在列,但教育的质量开始被放到突出地位。职业教育与培训逐步被列为各国教育政策的重点[②]。

多边机构通过其专门计划来招揽资金,支持基础教育援助。例如,世界银行最初发起"快车道倡议"(Fast Track Initiative)来支持非洲等低收入国家,后来改为"全球教育合作计划"(Global Partnership For Education);联合国儿童基金会发起"教育不能等待"计划(Education Cannot Wait),支持处于紧急状态下的国家教育;联合国教科文组织以及挪威等国家名人组成的教育委员会倡导"教育融资国际便利工具"计划(International Finance Facility For Education),支持占世界学龄人口80%的中低收入国家儿童教育。三大计划构成国际多边教育援助的三驾马车。

但2013年用于基础教育的援助曾经下跌7%,而总体发展援助额却提高了11%。正当全球调查显示对教育的支持对确保发展的成功至关重要之时,对教育援助支持的下跌令人疑惑不解。联合国"我的世界"调查显示,700万投票者中的470万人认为教育最重要。世界银行"国别舆论"调查也显示,希望从世行贷

---

① CARBONNIER G, CARTON M, KING K. International education and development: histories, parallels, crossroads in education, learning, training : critical issues for development[R]. International Development Policy series No.5, Geneva: Graduate Institute Publications, Boston: Brill-Nijhoff, 2014:3–26.
② Banque mondiale. Rapport sur le développement dans le monde: le travail en mutation[R]. Washington D.C. : Banque mondiale, 2019.

款的国家把教育排在援助领域中的第一位[①]。另外，近年的几项重大研究证明了教育对实现非教育发展目标的重要性[②]。尽管如此，教育在援助中的重要地位在丧失，多边援助机构对教育的投入下滑，多边援助总额十年间增加146%，多边机构对基础教育的援助却下跌18%。这种经费下跌的情况让人去探索这一紧张经费用在哪用、如何用最有效。最近有关回报率的证据强调学前和小学教育的社会回报比更高层级的教育更大[③]。同时，更高层级的教育中，私立教育的收益率更高。这就要求援助国公共投入应该集中在改善较低层级入学机会和教育质量上，并且要对活动加大筛选力度，援助集中在对系统建设、对边缘群体的支持，或对具有较高社会收益的特殊高等教育领域的支持上。目前针对早期教育的益处评估还没有找到更好的证据，这是教育援助导向的软肋。另外，新冠疫情对国际教育援助在资金规模、项目方式、受援方等诸多方面会产生持久的影响。

二、官方教育援助政策的几个特点

（一）国际教育援助政策由受西方影响的多边机构推动

负责牵头世界教育的联合国教科文组织的前身国际智力合作所是在西方大国的建议下成立的，而联合国的前身是1920年西方国家倡议成立的国际联盟，其使命之一就是致力于加强国与国之间的智力联系，为此，同年决定建立一个技术性委员会，即国际智力合作委员会（1924年成为国际智力合作所），总部设在巴黎市中心。所谓智力合作，即教育等方面的合作。所以，它是1946年在巴黎成立的联合国教科文组织的前身，是世界第一个专司教育的国际政府间组织。

最早一批联合国多边发展机构在第二次世界大战后成立，如联合国教科文组织、联合国儿童基金会、世界银行（前者主要是项目执行机构，不以资金援助为主，后两者是真正的资金援助机构）。发展援助委员会成员国为多边机构提供的援助资金约占成员国总援助的30%。在多边机构中，世界银行获得的资金最多，欧盟其次，联合国开发计划署和世界粮食计划署是联合国系统获得多边援助较多的。在各种援助总额中，教育援助占比约为5%。教育是总体多边援助的一部分，开展教育方面资金赠予和优惠贷款的多边机构主要是世界银行和联合国儿童基金会等大型机构，联合国教科文组织虽然不是资助机构，但主要负责国际教育

[①] World Bank. Country opinion surveys[R/OL]. https://microdata.worldbank.org/index.php/catalog/central
[②] UNESCO. Education transforms lives[R]. UNESCO, 2013.
[③] PSACHAROPOULOS G. Benefits and costs of the education targets for the post-2015 development agenda[R]. Working Paper, 2014.

发展政策，是会员国最多的政府间机构，会员国达 195 个，对国际教育援助起到导向作用，但其发起的倡议往往受援助国以及其他机构的影响和推动。联合国基金性机构和银行机构以及欧盟往往借该组织的平台联合推出国际教育发展新方向。

西方大国是国际组织的主要创始国，将其援助意图施加到双边和多边援助渠道，直接影响国际组织教育援助政策。在双边方面，美国、英国、法国等重要西方国家将其对国际教育援助的政策强加给负责协调和统计的发展援助委员会。在多边方面，他们通过国际重大教育会议施加其政策影响，而国际多边组织的会议则代表世界各国推动反映西方意图的教育承诺和目标。不能一概否定西方有关教育倡议的所有元素的合理性，但国际组织教育运动往往由西方主导的事实一直存在。国际教育运动的历程可以勾画出国际教育援助理论的脉络。

国际教育援助重点从政策领域转变到基础教育领域经历了长期过程。例如，初等教育作为发展目标的理念早在 20 世纪 50 年代就由联合国教科文组织开始推行，由于当时联合国机构之间沟通不够，相互影响不大。但每个机构内部西方国家的影响还是存在的。从初等教育成为今天的主要援助目标的发展历程可以看到，西方国家从机构内影响扩大到机构间影响。由美、英、法等国家主导创立的联合国教科文组织早在 1947 年就发布了《基本教育》一书，该书所指的基础教育区别于成人教育，以学校初等教育为主。教科文组织大会在 1952 年强调基本教育与义务教育。1954 年提出发展初等免费义务学校。1958 年提出以地区为单位对教育需求进行调查，这导致了 1959 年末至 1961 年在亚洲、拉美和非洲的地区会议，最具代表性的是 1959 年 12 月在卡拉奇召开的教育大会，会议制定了到 1980 年在亚洲各国实现普及初等教育的目标[①]。

联合国系统内各机构援助工作的协调机构是联合国开发计划署。进入 20 世纪 80 年代，联合国系统开始整合和协调力量，1987 年联合国系统确定开发计划署为联合国系统核心资助机构，也就是说由该机构协调联合国系统各机构的资助项目。这样，1994 年，发展援助委员会、联合国开发计划署和世界银行联合召开会议，协调技术合作事宜。

国际教育发展与教育政策则由联合国教科文组织牵头负责。国际组织政策导向受西方影响，会议成果多由西方推动形成。例如，初等教育不断成为国际

---

① FREDRIKSEN B. Progress towards regional targets for universal primary education: a statistical review[J]. International journal of educational development, 1981,1(1):1–16, [OL/EB]. https://www.sciencedirect.com/science/article/abs/pii/0738059381900225.

教育的重点。1990年泰国宗滴恩召开的世界全民教育大会由教科文组织主办，由联合国儿童基金会、世界银行和联合国开发计划署合办，旨在推动国际社会支持普及初等教育。1996年以世界银行为主导的基础教育会议做出对国际教育发展的深度研究报告①，为联合国教科文组织召开世界全民教育论坛提供了会议内容导向。2000年教科文组织联合其他机构在达喀尔举行世界全民教育大会，确定了以普及初等教育为主的六大目标。2015年教科文组织召开的全民教育大会，强调基础教育的数量和质量，该会也是受到世界银行等相关机构研究报告的影响，为随后联合国确定人类可持续发展议程的教育发展目标提供了依据。2015年5月，联合国教科文组织等五大国际组织和近两百个国家的代表在韩国仁川召开"全球教育论坛"，通过了《2030教育宣言》（仁川宣言）②。《2030教育宣言》下的《教育2030行动框架》强调：官方发展援助将成为发展中国家"教育财政中最关键的资源"，呼吁加大"包括官方发展援助在内的国际公共资金"。

（二）援助国教育援助目的混有道义、经济和政治三大因素

教育援助的初衷是为人类发展的积极举动，但往往结果却充满政治意图。1961年，美国总统肯尼迪在解释通过对外援助帮助低收入国家的动机时说，这"并不因为共产主义国家在做这件事，而是因为这件事是正确的"③。但是，对外援助经常将人道主义动机与政治动机结合起来。例如，欧共体在国际教育政策中施加其影响。早在1961年在华盛顿召开的该组织第一届教育大会上就有代表指出，"为教育而开展的斗争太重要，以至于不能只留给教育工作者"④。这一声明使教育在冷战背景下愈加变得政治化，教育成为各种利益相关者和专业工作者在价值观、知识形式以及教育视野和政策重点等方面角逐的战场。

多边机构的援助动机更多的是人类共同发展。一般来说，联合国相关的多边机构的政治动机不十分明显，一部分原因是其计划和战略必须经过包括受援国在内的多方不同利益主体的协商，而主要原因是联合国机构遵循的中立性原

---

① KING K. Education, skills and international cooperation:comparative and historical perspectives[R/OL]. Hongkong: Comparative Education Research Centre of the University of Hongkong,Dordrecht: Springer,2019. https://www.springer.com/gp/book/9783030297893.
② UNESCO. Education 2030 Incheon declaration and framework for action[M]. Paris:UNESCO,2015:32.
③ SARTORIUS R H, RUTTAN V W. The sources of the basic human needs mandate[J]. The journal of developing area,1989,23(3):331–362.
④ YDESEN C. The OECD's historical rise in education, global histories of education, 2019. [EB/OL] https://doi.org/10.1007/978-3-030-33799-51.

则。但政策的引导和推出方面,往往西方国家是始作俑者,而且西方国家交纳的会费和提供的正常预算外的资助较多,这样,他们的政策建议就容易被采纳,建议隐含一些政治目的是可能的。

双边机构的援助动机各异,但道义帮助、经济利益和政治需求兼而有之。每个国家各有其对外援助重点,咨询专家来自各自国家,专家的政治和经济目标往往与出资国的一致。总体来说,没有一个双边机构允许其援助只是满足人道主义需求、不考虑政治经济利益的影响。这些特征既出现在欧洲和北美更早的双边机构,也出现在俄罗斯、朝鲜、巴西等的新兴双边机构。而教育领域的援助则更多地寻求直接的政治效果和间接的经济利益。

(三)教育援外的地位在援助国得到巩固

教育是官方发展援助的重要援助领域。2021年经合组织报告显示,2019年,医疗、教育等社会设施和社会服务方面的援助是优先重点。在社会设施和社会服务方面,对政府和民间社会援助排第一位(161亿美元),健康及人口政策援助排第二位(130亿美元),教育援助排第三位(110亿美元),水资源和卫生饮水援助排第四位(53亿美元)。

越来越多的发达国家和国际组织意识到"教育是发展的中心"和"关键","教育是消除贫困和不平等的最重要的工具之一,是经济和社会可持续发展的基础"[1],各国和各国际组织的资金逐渐转向发展中国家的教育事业中。同时,在各国投向性别平等、妇女儿童、公共卫生、环境保护、气候问题和就业培训方面的资金中,也常常包含着大量的教育培训和相关人员能力建设项目。

如前文所述,自冷战以来,在教育援助方面的一个重大转变是转向支持教育政策制定。在官方发展援助初期,援助国更愿侧重基础建设和"硬"部门的建设,而诸如教育和医疗这种"软"部门只是在20世纪90年代和21世纪头10年才处于优势地位。教育援助占援助总额在20世纪60年代较小,在20世纪70年代极少数年份达到11%。从20世纪70年代末到80年代,对教育的优先战略再次弱化,捐助国和发展中国家政府共同的看法是[2],基础建设和劳动生产力方面有待解决的重点工作需要优先应对,以便改善发展中国家的竞争力[3]。

---

[1] World Bank. The world bank annual report 2007[R].Washington DC:World Bank,2007:1,55.
[2] COOMBS P.The world crisis in education[M/OL].New York:Oxford University Press,1985. https://www.sciencedirect.com/science/article/pii/S0738059315300225#bib0060.
[3] NINO-ZARAZUA M. Aid, education policy, and development[J/OL]. International journal of educational development,2016(48):1–8. https://www.sciencedirect.com/science/journal/07380593.

随着总援助的发展，双边教育援助额从 1960 年到 1980 年一直在扩张，然后出现下降趋势，1965 年为 34 亿美元，1980 年达 60 亿美元，1995 年为 40 亿美元[1]。20 世纪 90 年代末期以后增加缓慢。2011 年，教育援助额达 110 亿美元，是官方援助总额的 8%，总援助额的主要出资方为美国、英国、日本等，一些西方国家对教育的投入相对较小，美国和挪威只有 3%，瑞典 4%，而亚洲的出资国则重视教育援助，日本达 14%，澳大利亚达 17%，韩国达 25%。日本、韩国重视教育援外，因为他们经济腾飞就是依靠对人力资本的大力投入。当然也有解释说日本试图叫卖他们的产品。教育援助的一个好处是比其他业务援助产生的误解和议论少。对教育的侧重可以降低被批评服务于出资国自己利益的风险。

双边援助国试图强调教育援助的那些特别普及或对国内利益较为关键的方面，包括专门的领域，如技术学校、民俗开发学院，以及专门的改革与创新、双语教育、电视教育和多样化教育[2]。尽管基础教育继续成为教育政策的主要目标，资金也撒向其他各种优先事项，包括中等教育、教师培训、成人教育和扫盲、科学教育职业技能和高等教育。在许多情况下，私人基金会和非政府组织聚焦在专门领域。如福特基金会和卡内基基金会集中在高等教育，而开放社会研究所（也叫 Soros 基金）则集中在初等和中等教育，特别强调公民教育。

俄罗斯也对教育进行援助，但其官方统计不是以部门为单位的[3]，所以可以说，目前的援助多是以苏联时代的教育设计进行的，评估其方向和影响有难度[4]。俄罗斯在世界银行建立了俄罗斯教育援助促进发展信托基金（READ），其目的是帮助低收入国家开发学生学业评估体系，包括这些国家参加 TIMSS 和 PISA 计划[5]。这一特别的做法有许多可能的原因，一个是可以让俄罗斯分析专家接触学业调查的软件细节，另一个是可以鼓励附近国家参加学业调查。总之，俄罗斯作为教育援助的新捐助国好像还没有开辟新天地，没有走向新的方向。

（四）高等教育援助高于基础教育援助

根据发展援助委员会各成员国申报的援助数据，2019 年教育援助额为 97.7

---

[1] MUNDY K. Education for all and the new development compact[J]. Rev. Educ., 2006(52):23–48.
[2] HEYNEMAN S P. The effectiveness of development assistance in education: an organizational analysis[J]. J. Int. Cooper. Educ., 2006,9 (1): 7–25.
[3] CURRY R L.The basic needs strategy,the congressional mandate, and US foreign aid policy[J].Journal of economic issues, 1989,23(4) :1085–1096.
[4] TAKALA T, PIATTOEVA N. Changing conceptions of development assistance to education in the international discourse on post-Soviet countries[J]. International journal of educational development, 2012. 31(1):3–10.
[5] UNESCO. BRICS building education for the future, priorities for national development and international cooperation[R]. UNESCO, 2014.

亿美元，占援助总额的 8.3%。其中政策、研究、设施、一般教师培训等综合性教育占 16.8%，基础教育（小学和初中）占 27.1%，高中阶段中等教育占 13.2%（包括职业教育），高等教育占 42.9%，高等教育的相当一部分是为受援国学生提供奖学金。

三、国际上教育援助的理论元素

国际援助的讨论和研究涉及援助政策、规模、方法、效果等，但极少有对援助理由进行理论阐释的[①]。本书从几个角度试图探寻本来就顺理成章的援助行动的动机、理由以及其他相关元素。

（一）援助国的援助目的及依据的分析

如上所述，道义、经济、政治是援助的三大目的。现实中，援助国能获得本国的道德和政治影响以及经济利益。发展援助是各国国际政治的重心之一。各国政策能够反映其世界观。对英国来说，援助是为建立一个繁荣、和平的世界做出贡献，而本国也从国际贸易中获益，积累大量财富。对德国来说，援助主要是展示慷慨的姿态和进行再分配的态度，同时对本国经济兴旺有益。对法国来说，援助主要是调节世界化，因为单一强权推动的世界化有时是危险的根源。

道义也与相互依存的人类共同体紧密相连。全球化和相互依存主要由经济和技术驱动，世界上所有人都受到积极影响。经合组织国家的公众讨论显示，人们关心国际恐怖主义、气候变化、弱势群体边缘化、社会歧视和腐败、处于极端贫困的世界 20% 的人口[②]。

对传统援助目的的理论分析可以从两个视角进行，一个是政治目的，另一个是经济目的。持有这两种不同出发点的政治家和经济学家往往存在对立矛盾，难以调和[③]。把国际援助当作政治和外交政策工具的学者不少，他们认为，国际援助政策根据政治标准来制定、执行和评估，对他们来说，对外援助主要是政治概念，其初始目的是援助国获得政治、道德和战略的特殊优势和利益[④]。也有学者把它看作是经济政策工具，他们认为，援助国不应该寻求其他特殊或直接的优势和利益，经济目的是第一位的，其功能一是补充国内资源，二是对受援

---

① GUNNING J W. Pourquoi donner de l'aide ?[J]. Revue d'économie du développement, 2005,13(2-3) :7-50.
② MORRISSON C. The political feasibility of adjustment[R]. OECD, 1994.
③ ABBOTT G C. Two concepts of foreign aid[J].World Development, 1973,1(9).
④ MONTGOMERY J D. The politics of foreign aid[M] . New York: Frederick Praeger, 1962；MASON E S. Foreign aid and foreign policy[M]. New York: Harper and Row, 1964.

国社会变革和发展带来资金的补充。因此，在评价援助的作用和职能时，要考虑援助有效配合使用以及增加经济增长率的作用等合理标准[1]。

支撑国际援助的另一个视角是依附理论，它从整体看问题，受马克思主义的影响。南方国家对北方国家的依赖从历史上看源于当初发达国家对亚洲、非洲和拉丁美洲的殖民，源于荷兰东印度公司和英格兰东印度公司进行的不平等贸易[2]。富裕国家的变富反向伴随着穷苦国家的变穷[3]。根据依附论，由于北方国家的发达建立在南方国家的不发达基础之上，目前南方国家脱离对北方国家依赖的联系是无法发展的[4]。最贫穷的国家不得不向最富有的国家提供自然资源或廉价劳动力，这是殖民历史的结果。最富有的国家建立起立法、金融、技术等方面的一系列限制使最贫穷国家产生依附性。这些限制是出口技术的富裕国家向没有技术的南方穷国进行不合理的技术转让的结果。当然，对依附论的批评者承认，依附论低估了这些穷国缓慢发展中当地经济和人才发挥的作用，这些批评包括腐败起的作用和商业竞争文化缺失。卡多佐（Fernando Henrique Cardoso）等依附理论学者承认这一点。别的批评包括该理论过分宽泛，没有充分分析南方国家之间的发展差距。

多边援助机构的援助目的是单一促进人类和平与发展的宗旨，但往往受西方势力影响，这一点在其理事会制定的大政方针中能够反映出来。世界银行虽然属于联合国机构，但其领导长期被美国控制，国际货币基金的领导长期被欧洲控制。地区性组织欧盟自然是依据欧盟政策行事。西方国家通过多边机构能更容易地向世界推行对自己有利的政策和行动。

（二）受援国对外援的主事权

有效的援助需要受援国对其发展拥有主事权和领导决定权（Ownership），其主体作用是先决条件。拥有主事权看上去是援助理论和实践上显而易见的道理，但现实中，这一概念第一次出现是在1992—1993年一份世界银行报告中，该报告主要谈论的是银行组合管理的绩效。使用银行自己的标准来评估项目发现，

---

[1] MIKESELL R F. The economics of foreign aid[M]. London: Weidenfeld and Nicolson, 1968; BHAGWATI J, ECKAUS R S. Foreign aid[M]. Hannondsworth: Penguin, 1970.
[2] GUNDER F A. The development of underdevelopment[J]. Monthly review, 1989: 41(2).
[3] PREBISCH R. The economic development of Latin America and its principal problems[M]. New York: United Nations, 1950; SINGER H. The distribution of gains between investing and borrowing countries[J]. American economic review, 1950,40(2).
[4] AMIN S. Le développement inégal[M]. Paris:Ed. de Minuit, 1973.

有 37.5% 被评估的项目不令人满意。银行资助的项目执行不力要责怪项目的效益较差。该报告前两个结论是，银行的成功与否由给当地带来的益处来判定，由是否能够达到可持续发展来判定，而不是由贷款批准和报告撰写好坏和付款是否及时来判定；援助项目成功的执行需要承诺保证利益相关方的参与和当地的主导权。问题出在，这些项目被看作是世界银行的项目，而不是当地政府的项目。这些项目的低效率是因为执行不力，而执行不力又是因为受惠方参与不够和当地政府对项目的承诺不够。世界银行承认因没有对项目目标的承诺，政府和受惠方面的领导决定缺失。造成这一局面的主要原因是银行工作人员更关心内部"批准"文化，而不是具体受援国的意见，因此不重视受援国对项目的领导决定权，不顾及受援国能希望的偿还银行所需的开支额。

该报告发布之后，对项目的领导决定权成为发展援助界的流行词汇。非洲教育开发协会在 1993 年于法国召开的会议上谈及了项目执行与主事权关系的各个方面。会议题目是通过项目主事权来改善非洲教育项目的执行。许多现今仍然存在的问题在当时的会议上均被提出过，例如，设计的项目的执行超出了受援国能力；援助管理并没有由受援国领导；援助国的时间安排和约束与受援国不一致，甚至教育体系和周期的内在逻辑不一样；援助国和受援国之间缺失真诚合作。

这方面的进步仍然不足，有效的主事权仍然是一个在项目与预算支持方面要解决的问题，因为援助建立在多年一体化的、以证据为基础的政策文件之上。

合作关系与主事权关系的界限模糊。非洲教育开发协会在 1997 年会议上指出这一问题的一个方面。在讨论非洲教育质量改善和能力建设伙伴关系的理论和实践上，萨莫夫（J. Samoff）的论文谈到协会关于教育领域分析的工作组所做的工作。讨论时发现，尽管被研究的国家和倡导研究的机构多样，审议的文件一般来说都具有类似的方法、观察、结果和建议。论文总结到，对教育部门分析工作经常由资助机构和技术援助机构的议程和程序来引导，受援国参与有限，受援国主导有限，受援国领导权的意识淡薄。非洲教育援助中促进受援国的主事权道路漫长。

（三）受教育权作为普世人权

1948 年的《世界人权宣言》成为教育援助的理论基础。"二战"后国际社会通过的这份人权宣言第二十六条规定人人享有受教育权利，它为世界的教育秩序奠定了基础①。20世纪60年代以后，联合国教科文组织提出教育公平和教育非歧视概念②。随后，美国学者柯尔曼又出书阐释了教育机会的公平③。平等的受教育权利代表社会公正和正义，人类社会不能对没有受过教育的人无动于衷，不能让无法融入社会的人给社会带来不稳定。因此，国家有责任保护这些人。延伸到国际范畴，国际教育机会分布极其不均，发展中国家的青少年因种种原因被剥夺了接受教育的权利，国际社会必须向这些人伸出援助之手，使之获得受教育机会。

在援助策略上，联合国儿童基金会作为资助机构以及联合国教科文组织作为项目执行机构，均侧重从受教育权利这一社会学元素出发开展国际援助，而世界银行则从教育对发展贡献这一经济学元素出发开展国际援助。

（四）教育在各国政府中的重要地位

政府和个人均重视教育的核心作用。自19世纪中叶，工业化国家开始由政府投资教育，到20世纪后半叶发展中国家政府开始大力投资教育，再到20世纪90年代发展中国家对教育投入的比例接近发达国家的比例。从这些努力中，我们都能看出各国政府在教育中的主导作用。政府之所以资助教育，首要原因是教育能产生积极的外部效应，政府介入教育的出发点主要在效率上，从逻辑上看，个人不会在教育上做出足够的开支，因为他们不能将其所受教育惠及他人。另一个出发点在平等上，政府干预可以保护平等受教育机会，减少教育机会不平等是固有价值观，在其他方面减少不平等也具有重要作用。这主要是指对教育的投入既能对个人有回报，也能对社会有回报。个人方面包括更高的收入和更好的就业前景；社会方面包括志愿行动和政治参与等拥护社会的行为和人与人之间的信任。经合组织对成人技能调查发现，对他人的信任与受教育程度有关系，接受过高等教育的人更信任他人④。因此，受教育多的人拥有令人向往的社会结果，如健康的身体、参与志愿活动、人与人互信、影响政策的能力。

（五）教育与发展的关系

根据世界银行研究，学生在读写算成绩上每增加一个标准差就会带来人均

---

① ONU. La déclaration universelle des droits de l'homme[Z]. 1948.
② UNESCO. Convention concernant la lutte contre la discrimination dans le domaine de l'enseignement[Z].[1960-12-14].
③ COLEMAN J, et al. Equality of educational opportunity[R]. Washington : Department of Health, Education and Welfare, 1966.
④ OECD. Education at a glance[R].OECD, 2015. http://www.keepeek.com/Digital-Asset-Management/oecd/education/education-at-a-glance-2015_eag-2015-en#page1.

国民生产总值两个百分点的增加。教育的直接获益包括：（1）生产力和创造力的提升，就业创业和技术进步，收入分配的改善，经济增长和国民生产总值的提高。根据哥本哈根大学三位研究人员 2010 年研究成果，援助可以为受援国经济发展补充增加 1 个百分点[①]。（2）经济稳定。受教育多的家庭更有能力应对经济冲击和寻找到新的谋生机会。（3）减少婴幼儿死亡率。例如，2009 年 5 岁以下婴儿死亡数比 1970 年少了 820 万，其中一半原因归于育龄妇女受教育人数增加。（4）适应环境变化能力强。那些拥有受到更好教育人群的国家应对极端气候灾难的能力更强[②]。

不论从哪个方面说，教育是发展援助的一个最基本的要素。教育是一项重要投资，益处巨大。具体到官方发展援助，它能够资助改善使用饮用水、卫生医疗、用电、就学、体面住房、环境保护的计划，帮助发展长期项目和对紧急状态下国家提供人道主义援助。除此之外，教育援助在促进发展方面具有良好的形象。亚洲基金指出，教育援助是软实力的代表，是国家用以施加影响，而且不太可能被谴责为经济帝国主义的手段[③]。

（六）各级各类教育援助均具重要性

1. 综合性教育

发展中国家教育相对落后，发展初期更需要综合性教育援助。统计意义上的综合教育包括教育基础设施、教育政策、教育规划、受教育机会、教师质量。在这些方面，低收入和中低收入国家的教育较为落后，特别是那些较为脆弱的国家，遭受自然灾害的国家，处于冲突之中的国家，教育情况更为严峻。国家经济无力支撑庞大的教育体系。在教育缺失等诸多因素的作用下，百姓生活窘迫，经济停滞不前，社会陷入恶性循环。对教育基础设施和基础条件的国际援助成为首要的道义之举。

2. 基础教育

许多研究表明，具有初等教育程度的人，特别是在农业方面的这一人群，

[①] ARNDT C, JONES S, TARP F. Aid, growth, and development: have we come full circle?[R]. Working Paper, UNU-WIDER. 2010(96).

[②] World Bank Group. Learning for all: investing in people's knowledge and skills to promote development, World Bank group education Strategy 2020[R]. Washington, DC, 2011:12–13.

[③] MULAKALA A. The changing aid landscape in East Asia: the rise of Non-DAC providers[R/OL]. The Asia Foundation,2014. https://www.themimu.info/sites/themimu.info/files/assessment_file_attachments/The_Changing_Aid_Landscape_in_East_Asia_-_The_Rise_of_Non-DAC_Providers_-_The_Asia_Foundation_May_2014.pdf.

能给经济带来重要作用[1]。一项对 50 个国家在 1960—2000 年人口受教育程度对经济的影响的研究表明,每增加一年教育可以使其收入增加 10%,使国民产值平均增加 0.37%[2]。另一项跨国研究也表明,教育程度每增加一年,收入可增加 10%[3]。总之,在初等教育方面的投资带来的经济回报率在低收入国家比在高收入国家要高,初等教育要比中等教育或高等教育带来的回报要高[4]。从个体受教育对社会的广泛贡献看,教育对社会的回报应该超过了对个人的回报[5]。特别是在农业生产方面,一项对 13 个国家的初等教育影响的研究表明,上了 4 年学的人能增加农业收入的 8.7%[6]。显而易见,贫穷与受教育水平低的关系十分密切。基础教育可以减少贫困和饥饿。在中国,扫盲教育几十年的成果证明可以根除文盲,政府采取政策将人口引到高生产力的经济部门。经济的长期繁荣与增长依赖对于所有人的普及教育和优质教育,因为这将使收入分配更加平等,使社会经济差距变小。如果低收入国家所有青少年都有基本阅读能力,那么世界相当大的人口将摆脱贫困,每天收入 1.25 美元以下的人口将减少 12%[7]。此外,基础教育的扩张可以带动整个人口在其他领域的进步,特别是对那些在社会和经济上处于不利地位的人群作用更大。

3. 中等教育

中等教育对经济发展的推动作用明显,比单独发展初等教育获得的收益要大得多。联合国发展目标侧重初等教育,但初等教育与中等教育的统筹发展会带来更大的收益。初等教育完成后应至少再读完初中[8]。通过一项对 5 个国家的

---

[1] UNESCO. The central role of education in the millennium development goals[C/OL], MDG Summit High-Level Round Table, Paris: UNESCO, 2010.
[2] HANUSHEK E A, JAMISON D T, JAMISON E A, WößMANN L. Education and economic growth: it's not just going to school but learning that matters[J]. Education next, 2008, 8(2): 62–70; HANUSHEK E, WößMANN L. The Role of education quality for economic growth[M]. Policy Research Working Paper Series 4122. Washington DC: World Bank,2007.
[3] PSACHAROPOULOS G, PATRINOS H A. Returns to investments in education: a further update[J]. Education economics, 2004,12(2).
[4] UNESCO. The central role of education in the millennium development goals[C/OL], MDG Summit High-Level Round Table, United Nations, New York Secondary education. http://www.unesco.org/fileadmin/MULTIMEDIA/HQ/ED/ED_new/images/education_for_all_international_coordination_new/PDF/analyticalnote.pdf.
[5] Commission on Growth and Development. The growth report:strategies for sustained growth and inclusive development[R]. Washington DC: IBRD / The World Bank,2008.
[6] LOCKHEED M, JAMISON D, LAU L. Farmer education and farmer efficiency: a survey[M]// KING T. (ed) Education and Income: world bank staff working paper 402. Washington DC: World Bank,1980.
[7] UNESCO. Global monitoring report of EFA.2011[M].Paris:UNESCO,2011.
[8] IIASA. Economic growth in developing countries: education proves key[J/OL]. Policy brief, 2008(3). http://www.iiasa.ac.at/web/home/resources/publications/IIASAPolicyBriefs/pb03-web.pdf.

研究发现，中等教育与经济增长也有密切关联①。1999年以来，在94个中低收入国家中，大部分都立法确定了义务初中教育，但在2015年竟有三分之一的中低收入国家的青少年没有完成初中教育。40岁以上受过中等教育的人口对经济增长的贡献比20~39岁受过中等教育的人口要大②。对妇女进行中等教育获得的益处较大，因此，中等教育中的性别平等十分重要。

4. 职业技术教育与培训

毫无疑问，职业技术教育与培训对经济增长有作用，但条件是开展综合的、补充的培训。教科文组织职教中心和澳大利亚职教研究中心联合制定了测定在职业教育方面投资回报的工具。职业教育的确使从学校到社会的过渡更容易，但是当过去的技能不再适用时，劳动者自己不太可能调整自己以适应经济条件的变化。如果提供的技能教育是低水平的，劳动者就会处于不利地位。因此，职业教育政策改革的重点要放在从学校到社会的过渡上。学徒制这种教育机制更适应就业③。职业教育的影响根据学校职业教育和职场职业培训不同而有较大的差异。与接受普通教育相比，学习职业教育的早期获益大，后期有一定损失，但各国表现不一。无论如何，不容否认职场培训的优势，它教授实用知识和技能，对青年效果显著。与工作相关的技能便于青年掌握，处于不利地位的青年通过职业教育能够获得在家里或高中所学不到的东西，这种职业教育形式的成功类同于家庭对孩子成功的指导和关心。高水平的技能能够加强个人的社会融入，促进向上的经济与社会流动，增进生产力提高，改善社会福祉。的确，技能给予人们更大的主动性，改善和提高生活质量④。

5. 高等教育

由于研究表明初等教育对经济增长的贡献大于中等教育和高等教育，因此国际社会根据研究结果不建议把高等教育作为投入的重点⑤。但也有研究表明高

---

① UNESCO. Global monitoring report of EFA 2012[R]. UNESCO, 2012. http://unesdoc.unesco.org/images/0021/002180/218003e.pdf.
② IIASA. Economic growth in developing countries: education proves key[R/OL]. Policy Brief #3,2008,http://www.iiasa.ac.at/web/home/resources/publications/IIASAPolicyBriefs/pb03-web.pdf.
③ HANUSHEK E A, SCHWERDT G, WIEDERHOLD S, WOESSMANN L. Coping with change: international differences in the returns to skills[J]. Economic letters, 2017(153): 15–19.
④ KAUTZ T, HECKMAN J J, DIRIS R, WEEL B T, BORGHANS L. Fostering and measuring skills: improving cognitive and non-cognitive skills to promote lifetime success[M/OL]. OECD,2014.https://www.oecd.org/edu/ceri/Fostering-and-Measuring-Skills-Improving-Cognitive-and-Non-Cognitive-Skills-to-Promote-Lifetime-Success.pdf.
⑤ POWER L, MILLINGTON K A, BENGTSSON S. Building capacity in higher education topic guide[R/OL]. HEART,2015. http://www.heart-resources.org/wp-content/uploads/2015/09/Capacity-Building-in-Higher-Education-Topic-Guide.pdf?x30250.

等教育能够带来可观的社会回报和个人回报①，能给社会带来10%的经济回报，给个人带来19%的经济回报。发展高等教育能够促进在技术上追赶先进国家，提高一个国家经济产出的能力，接受高等教育每增加一年可以提升人均国民生产总值0.24%②。印度的经济成功被一些人归于几十年向许多人提供优质和技术导向的高等教育。通过对芬兰、韩国和美国北卡罗来纳州高等教育与经济发展关系的研究，发现它们成功的共同点包括经济与教育规划之间的联系、优质公立学校、高等教育较高的普及率以及机构的多样性、劳动市场需求、合作与网络、对高等教育在促进教育与发展方面重要性的共识等③。基本技能的水平如何是经济增长的关键，没有基本技能的高等教育对发展的作用有限④。

（七）基础教育作为教育援助的核心

教育援助的侧重点因时间和援助国不同而不同。如上所述，在基础教育成为援助核心之前，教育设施和教育政策是援助初期的重点领域。人们普遍认为，教育援助首先需要通过对受援国教育立法、政策、学校体系进行帮助，因为规范的原则、机构和司法体系便于举办教育和接受教育，教育政策长期被认为对人力资源和个人自主性的培养是非常重要的⑤，一个健康的教育政策促进知识的进步和科技革新的进程，对国家经济增长和发展进程很重要⑥。因而，国际教育援助重点从政策领域转变到基础教育领域有一个过程。

国际社会已经普遍认同国际发展中教育的重要性。20世纪50年代，负责牵头国际教育的联合国教科文组织就提及基础教育的重要性，并在1960年左右在亚洲、非洲、拉美等各地区召开地区初等教育大会，与会各国承诺用10~20年实现普及，但1980年卡拉奇亚洲初等教育大会表明目标远未实现。真正开始把基础教育放在第一位的时间节点在20世纪90年代，世界银行的研究表明，相比其他层级教育，基础教育对经济发展作用最大。1990年在泰国宗滴恩召开的全民教育大会真正开启了世界普及初等教育运动。为了进一步推动全民教育，

---

① PSACHAROPOULOS G, PATRINOS H A. Returns to investment in education: a further update[J]. Educ. Econ., 2004,12(2):111–134.
② BLOOM D, CANNING D, CHAN K. Higher education and economic development in Africa[R]. The World Bank, 2006.
③ PILLAY P. Higher education and economic development literature review[R]. Centre for Higher Education Transformation (CHET),2011.
④ HANUSHEK E A, WOESSMANN L. Knowledge capital, growth, and the East Asian miracle[J]. Science, 2016, 351(6271): 344–345.
⑤ SCHULTZ T W. Capital formation and education[J]. Journal of political economy, 1960(68): 571–583.
⑥ BARRO R J. Economic growth in a cross-section of countries[J]. Quarterly journal of economics,1991, 106 (2): 407–44.

世界银行、联合国儿童基金会主动向联合国教科文组织靠拢，2000年联合国在达喀尔召开全民教育论坛，与会各国承诺全民教育六大目标，随后在联合国确立的《千年宣言》中纳入初等教育的目标。宣言成为援助国和发展中国家的发展路标。2015年承诺实现目标截止年限到来，世界仍然没有实现普及初等教育目标，9月25日联合国通过了下一个15年的人类发展目标，即《可持续发展议程》17项目标，其中包括基础教育，"在教育各个层级实现全民的公平的优质教育"[①]。

为了证实基础知识和技能与经济发展的关系，经合组织专门拿出数据佐证，证实两者的正相关关系，制定目标，即让所有青少年都能掌握基本技能。而现实状况是与目标相去甚远。但由于在2030年前实现基本知识与技能目标对经济和教育将产生直接影响和益处，因此，各国应努力朝目标迈进[②]。

（八）国际和地区组织与教育援助

1945年创立的联合国在其《宪章》中指出，要促进全人类的经济和社会的进步，社会进步即包含教育发展。随后建立的联合国教科文组织《组织法》序言部分即提出，通过教育、科学和文化来促进人类的和平与发展。

经合组织发展援助委员会重视教育援助，突出对受援国5个方面的能力进行支持：第一，经济方面，包括拥有资产和使用资产、进行可持续生活的能力，获得收入、消费和储蓄的能力；第二，个人方面，包括有效参与社会所必需的健康、教育、营养、清洁水源和住所的需求；第三，政治方面，包括人权、拥有投票权、影响公共政策，在社区、地方和国家各级有适当的代表；第四，社会文化方面，包括作为有价值成员参与社会和文化活动的权利和能力；第五，保护安全方面，包括能够帮助减少脆弱性、保护个人和财产、抵抗经济冲击的能力等。以上5个方面均涵盖教育，特别是个人方面强调了教育援助的重要性。

（九）若干援助国的教育援助理由

1. 教育援助占比高的法国的教育援助依据

通过教育促进穷国发展对法国来说是一种战略性选择，它能够促进经济的

---

① United Nations General Assembly. Transforming our world: the 2030 agenda for sustainable development, resolution adopted by the General Assembly, A/RES/70/1[R]. New York:UN, 2015(25):7. http://www.un.org/ga/search/view_doc.asp?symbol=A/RES/70/1&Lang=E.
② HANUSHEK E, WOESSMANN L. Universal basic skills what countries stand to gain[R/OL]. OECD, 2015.https://www.oecd-ilibrary.org/docserver/9789264234833-en.pdf?expires=1603766299&id=id&accname=guest&checksum=50EB7D6DC3B940F6A57B710EED3DD8D0.

可持续性和包容性增长，减少社会不平等，是发展中国家人口转移的一个重要条件，是社会团结的一个重要因素。教育与培训增强个人在所有经济领域的能力，不论是传统经济还是现代经济，不论是乡村经济还是城市经济，促进生活水平的提高，帮助青年更好地融入经济领域，促进男女平等，缓解脆弱人群在社会被排斥的现象。因此，发展战略要以教育与培训为轴心。

通过教育促进发展也是一种团结的选择。这一选择反映在世界观上便是：人们生来是自由的，拥有平等的权利，只有在所有人都能接受知识、语言、技能和观点时，才能充分行使平等的权利。教育是个人实现才华释放、参与社会生活、从事体面工作的条件，是那些全民受教育、全体融入和共同参与集体活动的社会具有抗压力和韧性的关键因素。面对社会不平等的加剧对稳定与和平带来的各种威胁，教育能够促使世界各地相互开放，促进世界公民概念的发展，促成当今全球各国的相互理解。

另外，教育也是法语区国家的选择。法语区国家在能够促进开放和发展的法语与教育之间建立了一种基础关系。法国作为主要推动者肩负主要责任。为了行之有效，教育方面的投资必须具有全面发展的视野，适应不同的语言地域和人群的需求，将初级到高级的各级教育以及职业培训和就业有机结合起来，满足青年就业需求。以教育与培训政策促进就业，把人力资本置于发展的核心，是各国就业战略不可或缺的组成部分。

法国在教育与培训方面的对外援助有三大重点：支持旨在培养基础能力的教育的普及；支持旨在促进强有力、可持续和普惠发展的能力培养和各种培训渠道；支持旨在获取体面就业的青年教育[1]。

2. 官方发展援助的主要创始国英国的教育援助理由

英国认为在教育方面对穷人进行更大的投资，鼓励劳动力流动到其他地区，可以确保穷人从增长中获益[2]。普及对教育基础设施的使用，普及基础教育均能对发展产生积极影响。在可以惠及穷人的教育和基础设施等基本社会服务方面的有效公共开支对扶贫和经济增长起到关键作用。女性接受各级教育的机会增多和教育政策的平衡有助于提高妇女参加工作的经济回报[3]。教育带来的收入提

---

[1] MEAE.L'éducation, la formation et l'insertion professionnelle[EB/OL]. https://www.diplomatie.gouv.fr/fr/politique-etrangere-de-la-france/developpement/priorites-sectorielles/l-education.
[2] World Bank. Economic growth in the 1990s: learning from a decade of reform[R]. Washington DC: World Bank. 2005.
[3] KLASEN S. Pro-poor growth and gender inequality[C]. IAI Discussion Papers, Georg-August-Universität Göttingen, Ibero-America Institute for Economic Research (IAI), Göttingen. 2006(151).

高会使穷人在教育上开销更多，以便他们能够生活得更健康、更富足。涵盖广泛的教育政策可增加农村的受教育程度，对农业家庭使用拓展服务的能力起到主要作用[①]。基础设施帮助可以改善教育水平。教育援助还能使女童和贫穷儿童上学，特别是接受中等教育。

3. 官方发展援助第一大国美国对教育援助的立场

教育一直是美国对外援助战略的重要组成部分。美国社会的共识是教育在改善发展中国家的生活水平和稳定经济上发挥着关键作用。1968年2月，美国总统约翰逊在国会发言时把教育当作是言论自由、信仰自由、远离物资匮乏的自由、远离恐惧的自由这四大自由之后的第五大自由，即远离无知的自由。美国《援外法》包含了教育援助条款[②]。

1980年政府问责办公室就美国国际开发署教育项目撰写的报告说："教育是保障一个国家的社会经济发展获得成功的至关重要的元素。无知和文盲阻碍了发展中国家经济发展，限制了穷人参与经济发展和分享经济成果。"时至今日，教育援助的价值仍然继续受人赞许，美国国务院2015年四年一度外交与发展回顾把教育定为让发展中国家摆脱贫困、与暴力和极端主义斗争、促进全球稳定、加入全球健康行动的手段。美国国际开发署作为美国政府牵头援助的机构，把促进优质教育看作是"人类发展的基础，是全面经济增长和民主治理的关键"[③]。

四、教育援助分类及援助模式

（一）发展援助委员会教育援助分类

从发展援助委员会统计编码规则可以看出，教育大项下分4类教育领域，一是不特定层级的综合教育，此类项下的统计编码涉及那些没有说明层级的教育；二是基础教育；三是中等教育；四是高等教育。综合教育类包括四种项目，即教育政策与行政管理（指教育部门政策、规划和计划方面的援助以及对受援国教育部的援助，如减少辍学儿童、女童助学金）、教育设施及培训（校舍、设备、物资以及教育辅助服务，如学校用餐、学校建筑）、教师培训（归为此类的涉及

[①] RUSSO S L, GRAYZEL J A. Reinforcing human capital: rural diversity and education for pro—poor growth[M]. Paris:Poverty Network Publication, OECD POVNET: Agriculture Task Team,2005.
[②] U.S. foreign assistance act of 1961 (P.L. 87-195), as amended[Z/OL] https://www.usaid.gov/sites/default/files/documents/1868/faa.pdf.
[③] USAID. USAID education strategy 2011-2015[R/OL]. Washington, DC, 2011: 1. http://pdf.usaid.gov/pdf_docs/PDACQ946.pdf.

具体层级不明的教师培训活动，以及职前和在职培训）、教育研究（对教育效果、贴切性和质量进行研究以及对教育体系的研究，如课程开发等）。基础教育类包括3种项目：初等教育（对儿童的正规和非正规初等教育以及所有其他基础性知识教育和第一阶段教育）、青年和成人的基本生活技能（对青年和成人的在基本生活技能方面的正规和非正规教育）、婴幼儿教育（正规和非正规学前教育）。统计类别将初中教育纳入此类。中等教育包括两种项目：普通中等教育（在初中和高中的教育，统计类别将初中不列入此类）、中等职业教育（基本职业培训和中等职业教育以及在职教育）。高等教育包括两种项目：普通高等教育（大学、学院、理工学院文凭证书教育与培训）、职业类高级技术和管理培训（属于高职类教育与在职培训）。

（二）开展教育援助的主导模式

1. 以项目为形式的援助

项目援助相比最初集中开展高水平培训方面具有若干优势。一直以来，这一模式确保了在当地培训发展中国家人员，培训了较低水平的人员，建设了基础设施，提供了更多技术服务和培训。这一模式展现出多样化，各种试验不断得到尝试。

萨莫夫1997年指出项目模式的一些弱点[1]，项目援助经常将教育发展和规划碎片化，纳入一套不匹配和无协调的、由援助者引导的援助项目。项目援助试图更加突出短期目标而不是长期需求，将许多国家教育部的资源集中在短期项目管理和评价上，而不是集中在系统性发展上。援助国资源经常附带条件，仅提供来自援助国的物资和服务援助。教育发展项目的选择和执行经常高度政治化。教育援助计划产生复杂的援助国与受援国政府互动，经常带有意识形态或援助国的教育经验色彩，由援助国控制资源。因此，教育发展项目从不像现代化理论设想的简单技术和资金转让那样运作。

2. 整个部门协同努力的方法

与项目形式的援助相对立的是对整个教育部门援助。它是将援助内容与受援国教育发展长期规划结合起来，将援助国教育部门、受援国教育部门以及相关参与者联系起来，将援助资金纳入受援国国家预算中的援助方式。不论是对

---

[1] SAMOFF J. Institutionalizing International Influence[M]// ROBERT F A, TORRES C A. Comparative education: the dialectic of the global and the local. Lanham, MD: Rowman and Littlefield,1999.

受援国总体预算的支持还是对教育预算的支持，它将教育部门的各方面联系起来，整体推进教育援助。这一方法成为一个援助特色，避免了项目形式的援助出现的一些弊病[1]。

2010 年，欧洲委员会分析了援助发展中国家教育的教训[2]。其中第一个教训是以整个部门为一体的工作方法的重要性，这种方法不仅保证从婴幼儿教育到终身教育全过程的不间断，还能加强教育与就业的联系。第二个教训与第一个相关联，即要重视教育部门与其他对入学、教学质量和弱势群体就学产生影响的部门的联系。例如，教师的报酬和相关改革的公共部门间的联系，因为改革需要超越教育部门，提出解决问题的方案和可替代方法。教育管理的非集中化在援助的支持下已经在许多国家开展。但是，随着教育行政部门的非集中化，教育遭受到了资源贫乏的命运。国际发展机构不会对教师或行政官员的工资提供资助，因为这类经常性开支应该是受援国的责任。这一观念随着以部门为整体的资助开始后发生了变化。第三个教训是援助教育的发展机构之间的分工必要性，避免各机构都集中在某个教育领域，或集中在某个问题上。第四个教训就是要各个教育领域之间具有互补性，以保证各个教育领域得到恰当的和足够的涉及，例如，要避免各援助国都资助教师教育。

3. 多边机构的项目援助

无论是联合国儿童基金会、联合国开发计划署等资助性机构，还是联合国教科文组织这种智力合作机构，通过项目形式进行援助是主要方式。由于援助整个部门需要大量资金，这对资金有限的多边机构来说不十分便利，当然，多边机构在受援国各部门的协调上具有一定的优势。

（三）主要援助国负责教育援助的行政部门

各援助国负责管理教育援助的行政构架不一。以经济和商务行政部门为国家援助牵头机构的国家有德国，以外交行政部门为国家援助牵头机构的国家有法国、意大利、日本（教育部负责留学经费）、英国、挪威、韩国、西班牙、瑞典等，以外交与贸易行政部门为国家援助牵头机构的主要国家有澳大利亚、加拿大、荷兰等，以发展援助行政部门为国家援助执行机构的国家有美国（美国国际开发署）。

---

[1] African Development Bank. Revised guidelines for bank group operations using sector-wide approaches (SWAPs)[R]. Operations Policies and Review Department (POPR), 2004.
[2] European Commission. More and better education in developing countries[R]. Commission Staff Working Document SEC Final, European Commission, Brussels. 2010(121).

1. 美国国际开发署教育办公室负责教育援助

美国于 1961 年制定《对外援助法》。该法确认了美国对外援助计划包括军事的和非军事援助。该法提出要建立一个机构管理经济援助计划。1961 年 11 月 3 日,约翰·肯尼迪总统建立了美国国际开发署,成为第一个美国对外援助专门机构,开展长期经济和社会发展援助的协助工作,旨在帮助发展中国家开展救灾、摆脱贫困和实现民主改革。

美国有若干资助教育计划的机构,如美国国际开发署、和平团体、千年挑战公司和国务院、商务部、农业部和内务部等。美国国际开发署在白宫的指导下,与国务院密切协调,设计和执行教育对外援助。和平团体是美国政府举办的志愿计划,通过将志愿者安排到社区来为发展中国家提供技术援助,促进文化交流。千年挑战公司建于 2004 年,为那些承诺在经济发展方面进行政治、经济和社会改革并通过经济发展来减少贫困的国家提供多年期发展契约。美国国会影响国际教育援助政策的制定,确定资助水平。议员可以通过立法指导原则制定优先事项,批准有可能显著地塑造美国发展援助的新计划和新倡议。促进美国全球教育承诺的重要议会委员会包括众议院和参议院委员关于外交事务委员会和其分委员会以及拨款委员会(确定包括教育在内的资助水平)。美国多个部委为发展中国家提供教育援助,但主要由美国国际开发署、美国和平团体和千年挑战公司三大机构承担,2014 财政年度其援助额占到 92%。

2. 英国外交、英联邦和发展办公室负责领导教育发展援助

英国管理机构曾经为"国际发展部",国际发展部有自己的大臣,大臣为政府内阁成员①。2020 年,合并改为英国外交、英联邦和发展办公室(以下简称"办公室")。在世界各国的官方发展援助行政管理机构中,英国的机构层级较高。英国的原国际发展大臣格林宁(J. Greening),在英国脱欧后转任教育大臣。可见,国际发展部与内阁其他重要部门的地位相当。

办公室统筹全英国际援助事务,86% ~87% 的政府援助资金由办公室统筹分配。其他部门,如环境部、农业部、能源部、内政部也会提供少量与专业或者专门事务联系十分密切的项目资金,如全球气候变化项目、难民问题项目、国际大科学合作项目等。另外,国际事务部在英国政府的部门协调中起着关键和

---

① DFID. About us [EB/OL]. (2016-01-05) [2021-06-21]. http://www.gov.uk/search?q=department+for+international+development.

中枢作用。与国际教育事务关系密切、半官方的"英国文化委员会"的资金也主要来自办公室拨款。

办公室负责英国教育发展援助政策的制定和执行。政策与全球计划总干事领导政策的设计和该机构总部管理的全球计划，包括女童教育挑战计划。英国在特定合作国家的教育计划的整体发展合作、设计、执行已经非集中化，主要由该机构在各国的办事处领导。此外，有些教育资助是受英国其他部委或跨部委机构管理，规模小，但数额不断增加，如繁荣基金，冲突、稳定与安全基金。

3. 澳大利亚外交与贸易部人力开发和治理处负责领导教育政策制定

澳大利亚外交与贸易部领导澳大利亚教育发展援助政策的制定和执行。开展教育援助的资金来自外交与贸易部的国家一级机构、地区一级机构和其全球计划机构，并通过正常预算拨款。人力开发和治理处，具体来说是教育、社会保险和人力开发财务科，是教育发展政策的推动者，对项目执行提供可操作向导。奖学金管理由"澳大利亚奖"管理部门和外交与贸易部校友机构负责。

4. 加拿大全球事务部国际发展部领导政策制定

加拿大全球事务部在总理办公室指导下全面负责包括教育在内的发展政策制定。主管国际发展的副部长负责发展政策局和预算拨款。在事务部内，有若干教育发展政策方面的办公室，事务部的全球问题和发展局是教育政策和资助的关键部门，该局下设若干办公室，开展教育方面的工作。两个重要处室为：社会发展处，通过教育、儿童保护和性别平等部门来对有关教育政策和其他与社会发展相关的问题提供战略性建议；国际人道主义援助处，参加人道主义援助与教育相关联的活动。此外，在事务部内的战略政策局就与教育相关的发展问题提供跨机构的战略性政策建议。四大地区分支机构（美洲、亚太、欧洲中东马格勒布、撒哈拉以南非洲）在全球问题和发展局的支持下负责管理国别计划和制定战略规划。

5. 法国外交部确定总体的优先重点，开发署指导执行

法国外交部下属的全球化、文化、教育和国际发展总局和其人力开发分局主导有关法国全球教育政策的战略。外交部负责通过多边组织分配给教育规范发展原则的资金，就法国双边教育官方发展援助的优先提供政策向导，特别是针对开发署执行的项目。开发署负责设计和执行在伙伴国家的教育项目，人力开发分局下属的"教育、培训与就业"处是最为相关的具体事项执行部门。法国教育部介入全球教育，负责管理和上报招收国际留学生的开销。

外交部、经济与财政部、教育部和开发署拥有的援助资金占总额的 93%，内务部和劳动部以及农业部也积极参与援助。

6. 德国经济合作与发展部的全球问题与部门政策局指导政策制定

该局及其教育处制定全面教育政策，为项目执行提供可操作性向导，作为政府代表参与全球教育合作伙伴关系计划。但是，教育方面的双边发展援助的计划编制由地区部门负责。地区部门在整体优先重点和地区配额基础上与合作伙伴国家合作制定项目，并拨付德国双边发展援助资金。

在 2015—2016 年，经济合作与发展部只负责双边援助的 30% 的资金，这笔资金由该部下放给德国复兴信贷银行和国际合作署。26% 的资金来自信贷银行的自有资金，25% 来自国内难民开支。人道主义援助由联邦外事办公室负责管理。留学生在德国的开支约 10 亿美元，由其他部委负责[①]。

7. 日本外交部负责制定教育重点，国际合作署制定双边教育项目

日本外交部与其他相关部委协商制定教育优先重点。外交部的国际合作局领导政策设计和官方发展援助预算编制。该局的全球问题合作处负责多边合作和一些包括教育在内的援助政策。日本文部科学省管理绝大多数发展中国家赴日留学生经费。国际合作署的人力开发局也介入教育项目的制定，特别是有关双边资助。

8. 韩国外交部的发展合作部办公室指导其国际教育政策制定

韩国官方发展援助的机制框架包括一个协调机构，若干监督部委及若干执行部委和机构。多数多边资助和技术合作通过外交部下属的政府资助的韩国国际合作署执行。教育部、科技部和信息通信部等一些部委和机构也在官方发展援助特别是资助和技术合作上发挥作用。应企划财政部的委托，韩国进出口银行负责经济发展合作基金的行政执行，包括项目批准、贷款协议执行、贷款支付等，还负责资本／利息支付收缴、项目监督、项目事后评估等。国际发展合作委员会讨论和协调国际发展合作的重大政策，制定国家合作伙伴战略，韩国"2016—2020 发展合作中期战略"包括了合作伙伴国家清单，确定了包括分享韩国发展经验和建设经济和社会基础设施等政策优先重点。

外交部领导韩国全球教育政策的制定，具体计划由其相应的执行机构负责。该部的发展政策办公室负责发展政策，具体由办公室下属发展政策处负责。该部的多边发展合作处负责管理与多边教育有关的计划，如全球教育合作伙伴关

---

① DA SILVA J M. Germany mid-term review[R]. DAC, Berlin, 2018.

系计划。该部监管的韩国国际合作署负责双边援助和其他技术合作的执行,该署负责无偿援助。韩国进出口银行执行企划财政部的项目,许多项目是以贷款形式进行的。外交部和企划财政部监督经济发展合作基金和韩国国际合作署,管理80%的官方发展援助预算,剩余的由许多政府部门和机构负责。

韩国官方发展援助政策由总理办公室下设的国际发展合作委员会协调,该委员会由总理主持,监督发展合作情况,致力于通过部委间的良好协调来加强发展援助效果。2011年,该委员会制定韩国第一个2011—2015年中期官方发展援助政策,为管理对发展中国家提供的官方发展援助提供政府全方位战略。国际合作署是包括职业教育在内的教育援助项目的执行机构。项目通常被外包给政府和半政府组织,如韩国人力资源开发机构、韩国商会、韩国技术与教育大学和韩国理工大学。

9. 欧洲委员会的发展合作总干事领导的人力开发局负责教育政策制定

欧盟理事会中,由各成员国外交部长和发展部长组成的外事委员会确定官方发展援助的全面战略和重点。欧洲委员会的发展合作总干事负责制定有关教育的欧盟政策和专题计划。在发展合作部门,涉及教育的部门为"人与和平"局及其"文化、教育、健康"处,欧洲公民保护和人道主义援助行动总局监督用于教育的人道主义援助预算。紧急状态管理局负责处于紧急状态国家的教育。在2014—2020年多年期财务框架中,全球公共物资和挑战计划拨付15亿美元用于人力开发,教育资助、健康及社会保障等其他问题开支不在此财务预算之内。

第四章　国际教育和职业教育援助实践

一、援助国教育援助发展

（一）援助国对多边援助机构的教育支持

多边机构开展援助力度较大。多边组织2019年对教育的援助总额为39.7亿美元。欧盟机构占10.9亿美元，地区开发银行占6.3亿美元，联合国系统占5.3亿美元，世界银行系统占17亿美元。开发类银行和联合国资助性机构，分别侧重于优惠贷款和无偿援助，这些机构包括非洲开发基金（ADF）、非洲开发银行（ADB）、亚洲开发银行（ADB）、亚洲开发基金（ADF）、欧盟机构（EU institutions）、国际复兴与开发银行（IBRD）、国际开发协会（IDA）、国际开发银行（IDB）、国际开发银行特殊基金（IDB Sp.Fund）、国际农业发展基金（IFAD）、国际劳工组织（ILO）、联合国开发计划署（UNDP）、联合国儿童基金会（UNICEF）、联合国近东巴勒斯坦难民救济和工程处（UNRWA）、世界粮食计划署（WFP）。

联合国负有教育方面无偿资助使命的机构主要为联合国开发计划署、联合国儿童基金会等资助性机构。联合国教科文组织作为牵头世界教育发展政策的智力合作机构，不是像儿童基金会那样的资助机构的性质，但其使命是通过教育、科学、文化促进人类的和平与发展，因此，也接收预算外资金用于帮助非洲等落后地区的教育。

援助国对多边机构进行教育捐助，由多边机构开展援助项目。欧洲国家对欧盟机构和世界银行国际开发协会（以下简称"世行国际开发协会"）投入较多，日本、澳大利亚、韩国等亚洲国家对世界银行国际开发协会和亚洲开发银行亚洲开发基金投入较多，见表4-1。

表格 4-1　2018 年发展援助委员会成员国对多边机构的教育援助额[①]　　单位：百万美元

援助国	多边机构	2005 年	2010 年	2016 年
澳大利亚		15.63	29.68	37.70
	世行国际开发协会	10.84	18.32	19.99
奥地利		19.82	36.46	36.44
	欧盟机构	12.10	15.85	18.17
比利时		39.86	45.58	41.75
	欧盟机构	18.92	25.23	32.18
加拿大		27.53	51.56	55.04
	世行国际开发协会	19.51	43.79	32.92
捷克		—	—	9.85
	欧盟机构	—	—	9.22
丹麦		30.16	35.37	36.17
	欧盟机构	10.62	13.03	14.16
芬兰		15.36	23.50	22.06
	欧盟机构	7.57	9.36	11.92
法国		145.03	215.90	187.66
	欧盟机构	100.16	136.76	131.77
德国		129.15	250.08	229.86
	欧盟机构	119.30	141.50	148.35
希腊		9.06	10.92	10.23
	欧盟机构	8.31	10.87	10.23
匈牙利		—	—	1.76
	欧盟机构	—	—	1.22
冰岛		—	—	0.53
	世行国际开发协会	—	—	0.41
爱尔兰		9.30	11.76	21.88
	欧盟机构	5.78	5.11	11.63
意大利		147.39	113.35	130.96
	欧盟机构	67.83	64.64	96.77
日本		112.89	210.93	202.28
	世行国际开发协会	77.09	161.72	152.09
韩国		19.63	11.43	23.52
	世行国际开发协会	12.30	8.79	13.39
卢森堡		4.55	4.40	4.94
	欧盟机构	1.25	1.60	2.27
荷兰		65.97	55.42	101.01
	欧盟机构	23.72	30.43	29.35
新西兰		1.16	2.63	2.46
	世行国际开发协会	0.88	1.40	1.19

[①] OECD. DAC CRS database[DB/OL]. 2018. http://oe.cd/aid-to-edu.

续表

援助国	多边机构	2005年	2010年	2016年
挪威		30.72	38.49	28.90
	世行国际开发协会	11.61	17.21	11.51
波兰		—	—	25.56
	欧盟机构	—	—	23.4
葡萄牙		7.75	10.71	10.69
	欧盟机构	6.43	7.33	10.13
斯洛伐克		—	—	4.20
	欧盟机构	—	—	4.13
斯洛文尼亚		—	—	2.69
	欧盟机构	—	—	2.37
西班牙		66.13	85.12	102.03
	欧盟机构	41.13	41.85	64.09
瑞典		66.19	87.14	70.62
	世行国际开发协会	28.19	33.23	30.29
瑞士		24.64	38.65	44.78
	世行国际开发协会	14.59	27.56	25.17
英国		150.18	288.76	307.66
	世行国际开发协会	68.00	159.44	141.43
美国		111.18	177.25	162.23
	世行国际开发协会	86.63	148.20	118.28
总计		1249.28	18 35.09	1915.46

（二）援助国提供的教育援助总额和比值

从发展援助委员会成员国投入看，2019年，教育援助总额为101亿美元，占总援助的8%。三大教育援助国为德国、法国、美国，援助额分别为29.5亿美元，17亿美元，14.4亿美元，由于德国和法国为受援国学生提供的奖学金数额较大，因此，排在美国之前。英国为6.1亿美元，加拿大为5.69亿美元，日本为5.67亿美元，见表4-2。

由于发展援助委员会的统计规则要求向受援国非教育体系提供的培训项目不列入教育援助领域，所以，如果将各国官方发展援助资金投向教育和人力资源领域的数据合并，则属于教育性质的援助占比相当大。例如，2014年，美国通过双边渠道投入的官方发展援助资金中，用于"人"的资金所占份额最大，资金总量达到55亿美元，占30%，其中直接用于教育的资金达到近20亿美元。另外，在性别平等、环境治理等跨领域的项目中，教育也常常占各专项官方发展援助资金的20%左右。以性别平等资助为例，在58亿官方发展援助资金中，教育培训经费占了19%，达11亿美元左右①。

从所有向发展援助委员会做统计汇报的总投入看，2019年教育援助额为150亿美元，其中向发展援助委员会汇报的非委员会成员国教育援助为9.5亿美元，此外，还包括私立基金等援助。金砖五国中只有俄罗斯加入统计汇报。援助初等教育的资金为37.1亿美元，援助中等教育的资金为24.1亿美元，援助高等教育的资金为55.3亿美元，用于其他方面如教育研究、人员培训、政策咨询和教育改革等方面的综合教育资金为33.5亿美元。

表4-2 2019年发展援助委员会成员国教育援助占比② 单位：百万美元

援助国	教育合计	教育占比	综合性教育	基础教育	高中教育	高等教育	各领域援助总计
成员总计	10 100.92	7.90	1 690.70	2 576.17	1 660.00	4 174.05	127 415.77
澳大利亚	178.25	8.00	75.49	56.57	14.65	31.54	2 228.15
奥地利	165.9	7.40	9.45	3.04	20.62	132.78	488.52
比利时	93.15	7.10	11.75	7.49	21.57	52.35	1 315.49
加拿大	569.7	13.60	177.97	232.83	138.78	20.11	4 174.93
捷克	8.51	8.70	1.05	0.61	0.44	6.41	97.94
丹麦	93.49	5.70	83.01	1.25		9.22	1 628.74
芬兰	74.39	15.70	29.81	17.44	13.29	13.86	474.46
法国	1 700.53	12.20	163.84	134.07	504.72	897.91	13 961.06
德国	2 935.35	11.50	417.17	308.50	467.63	1 742.04	25 459.00
希腊	1.78	10.30		1.44		0.34	171.66
匈牙利	101.47	64.00	6.31	0.45	1.16	93.56	158.56
冰岛	4.95	9.60	3.33	1.45	0.17		51.35
爱尔兰	45.62	8.00	10.89	24.11	3.47	7.16	568.24
意大利	225.04	14.00	31.47	111.72	18.39	63.46	1 609.31
日本	567.58	3.90	114.19	84.79	83.09	285.52	14 685.56
韩国	259.82	7.20	26.17	38.55	26.62	168.48	3 586.48
卢森堡	50.18	13.70	10.80	9.54	28.72	1.12	366.82
荷兰	77.40	1.70	3.53	2.15	1.20	70.52	4 472.36
新西兰	77.70	13.70	5.22	23.21	5.05	44.22	565.86
挪威	307.56	9.10	62.47	206.00	16.16	22.92	3 361.88
波兰	134.93	57.30	1.67	1.23	0.13	131.89	235.36
葡萄牙	63.26	42.20	27.04	0.11	2.75	33.37	150.04
斯洛伐克	3.38	13.76	0.50	0.24	0.69	1.95	24.74

① OECD. Development Co-operation Report 2016:The Sustainable Development Goals as Business Opportunities[M]. Paris:OECD,2016.
② OECD. Aid ODA by sector and donor[DB/OL]. https://stats.oecd.org/Index.aspx?DataSetCode=TABLE5.

续表

援助国	教育合计	教育占比	综合性教育	基础教育	高中教育	高等教育	各领域援助总计
斯洛文尼亚	14.21	49.60	0.19	0.01	1.02	12.99	28.64
西班牙	49.30	4.60	22.82	6.88	9.22	10.37	1 067.82
瑞典	59.57	2.30	0.78	14.78	4.44	39.56	2 591.50
瑞士	188.09	7.60	71.06	33.10	64.62	19.31	2 468.86
英国	611.86	6.10	251.85	224.47	50.41	85.13	9 984.75
美国	1 437.97	4.60	70.86	1 030.16	161.00	175.95	31 437.67

（三）主要援助国教育援助分量及重点

1. 美国教育援助比例不大，集中在基础教育

美国长期以来把教育当作对外援助战略的重要组成部分[①]。美国是教育的主要援助国之一。

美国对外援助起源于 1961 年 9 月 4 日国会通过的《对外援助法》。第 105 部分即提出教育援助目的在于"减少文盲、扩大基础教育和加大相关的劳动力技能培训"。美对外援助旨在帮助发展中国家开展救灾、摆脱贫困和实现民主改革。

20 世纪 70 年代，美国的对外援助方式产生了重大的转变。1973 年美国国会组织对发展援助的总趋势进行了总结并提出了 5 个新的援助方向，分别为：食品和营养、计划生育和健康、教育和人力资源发展、有选择的发展项目及有选择的国家和组织。这个方向和 60 年代外援方式完全不同，它淡化了战略色彩，转而使外援向农业、农村发展和食品生产集中，同时强调营养、人口控制、健康服务和低成本教育，更增加了美国外援的"人民取向"。在 1974 年的《外援法案》中这种援助方向得到了进一步的加强。

但学校教育不是美国援助的重中之重，美国国际开发署的数据表明，美国援助开支主要包括四个关键领域，第一是和平与安全，第二是治理与民主，随后才是对人力资源的投资和经济发展，而人力资源不仅仅指学校教育。

根据美国"定义教育援助"报告，美国教育援助定义包括美国政府举办的、旨在改善发展中国家教育的所有国外援助活动。根据美国 2007 年财政年度在国外活动预算报告，教育援助计划是要"促进有效的、可问责的和可持续的正规和非正规教育体系"。美国的教育援助分成基础教育和高等教育两个部分：基础教

---

① Congressional research service. Foreign assistance and the education sector: programs and priorities[R/OL].（2010-07-01）[2021-07-09]. https://fas.org/sgp/crs/row/R44676.pdf.

育援助主要指"在正规或非正规机构开展旨在改善婴幼儿教育、初等教育和中等教育的援助","它包括促进青年和成年人的读写算和其他基本技能教育"。高等教育援助旨在"改善高等教育的质量、贡献和普及性,它重视确保接受高等教育的平等机会和对劳动力的职业技能培养,特别针对包括女性和父母以及残疾学生在内的较低收入和被边缘化的群体"。美国特别加大对增加生产力所需的知识和技能的援外项目。

在基础教育方面,美国在秘鲁、津巴布韦、埃及等国推动增加接受有质量的校内外教育计划的儿童数量;在拉丁美洲和加勒比等地区开展"卓越教师培训计划",增加优质教师数量;开展"全球学习网络"计划,使世界各地的教育工作者可以在线共享教学教育资源,进而提升教学质量等。在高等教育领域,开展了对关键技术领域的长期和短期培训,以及技术支持,以推动受援助国技术领域的发展;同时,支持美国综合性大学和社会学院与受援助国院校开展交流合作,以加强受援助国的高等教育教学机构建设。

美国国际开发署、和平团体以及千年挑战公司2014年的教育援助额在教育援助资金中占比达92%,其中,美国国际开发署的教育援助资金占2/3[①],教育援助提供大量学校和非学校培训,传授能够使得学习者为国家发展目标做出贡献的知识和技能。它提供一批旨在改善一亿小学学生阅读技能的计划和提升劳动者素质计划,以培训合适的技能去满足发展中国家需求,增加那些处于危机和冲突环境下国家的儿童平等接受教育的机会。

这些计划中许多被归在"学习者培训"项下,包括超过6个月的长期或短期在美国、受援国或第三国接受教育的计划。从历史上看,"学习者培训"是美国国际开发援助署的发展战略的重要组成部分。"学习者培训"在受援国独立后的十年间培养发展中国家政府干部能力方面起到非常重要的作用,当时受援国几乎各方面的技能和专业人员都十分匮乏。由于许多国家缺少学校,大多数学习者培训都在美国进行。早在1993年,就有14 382名学习者受训,其中5 640名在正规学校接受教育(41%读硕士,21%读博士),专业主要是工业与工程(29%)、农业(27%)、工商与公共管理(23%)等发展优先领域;2015年,接受美国培训的人数由于费用高昂而急剧减少,只有1 011名学习者接受美国长期培训,1 428接受短期培训。总之,包括在美国、受援国和第三国开展的培训,截至

---

① TARNOFF C. Foreign aid and the education sector: programs and priorities[R]. Congressional Research Service, 2016.

2015年，共有 2 371 482 名学习者参加短期培训，多数是技术培训、研究访学和领导者培养计划。

大多数劳动力项目与专门的发展目标相联系。例如，在阿富汗，美国国际开发署计划促进针对"增进妇女对阿富汗发展贡献的教育、进修和培训"。其他活动包括："政府中女性"项目，它为有志于在政府工作的高中和大学研究生提供实习机会，旨在让更多女性到公共机构工作；"女性在经济部门的领导"项目，它侧重于劳动力和私营部门的发展，旨在培养女性掌握她们为阿富汗经济发展和减少贫困所需的工具[①]。在阿富汗美国大学或中亚美国大学学习项目，该教育援助提供给 580 名妇女奖学金，用以攻读本科和研究生学位以及职业证书。若干机构在其劳动力培养计划中提供职业培训。

美国劳动部的"参与、接受教育、获得能力——埃塞俄比亚青年项目"（E4Y）（2014—2018）旨在应对埃塞俄比亚存在的童工问题，埃塞俄比亚有大量的青年（80%）在 15 岁就不再上学。为了减缓童工的增长趋势，该项目试图改善童工或有成为童工风险的青年的学业成绩，提供更多获得合适和安全的工作机会。该项目还提供职业和技能培训，将青年安置到学徒制教育机构和恰当的工作岗位上，并在求职方面提供帮助。该项目旨在与 12 000 位 14~17 岁的埃塞俄比亚青年一道努力，在被选入的人中，至少有 6 500 人是女性，400 人是残疾人。

2016 年美国教育援助总额列第二位，达 17 亿美元。2017 年和 2018 年的教育援外总额均为 16 亿美元。这仅占美国对外援助总额的 5%，低于发展援助委员会成员国对教育援助占比 8% 的平均值。美国绝大多数教育援助是通过双边渠道进行的，通过多边组织的有指定的资助也被经合组织统计成双边资助。因此，对多边组织的教育援助仅占教育援助总额的 10%。

美国国际开发署的新战略在教育方面的侧重点是基础教育，双边官方援助聚焦这一方面，2017 年达 82%。美国成为对基础教育援助最多的国家。基础教育方面的学校供餐计划资助比例从 0 到 18%。中等教育援助额排在基础教育援助额之后。

美国教育援助尽管在其双边官方发展援助中的比例较小，但积极支持多边教育援助活动。美国是 2016 年设立的"教育不能等待"的创始援助国，该倡议旨在帮助处于紧急和危机状况中的国家在改善就学方面的努力。其资助额排在

---

① USAID. Participant training program: statistics for FY1993[R]. Office of International Training. 1994:2.

英国、挪威、丹麦、德国之后。在对"全球教育合作伙伴"项目的资助上排第九位，但从2009年到2020年资金总额达到了3.6亿美元。美国承诺在2018—2020年资助此项目达1.63亿美元，占此项目总额的7%。美国把给予经合组织的这笔援助作为双边援助。美国协调该项目在埃塞俄比亚、利比里亚、尼日利亚、索马里和南苏丹等8个国家的援助工作。

在通过2017年《进一步加强发展援助中的教育问责制法案》后，2018年美国国际开发署发布2019—2023年基础教育新战略，该战略旨在改善援助对象的学习成绩，扩大包括被边缘化和脆弱群体在内的全体接受基础教育的机会，战略承认对国际教育的投资对于其他援助努力起到"力量加大器"的作用，它的潜力在于提升经济增长，改善卫生健康服务，促进民主治理的可持续发展，使社会更加和平和具有抗压韧性。国际开发署还宣布了扩大资助发展中国家私立学校和教会学校的计划，强调需要为不能进入公立学校的儿童提供受教育机会。此外，女童受教育是优先重点。奥巴马夫人2015年发起的"让女童学习"倡议迄今已经为50多个国家提供了10亿美元资助。2019年特朗普总统签署法令，允许国际开发署开展保护脆弱地区女童受教育，收集女童教育方面零散数据。法案还在国际开发署设立了美国基础教育援助高级协调员职位，负责美国基础教育计划的援助、执行和协调。

特朗普总统的预算建议案多次呼吁削减基础教育援助，但均遭到国会否决。2020年基础教育资助额将达到8.75亿美元，比2019年多出7 500万美元。其中1亿美元用于促进教育全球合作伙伴项目，2 500万用于"教育不能等待"项目。2021年政府提交的预算建议将把教育援助额减少8%。旨在支持低收入和食品缺乏国家教育的参议员麦戈文-多尔(McGovern-Dole)提交的"食品促进教育计划"在2020年获得2.2亿美元资助，比2019年有所增加。

2. 英国侧重基础教育援助[①]

英国的对外援助起于1929年颁布的《殖民地发展法》，意在维护英国在被殖民地的经济利益和政治稳定。随后，《1945殖民地发展和福利法》加大了英国的对外援助力度。1964年政府成立海外发展部，将海外援助作为英国的长远利益进行发展。1997年英国国际发展部将教育援助作为双边合作的重要领域，发挥教育援助对增强英国国际影响力的作用。

---

① Donor Tracker website. The UK is the fourth-largest donor to global education; focus on girls' education[EB/OL].
https://donortracker.org/UK/education.

在教育援外方面，英国旨在通过发展职业教育给予受援助国社会发展相匹配的职业技能人才。英国国际发展部通过参与受援国职业教育发展战略制定和政策咨询，推进受援国制度和政策改革。英国文化教育协会（British Council）向受援国派驻教育专家，对受援助国家现有的教育政策进行评估并提出建议，或参与受援国教育政策的制定。通过对受援助国家开展劳动力市场调研，增加企业在职业教育中的话语权，发展顺应劳动力市场需求的学科技能，使教育真正意义上服务于受援助国的经济建设发展。此外英国国际发展部参与受援国的师资建设，与当地政府合作，在教师聘用、培训与激励3个方面进行干预，以提高师资质量。推行提高新聘教师聘用条件、对已聘教师进行培训以及通过援助项目预算为教职工提供薪资等措施。

英国是全球教育较大的捐助国，重点放在初等教育、教师教育和被边缘化人群。2016年，英国在教育援助上开支为17亿美元，在绝对值上列第三，在比例上列第十一。英国官方教育发展援助的81%通过双边渠道进行，高于援助发展委员会成员国的平均值70%。

2018年英国在双边教育援助上开支9.33亿美元。大约31%的双边教育援助开支是在初等教育上，这与英国把重点放到此级上的政策一致。24%投到教育政策和行政管理上，支持加强伙伴国家教育政策与行政、教育培训和教育研究的努力。15%投向高等教育，10%投向中等教育。双边倡议包括女童教育挑战，这是一个2012年由前国际发展部发起的、为期12年的承诺，对被边缘化的女童实施教育。基金旨在支持17个国家的女童。

教育被看成是通过解决赤贫和帮助世界上最脆弱的人群，来支持英国政府实现减少国际贫困目标的重要工具。英国2018年教育援助立场文件确定了三大优先重点[1]：教学优化、教育体制的系统改革、有针对性地支持贫穷或被边缘化的儿童。

英国对全球教育合作伙伴计划和全球教育运动提供了大量资金，即使英国2018年双边教育援助比2016年下降了30%，教育仍然是英国政府的优先事项。女童教育被列入新政府竞选宣言，约翰逊首相个人还专门介入此问题。政府任命女童教育特使，要求做出指导英国在女童教育方面的官方发展援助资金开支五年规划。规划将确定政府要实现的目标。

---

[1] DFID. Education policy: get children learning [R/OL]London:DFID Crown, 2018. [2021-05-06]https://assets.publishing.service.gov.uk/government/uploads/system/uploads/attachment_data/file/685536/DFID-Education-Policy-2018a.pdf

2019年9月，英国政府宣布为"教育融资国际便利工具"提供3亿英镑支持，这一机制是通过援助者资金和保证金来调动教育项目资金的新倡议，英国十分积极地参与了该机制的建立。英国是全球教育合作伙伴计划最大的双边援助国之一，承诺在2018—2020年间提供3.67亿美元资助。英国还是"教育不能等待"计划的最大出资国，这是一个2016年成立的全球基金，旨在改善那些遇到人道主义紧急事件和危机事件的国家教育普及，英国的资助总额达1.65亿美元，其中包括2020年4月宣布的700万美元追加资金，用于支持受到新冠传染病等紧急情况影响的教育。

2017年，英国教育援助7.85亿英镑，占8.9%，三大援助领域为初等教育（3.27亿英镑）、教育政策与行政管理（1.33亿英镑）和高等教育（9400万英镑）[1]。

3. 澳大利亚侧重初等教育和高等教育援助

在2019/2020财政年度，澳大利亚的教育援助占整个援助总额的8%，即4.62亿美元。这一数额比经合组织录入的数额要大很多，因为澳大利亚把其"澳大利亚奖"（国际留学生奖学金）的资助作为教育援助的一部分。在向经合组织报告时，澳大利亚把"在援助国内的奖学金和学生开支"列为"其他多边部门"项下的官方发展援助资金，也就是说，这笔款项不被计算为澳大利亚双边官方发展援助的教育援助。

2016年，澳大利亚在教育方面的官方发展援助开支为2.69亿美元，占比虽达8%，但与之前几年的教育援助比例相比下降较多。

澳大利亚在教育方面的官方发展援助的主要部分是通过双边渠道开展的，占85%。2018年双边教育援助额达2.16亿美元，与2017年资助水平相比增加12%，这也是自2013年以来的首次双边教育援助增长。2017年与2013年相比，双边教育援助下降了43%。2017年对初等教育的资助占比最高，达41%，为8800万美元，教育政策和行政管理占比为21%，数额为4600万美元，职业培训占12%，为2600万美元。

虽然多边渠道资助占比较小，占15%，但澳大利亚还是为多边机构提供了大量资助。澳大利亚是全球教育合作伙伴关系计划的第七大捐资国，其自2008年加入该计划以来共投入了4.1亿美元，并承诺在2018—2020年间投入7200万美元，但2019年没有任何投入。澳大利亚高官自2014年是全球教育合作伙

---

[1] DFID. Statistics on international development: final UK aid spend 2017.[R/OL]. London:DFID, 2017.[2021-05-06] https://assets.publishing.service.gov.uk/government/uploads/system/uploads/attachment_data/file/771136/Statistics-on-International-Development-Final-UK-Aid-Spend-2017-jan-revisions.pdf.

伴关系计划理事会主席。澳大利亚还参加并资助各类与教育相关的、侧重教育体系和质量研究的倡议，如"改善促进教育的体系研究"（RISE）、"促进教育更好结果的各系统工作方法"（SABER）、"教育不能等待"（ECW）。澳大利亚通过多边渠道对教育的援助并没有像双边援助那样的下行趋势。

在2014年到2020年期间，澳大利亚官方发展援助开支发展政策把教育与健康当作澳大利亚六大发展援助优先重点之一。根据这一战略，教育被定为经济增长的基本要素。澳大利亚致力于投资高质量教育，以使青年获得能为社会做出有效贡献的知识和技能。2020年5月发布的"促进恢复的合作伙伴关系：澳大利亚在新冠疫情下的发展回应"政策指出，教育是其促进印太地区在新冠疫情下稳定的重要组成部分，因为稳定是与健康安全和经济恢复并行的三大支柱之一。教育与全方位政策方针一致，围绕着在新冠疫情下支持本地区儿童返校的主题开展，促进社会融合和经济增长。除此以外，澳大利亚在健康、教育、社会保险和经济发展的现有援助将得到重新调整，重点支持合作伙伴政府在危急情况下开展工作。

4. 加拿大教育援助比重不高，侧重援助人道主义危机国家

加拿大教育援助的重点是援助人道主义危机国家。教育是加拿大女权主义国际援助政策的核心信条，涉及健康和营养以及人道主义和"人的尊严"领域是优先援助事项。在2019年选举中，自由党倡导国家在教育方面的发展经费至少达到10%，强调把流离失所的难民儿童教育作为优先事项。

加拿大在2016年对教育方面的官方发展援助额为2.8亿美元，占该国援助总额的7%。其中,79%通过双边渠道进行，这笔资金包括双边资金和给予多边组织的定向的资金，21%通过多边渠道进行。

双边教育援助的重点在最贫穷国家综合性教育和基础教育上。自2016年以来，加拿大在教育方面的双边官方发展援助保持稳定。其中，17%用于教师教育，15%用于职业培训，14%用于教育政策和行政管理。

加拿大向多边计划提供教育援助，如"全球教育合作伙伴关系计划"，加拿大承诺在2018—2020年捐助1.47亿美元。加拿大还逐步加大资助人道主义危机国家的多边教育倡议，这与其政策一致。2018年12月，加拿大承诺在随后三年向儿童基金会主导的"教育不能等待"计划捐助3900万美元，这一资助是加拿大承诺向脆弱和受冲突影响的国家妇女和女童教育资助3.09亿美元的一部分。2020年1月，加拿大政府宣布资助苏丹、莫桑比克遭遇飓风后的7个性别平等的项目，其中之一就是专门侧重教育。加拿大政府承诺在未来5年中捐助1 200万美元给予世界粮食计划署合作开展与教育相关的项目。加拿大对处于危机情况下的国家进行教育援助，由于对"教育不能等待"计划的承诺和对人道主义背景下的性别教育的承诺，这一援助有可能增加。

5. 法国教育援助比重高，侧重高等教育阶段的援助

对法国现政府来说，教育是援助政策的重中之重。根据经合组织数据，2016年法国在教育方面的官方发展援助达14亿美元，占其援助总额的11%，而发展援助委员会各国平均值为8%。双边渠道的教育援助约占85%，多边约占14%。法国在教育上对多边机构的资助主要是对欧盟和世行国际开发协会，达2.04亿美元。

法国对教育部门的资助在过去的几年来基本保持稳定。但是，为了得到一个援助国在教育援助上的跨境资金的全面情况，要调查提供给发展中国家留学生去援助国学习的费用和奖学金情况。一些援助国将这些开支作为官方发展援助额上报，但这些费用不是花在国外的发展计划上。2018年，法国在教育方面的官方发展援助的69%（8.48亿美元）属于在援助国的学生开支。如果将这些费用排除，那么法国只是第五大教育援助国。

法国认为全球教育既是国际发展的支柱又是法国文化外交的工具。2018年2月，法国展示国际领导作用，在塞内加尔达喀尔与塞内加尔共同主办了全球教育合作伙伴关系融资大会。法国在会上宣布将显著提高对该计划的资助规模，承诺在2018—2020年间提供2.36亿美元资助，另外追加通过双边渠道由法国开发署执行的1亿美元资助。从2002年到2019年4月，法国为该计划资助了1.46亿美元，列援助国的第11位。对该计划的资助是作为指定性资助上报给经合组织的，因此被列入双边资助类别。

根据法国国际合作与发展部际委员会2018年2月的会议精神，法国对外援助政策的五大优先领域为国际稳定、气候变化、教育、男女平等和健康。在教育援助方面将侧重普及基础教育、青年就业、女性赋能、高等教育、研究与革新民主化、支持法语国家使用法语。

另外，法国外交部的2017—2021年《法国战略》中的对发展中国家教育、职业培训和就业的援助行动侧重通过职业培训来开展援助并建立培训与劳动市场的联系。

对教育、健康和农业的投入，被法国政府看作是对萨赫勒地区稳定的贡献。

通过在该地区的教育与培训来改善就业，加强教育与就业能力和安全的联系。

根据经合组织数据，教育援助是法国双边官方发展援助的最大部分。2018年法国教育援助达 13 亿美元，占总额的 13%。其中包括上面提及的对留学生的高额资助部分，如果不计算此笔，教育援助额降为 3.22 亿美元。3/4 的教育援助用于高等教育，其次是中等教育，占 9%。法国认为中等教育和高等教育对支持青年就业能力和促进经济发展非常重要，对这些层级教育的援助能更大地促进社会进步。这构成法国发展政策的一个重点。基础教育包括初等教育只占 8%，获得最小资助的层级是综合性教育，包括促进教育体系的教育活动，仅占 2%。

法国国际合作行动战略是以部门和主题为基础进行筹划的，核心部门是教育与培训。教育分部门的重点集中在高等教育，在高等教育援助方面，2005 年法国成为最大的援助国，占比达 44.9%。

在选择受援国方面，法国的优先重点是非洲和地中海国家。1995—2012 年，法国对非洲的高等教育投入达 60% 以上，然后是亚洲和美洲。接受法国这一层级援助最多的国家是摩洛哥、阿尔及利亚、突尼斯、黎巴嫩、喀麦隆、马达加斯加，这些国家都是法国的前殖民地。另外，中国和越南等亚洲国家也进入前十个受援最多的国家。法国资金提供给亚洲学生较少，由于语言和历史的联系，法国给非洲学生提供大量奖学金，摩洛哥和突尼斯等受援国是说法语国家，去法国留学的最多。由于越南是法国前殖民地，法国对越南学生来说有吸引力。总之，法国在高等教育层级的官方发展援助有两个特征，一是尽管法国因一直将援助集中在前殖民地国家而受到其他援助国的批评，殖民联系仍然是其高等教育援助的重要动机。法国继续支持前殖民地国家的机构和学生，将援助重点放在奖学金和学生相关费用上，支持他们去法国接受研究教育，也有一些是在受援国的学习开支。法国把其官方发展援助的相当一部分教育援助拨给说法语国家。二是受援国与法国有密切的商业关系。中国经济发展速度快，市场巨大，法国特别对中国进行了资助，加强了双边贸易额。

法国教育援助的重点变化：1996 年，法国援助高等教育的份额相比其他层级教育最少，但在 2007 年猛增到最多，成为当年援助高等教育最大的援助国。自从 2002 年以来，法国集中援助高等教育。在 2005 年，几乎所有教育援助都给予了高等教育，达 97.8%[①]。在 20 世纪末最后几年，法国不分专门层级的综

---

① KIM C M. Characteristics of ODA allocation to higher education focusing on France and Germany[R]. ODA Research Center, Seoul National University, 2017.

合教育援助增长较快，主要包括教育政策和行政管理、教育设施和培训、教师培训和教育研究。然而，如上所述，自从 2002 年以来，其对高等教育援助占主导地位。

法国教育援助拨款受制于政治和文化目的，因而受到批评。法国奖学金旨在通过强化留法学生的各种联系来建立法语区和亲法人员网络，以促进未来的合作关系[①]。关于是否将留学生相关开支和奖学金算作援助性质，曾有激烈的争论，因为这种援助资金从未离开援助国，多数是用在援助国的外国研究生的生活费和学费。这些资金是否得到有效使用令人质疑。经合组织 2004 年对法国的同行评审认为，当留学生不回到自己国家时，有关学生学习开支的数据应该进行调整。尽管有很多批评，法国仍然我行我素，把优先给予高等教育，把学习开支当作技术合作的一部分[②]。技术合作的基本定义在其官方文件中说明，法国国际援助包括支持在法国开展的合作，鼓励与新兴国家和只有基础科技人员的国家建立国际合作伙伴关系，支持这些国家的科技发展。根据 2011 年的战略文件，法国继续把科研和高等教育作为促进可持续国际援助的一部分，加大对高等教育的援助。

6. 德国教育援助比重高，侧重高等教育，强调中等职业教育

德国是世界上对教育援助最多的国家，但给留学生的巨额援助扭曲了其形象。德国 2016 年在教育方面的援助达 24 亿美元。这相当于德国整个官方发展援助总额的 8%，如果按照教育在官方发展援助总额百分比排列，德国是第十三大教育捐助国。要得到德国教育援助的全面情况，有必要除去低收入国家赴德留学生的奖学金和学习开支，这些开支由德国计算为其官方发展援助的一部分来上报，但不属于在境外资金。这些开支占到 48%，即 12 亿美元，如果不计算这笔款项，德国则是第三大教育援助国。这样，德国在教育方面的官方发展援助占其整体官方发展援助的比例为 4%，排世界第 20 名。民间社会组织都批评把高额的留学生费用算作官方发展援助一部分的做法，这些在官方发展援助体系中可以计算在内的开支没有与德国经济合作与发展部制定的对外全面发展合作战略相关联。

德国提供的大部分教育援助是以双边形式进行的，占 90%，即 22 亿美元。

---

① BOEREN A. Issues and trends in development cooperation programmes in higher education and research[R/OL].2012. https://www.nuffic.nl/en/library/issuas%20and-trends-in-development-cooperation-programmes-in-higher-education-and-research.pdf.

② OECD. Development co-operation peer review France 2013[R].2013.

这一规模在2017年保持了稳定，到2018年增加到25亿美元。2018年，双边教育援助的最大层级是高等教育，占比达62%，即15亿美元，然而这一高比例主要是给予合作伙伴国的留学生奖学金和学习费用。职业培训占16%，教育设施占10%，初等教育占6%。

这一资助模式基本与德国2015年发表的教育战略里列出的全球教育政策的重点一致。教育援助的三大优先重点为：基础教育、职业培训、高等教育。从地理上，重点放在非洲，逐步集中在受到脆弱性和冲突影响的国家上。德国战略将为所有儿童提供平等接受教育的机会，通过教师培训来改善教育质量，加强全纳教育和性别平等。职业培训是德国的一个重点。德国有长期积累的专家和专业以及双元制职业培训的成功经验，政府强调德国对这一领域的支持的附加值作用。

德国还通过多边渠道支持教育，主要通过欧盟和国际发展协会。近年来，尽管经合组织把德国的多边资助当作双边官方发展援助额，德国对这两大多边机构的贡献还是十分显著的。特别是，德国是全球教育合作伙伴关系计划的创始成员，自2005年以来已经资助1.38亿美元，这使得德国列为该计划第十二大捐助国。德国承诺在2018—2020年间为该计划提供9 200万美元，在2017—2020年间，提供6 500万美元给"教育不能等待"多边教育基金，成为该基金第四大捐助国。

近年来，教育受到越来越多的政治关注，收到越来越多的资金，教育作为德国应对移民的根本政策，特别是应对撒哈拉以南非洲和中东及北非地区移民的计划组成部分。政府的重点是加强职业培训体系，协助促进劳动市场和建立就业岗位。推动各级教育是德国2017—2020联合协定中整体发展政策的优先重点，同时要加大数字化和电子教育。根据德国联邦经济合作与发展部2020年5月发起的《2030战略》，所有在基础教育方面的活动均将通过多边渠道进行。基础教育是经济合作与发展部计划结束双边参与的唯一教育领域。

按照联邦经济合作与发展部的规定，促进教育是德国发展政策的优先领域，政策集中在以下方面：技术合作是德国的主要援助方式，德国通过援助来鼓励大学改革，特别是帮助法语非洲的大学重建资格体系，以国际标准促进教育，从结构上挖掘贫困原因，与社会排斥做斗争。德国政府明确承诺致力于实现可持续发展的教育目标。德国在教育部门的发展合作战略中纳入了未来优先行动领域，推动经济发展，促进穷人融入社会。在教育政策重点上，德国强调初等教育、中等教育、职业教育和高等教育，并强调在人权背景下性别平等。因此，德国成为最大的教育援助国。在此之前，德国教育援助额不断加大。从1998年到1999年教育援助额突然猛增，增幅达4倍之多。此后，除2005年有所下降以外，德国教育援助大幅增长。2012年达到高峰。整体教育援助的增加伴随着高等教育援助的增加。

德国教育援助的重点不断变化。1995年德国大部分教育援助投入无专门分类的综合性教育，高于基础教育。1999年突然转变，15%的援助投入高等教育之中。随后德国逐年增加对高等教育的投入。高等教育援助的占比到2003年达到80.8%。2011年对高等教育的援助达到高峰，达65.6%,成为当年对高等教育援助最多的国家。德国高等教育的援助方法及类型有些类似法国援助方法，德国在相关学生学习开支方面的投入是对高等教育援助的最主要的类型。留学生相关开支曾达到高等教育援助的79%，2006年占到92.6%。

德国对高等教育援助的最大部分是援助发展中国家留学生，与法国不同的是，亚洲是德国最偏向的援助地区，非洲在次位。从获得援助最高的国家看，中国是德国在高等教育援助上最大的受援国。土耳其、喀麦隆、叙利亚和伊朗列入十大受援国行列。通过对留学生和对受援国高等教育的官方发展援助之间的比较发现，中国在德国的留学生数增加最快[①]。

依据这些分析，德国官方教育发展援助有两大特征，一是在对高等教育投入上商业关系起到主导作用，根据德国对外合作部2012年公布的战略文件《促进更多教育的十大目标：教育战略2010—2013》，其中一个战略目标就是"促进高等教育和研究，培养未来精英"。这为德国对外经济获益打下了基础。

培训精英管理人员。合作伙伴关系的理由是通过奖学金接受德国学校教育机会的未来精英可以鼓励更多的外贸、加强德国与他们国家的文化间交流。中国成为德国高等教育援助的第一优先受援国，中国也成为德国的主要贸易伙伴之一，两国的务实合作在中欧关系中起到领导作用。

从德国的做法可以看出，德国把教育放在优先的位置，把教育当作发展援助的核心。鉴于此，教育援助经费显著增加。除了对初等教育的支持，德国的高等教育援助主要集中在高等教育。20世纪90年代中期，德国对无专门分类的教育援助最多，90年代晚期加强了对基础教育的援助。但自从1999年以来，德国转变重点，从基础教育转到高等教育，但整体上保持各类教育资金的均衡。

---

① BASHIR S. Trends in international trade in higher education: Implications and options for developing countries[M]. Weshington：World Bank, 2007.

留学生在援助国的开支是援助的重要部分，比奖学金开支还大。这可能是因为对国内学生甚至国际学生收取很少的学费。留学生开支被看作发展中国家留学生的生活费用。德国将更多的援助用于亚洲，用于在亚洲的德国关键的贸易合作伙伴，其目标是促进未来精英的高等教育和未来的务实合作。德国紧跟数字教育方面工作需求，加强在官方发展援助中的这类培训①。德国援助方式以项目形式为主。例如，2012—2014年间，东亚地区官方发展援助在职教方面的资助中89%是项目形式②。另外，德国在促进职业教育双边官方发展援助方面处于世界领导者地位。

7. 日本侧重高等教育

20世纪60年代，日本开始发展教育对外援助。20世纪80年代末90年代初期，日本成为世界第二大经济体强国，国家官方发展教育援助的规模在1989年以89.65亿美元超过美国居世界第一位。21世纪后教育逐渐成为日本对外援助体系的重要组成部分，国际教育援助甚至被纳入日本对外经济合作的框架中。

日本在教育对外援助方面做出了多方努力。日本为改变"侵略国家"的负面形象，提出了建设"文化国家"重新取得国际社会信任的目标，积极开展文化交流活动。为支持东南亚各国的文化交流活动，日本政府投入100亿日元设立"东南亚文化基金"，同时与东盟国家在文化、学术、研究等领域进行交流。招收东盟留学生是日本与东盟进行文化交流的重要方式，日本政府所资助的外国留学生中，东盟国家学生占25%。1983年日本政府制订了10万留学生招收计划，文部科学省设立了"公费留学生海外派遣制度"，通过日本国际交流基金设立了日本语国际中心，招收大量东南亚各国留学生，使日本自1982年至1988年间海外日语学习者人数由40万增长至73万，其中东南亚占80%；开展青少年交流计划，提出"面向21世纪的友情计划"从东盟各国招收3 750名青年和青年教师，建立"日中21世纪基金"用于邀请中日学生进行短期交流活动；开展"和平友好交流计划"，资助政府"招收10万留学生计划"中的自费留学生。

日本官方发展援助资金有4个来源③：一般账户预算、政府债券、税务贷款和投资。为了改善基本平衡，政府稳步从一般账户预算中削减援助额，通过增

---

① BUSEMEYER M, GAEDE L, STILZ M. New work and its impacts on vocational education and training in German development cooperation: proposition paper[M]. GIZ publication,Bonn: GIZ, 2019.
② PALMER R. Financing TVET in the East Asia and the Pacific region, current status, challenges and opportunities[R]. Korea–World Bank partnership facility,2017.
③ YOSHIDA K, YAMADA S. Aid to skills development: case study on Japan's foreign aid program[R]. Unesco document 2012/ED/EFA/MRT/PI/35, 2012.

加税务贷款和投资使用邮政储蓄退休金等公共资金来补偿削减，维持日本官方援助总体规模，抵消一般账户资助下降趋势的影响。2016年，双边教育援助占总体官方教育发展援助的73%。2017年，日本双边教育援助额为5.59亿美元，其中，高等教育占51.3%，综合教育占29.2%，基础教育占10.2%，职业教育占7%，中等教育占2.3%。

2009年日本承诺提供8.44亿美元支持教育发展援助，这一笔援助额的最大部分通过技术合作来提供，排在第二位的是捐助资金，随后是贷款援助。之前的技术援助一直较为平稳，而这一时期的贷款援助的平均规模更大，变动幅度更大。2001—2009年间，技术合作的规模较为稳定，规模较大的贷款援助情况变化较大。援助额的增加往往因为有特殊情况的出现，如紧急援助等。总之，在2004年到达峰值后，对教育的援助额一直稳定在占双边援助总额的5%~7%。3类援助都曾支持过技能发展和技术合作项目。日本国际合作署是日本最大的援助机构，贷款援助更多地用在高等教育，一些项目也支持了技能发展，例如，支持乌兹别克斯坦扩大和加强农业高中、约旦职业技术培训项目，以及其他含有职业教育的项目，如斯里兰卡社会部门构架支持、巴基斯坦俾路支斯坦中等教育改善项目等。捐助也用于支持技能发展，例如，安哥拉Viana职业培训中心、乌干达大米研究与培训中心、加蓬食用渔业发展项目、塞内加尔职业培训能力发展项目、马达加斯加农业机械化培训中心项目、苏丹职业培训中心扩展项目等。日本对教育的双边援助通常主要由四大机构执行，捐助由外交部执行，奖学金计划等技术援助由文部科学省执行。2001年职业教育援助额占教育技术合作方面援助总额的1/3。但此后，日本国际合作署转向突出基础教育，基础教育的份额超越职业教育，成为2002年教育援助方面最大的分支。

日本基于发展中国家对能够满足技术技能需要的人力资源培养需求，提供的援助针对较好的理工学校和职业培训学校，这些学校是每个国家的主要机构。在执行这一援助中，日本在私立部门的合作下，支持教师和培训者的能力培养，加强培训学校的实践能力、课程改进，以便进一步加强教育与就业之间的联系。

在工业人力资源开发方面，日本与工业部门合作在2000—2017年间在30个国家开展了60多项综合合作项目。这些项目反映出日本在课程发展和修改、教材和培训者的能力培养方面的洞察力。此外，日本通过改善6个国家的11所学校设备和器械，支持职业技术教育机构。日本还通过8个国家的13个计划来提供技能培训，其目的在于改善妇女、残疾人、非现役战士以及避难者和其他受到冲突影响的人的情况。

2015 年日本东盟峰会上，日本宣布发起"工业人力资源开发合作计划"，该计划旨在推进对亚洲经济可持续增长有益的人力资源开发。日本借此通过与每个受援国的对话来满足人力资源发展需求，加强工业、学校和政府三方合作，支持亚洲人力资源开发。例如，2016 年发起的"日本与泰国工业人力资源开发合作计划"建立在圆桌会基础上，来自日本和泰国企业界、政府和学校的人员讨论人力资源开发措施。2017 年 6 月签署合作备忘录，开始稳步推进合作，通过向受援国提供技术合作以及其他手段，到 2017 年培训 49 000 人。另外，2016 年召开的第四届非洲援助会议上，日本宣布通过利用日本高水平技能向约 1 000 万人提供培训。此外，日本 2016 年制定旨在促进日本及亚洲发展中国家创新的"日本复兴战略"，在此战略框架下，日本发起新的官方发展援助计划"革新的亚洲计划"，决定从 2017 年起用 5 年时间在亚洲培训 1 000 名技能青年。这一新的举措将加强日本和其他亚洲国家之间的人员流动，合作伙伴国家在 2017 年 9 月日本－印度峰会、2017 年 11 月日本－东盟峰会上对此计划大加赞赏。

日本健康劳动福利部领导在日本和东南亚国家的培训活动，日本与这些东南亚国家经济相互依存的关系一直在拓展和加深。培训活动旨在就日本技能评估体系方面的政府和个人积累的技能进行转让，以开发和保障优质劳动力。在 2016 年，来自七个国家的 149 名人员通过了这些培训计划，累计共有 2 200 人接受了培训。培训将在这些国家开发和改善技能评估体系，从另一个角度看，它促进了技能劳动者的培训。此外，日本通过对国际劳工组织，即国际劳工组织亚太地区技能和就业能力计划的捐助项目，就有关职业培训政策、职业培训方法和职业教育信息网络的培训活动指导调研，组织由地区相关国家的政府、雇主和劳工组织成员参与的学习、研讨活动[①]。

8. 韩国教育援助比例较高，侧重高等教育

韩国的官方发展援助始建于 1987 年，由经济发展合作基金建立，开始对发展中国家提供优惠贷款。1991 年建立的韩国国际合作署努力推动资金援助和技术合作。作为新的捐助国，韩国不断加大其官方发展援助，为发展中国家的发展和福祉做出贡献。援助额从 1991 年的 5 874 万美元到 2018 年的 24 亿美元。韩国 2010—2019 年的官方发展援助每年平均增长 11.9%，实现援助国中最高增

---

① Ministry of Foreign Affairs of Japan. Vocational training and industrial human resources development, and employment creation [R/OL].2017. https://www.mofa.go.jp/policy/oda/white/2017/html/honbun/b3/s2_1_1_1-1_02.html.

幅，援助额增加了一倍之多，从 11.7 亿美元增加到 25.2 亿美元。

官方发展援助的规模虽不大，但自从加入发展援助委员会，援助额稳步增长，但目前预算和未来计划都低于国际承诺的目标。2019 年韩国官方发展援助由于双边援助的增加，比 2018 年增加了 1.6 亿美元。韩国官方发展援助与国民收入比值仅为 0.15%，只比上年增加了一点。而从 2010 年到 2019 年，年平均增幅在 11.9%，是所有援助国中最高的，具体数额高出一倍之多，从 2010 年的 11.7 亿美元增加到 2019 年的 25.2 亿美元。韩国增长最高，其次是匈牙利，达 10.5%，德国为 7%。官方发展援助额，韩国 2019 年排第 15 位。援助总额 25.2 亿美元中，双边占 75.5%，剩下的是多边。韩国的战略规划预计未来援助额仍是稳步增长，力争援助额与国民收入比值尽快达到 0.2%，这一比例就接近了成员国的平均水平[①]。在 2020 年，官方发展援助经费中，共有 41 个机构推动 1 551 个项目，比 2019 年增 7.1%，项目数增加 147 个。官方发展援助中，2019 年双边合作与多边合作比例为 78∶22，无偿援助与贷款比例为 46∶54，多边增加 3%，无偿援助增加 3%。在 2020 年，按部门分类的官方发展援助有所增加，教育援助增加 10.4%。

在援助的地区和国家中，韩国由于地理接近和文化同族，与亚洲国家关系密切，其援助资金主要集中在亚洲。作为其加入实现千年发展目标国际计划的承诺，韩国增加了对有大量债务的非洲国家的援助，重点领域集中在减缓贫困和能力培养上。在过去 5 年里，韩国对双边援助集中的亚洲国家的援助有所下降，2015 年的援助额占对外援助总额的 46.3%。另一方面，对非洲的双边援助额稳步增长，2015 年达到 23.9%。在 2017 年，双边官方发展援助首先集中在亚洲和撒哈拉以南非洲，4.58 亿美元拨给东亚，2.83 亿美元拨给南亚和中亚，3.92 亿美元拨给撒哈拉以南非洲。

教育是援助的重要部门，是韩国的一项优先重点援助工作。在 2006 年和 2015 年，约 70.2% 的双边援助针对社会和经济基础设施发展，部门重点放在教育、健康和交通方面，这些都是伙伴国家发展战略确定的优先重点。2016 年，韩国在教育方面的官方发展援助额为 2.88 亿美元，包括双边和多边形式。在绝对值上排第七大援助国，在教育援助占比上排第六位。2016 年至 2018 年，韩国双边教育援助减少 13%，这一减少并不意味着韩国把教育从其优先援助重点中去掉，

---

① OECD. International cooperation profiles: Korea[EB/OL], OECD iLibrary, 2020.[2020-05-16] https://www.oecd-ilibrary.org/sites/d919ff1a-en/index.html?itemId=/content/component/5e331623-en&_csp_=b14d4f60505d057b456dd1730d8fcea3&itemIGO=oecd&itemContentType=chapter

也许这是韩国通过合并或组合各部委开展的援助项目来消除重复的措施。

韩国的双边援助侧重于对高等教育层级。2018年，相当一部分的双边教育援助给予了高等教育，达42%。这包括来韩国学习的国际学生的费用。这笔资金被作为官方发展援助数据来提交，但并不是跨境资金。第二大教育领域是基础教育，占22%，职业教育占15%，综合性教育占12%，中等教育占9%。这一援助比例与韩国国际合作署2016—2020年教育中期战略确定的优先重点一致。

韩国不是多边教育援助的主要援助国。2016年对多边机构的教育援助仅占其总教育援助的9%，即2 600万美元。这一款项中，57%资助世界银行国际发展协会，19%资助亚洲开发基金，12%资助国际复兴与开发银行，韩国2014年加入全球教育合作伙伴关系计划，承诺捐助420万美元。

韩国认为教育是援助的关键部门，通过教育援助，可以支持合作伙伴国家实现可持续发展目标，教育是韩国2021年国际发展合作执行计划的优先重点之一。韩国国际合作署2016—2020年中期战略认为，应通过优质教育获得全面发展，要通过加强合作伙伴国教育体系的建设来确保所有人的受教育权，该战略的三大目标为：优质教育和学习成果、对处境不利人群的全纳教育、通过确定当地劳动市场的技能短缺来改善旨在就业的技能和技术。这些目标与可持续发展目标"确保全纳和平等的优质教育及促进终身学习机会"相联。

韩国承办了"2015仁川世界教育论坛"，与会者确定了2030年教育的要素和行动框架。2016年韩国发起的4个计划有3个是教育方面的："给女童更好的生活""科学、技术与革新为更好的生活服务""建设更好的教育为非洲崛起服务"。虽然这些计划因总统遭弹劾而没有进行下去，但教育方面的预算得以保留，用于其他项目。

9. 欧盟教育援助比重较低，侧重教育政策与管理援助

欧洲委员会新任德国籍女主席于2019年7月当选后提出五大优先任务，其中一项就是发展援助与合作，重点是健康、教育、可持续发展和安全。

欧盟是教育最大的捐助机构之一。欧盟机构包括欧盟和欧洲投资银行，2016年，在教育方面的官方发展援助额为11亿美元，占欧盟机构提供的官方发展援助总额的5%，而发展援助委员会成员国对教育援助的平均占比为8%；欧盟机构通过双边渠道提供9.04亿美元，占82%，通过多边机构提供的指定性资助为1.94亿美元，占18%，这笔款项在向经合组织报送时是作为双边资助。自2014年以来，欧盟机构在教育方面的官方发展援助保持增长态势，这主要由于

应对移民问题的资金增加和由于指定用于教育的人道主义援助的增加。

2018年，欧盟双边官方发展援助在教育上的投入达12亿美元，占其双边总额的6.1%。在2016—2017年间，对教育的双边援助增加21%，从11亿美元增加到13亿美元，然后在2018年下降4%。2018年，双边教育援助投入的最大层级是综合性教育，达5.89亿美元，其中大多数支持了教育政策和行政管理。另一个重点是基础教育，占23%，绝大多数资金用于初等教育，17%拨给高等教育，传统上高等教育是一个大的受援层级，因为欧盟国家提供大量奖学金和培训。1.08亿美元用于职业支持，占教育援助总额的9%。

除了双边援助之外，欧盟机构还支持那些促进教育的倡议，如"教育不能等待"基金计划，自从该基金计划发起以来，已捐助了3 000万美元。欧盟是该计划的五大创始捐助者之一（其他四者为美国、英国、挪威、荷兰）。2018年4月，欧盟宣布资助"国际促进教育资金便利"计划，这是一个具有革新性的教育资助机制，旨在为较低收入和中等收入国家配置新的教育资源。欧盟提供的启动资金为800万美元，并承诺在2018—2020年间为全球教育合作伙伴关系计划提供4.4亿美元。该计划是一个多个利益相关者的资助平台，用于加强低收入和中等收入国家的教育体系。欧盟在教育上的援助重点列入了"人的发展和尊严"行动框架，教育被作为应对贫困和不平等的中心元素。欧盟承诺在发展援助框架下将教育作为优先重点，并把教育看作是实现可持续发展目标、减少社会不平等和推进性别平等的必需任务。2008年，欧盟要求成员国在2023年之前将官方援助中用于教育的份额增加至15%。

欧盟教育发展援助的重点领域包括婴幼儿和初等教育，其中特别关注女童和妇女教育发展。此外，教育被认为是促进青年就业、减缓移民、缓和冲突国家局势的手段。近年来，欧盟增加处于紧急状态和脆弱的国家为教育援助的重点。用于教育的人道主义援助从2015年的1%增加到2019年的10%。欧盟与受援国一道，就推动教育的三大优先部门达成共识，与各国自己的发展战略一致。

（四）受援国和地区接受教育援助情况

2018—2019年平均受援最多的国家中，阿富汗、约旦、埃塞俄比亚3国的教育系统接受的援助比例较高，其他较大的受援国接受用于教育的援助占总援助比例不高，见表4-3。

表 4-3　2018—2019 年接受官方发展援助最大国家教育受援占比

受援国	最大援助方	教育领域占比 /%	最大领域	最大领域占比 /%
印度	日本、国际发展协会、德国	4	经济设施	74
阿富汗	美国、欧盟、德国、英国	9	其他社会设施	50
孟加拉	国际发展协会、日本、亚洲发展银行	3	经济设施	60
叙利亚	土耳其	7	人道	79
印度尼西亚	德国、日本	4	其他社会设施、经济设施	33、31
约旦	美国、德国	10	其他社会设施	54
埃塞俄比亚	国际发展协会、美国	9	人道	27
伊拉克	美国、德国、日本	2	其他社会设施、人道	35、26
肯尼亚	国际发展协会、美国	4	健康人口、经济设施	26、26
尼日利亚	国际发展协会、美国	7	健康人口、经济设施	21、29

根据从发展援助委员会获得的数据，2019 年，发展中国家接受发达国家援助总额约 1 685 亿美元。其中，撒哈拉以南非洲接受援助最多，为 31.2%，其次是中东，为 14.7%，第三位为南亚和中亚，为 12.4%，见表 4-4。由此可见，援助集中在最不发达和低收入地区。发达国家上报登记的未明确具体受援国的援助额达 25%。

表 4-4　2019 年发展援助委员会统计的世界官方发展援助地区分配　　单位：百万美元

地区	接受的总援助	受援占比
全部发展中国家总计	168 558	100.0
太平洋岛国	2 271	1.3
东亚和东南亚	3 031	1.8
南亚和中亚	20 974	12.4
中东	24 808	14.7
南美	3 781	2.2
加勒比和中美	4 593	2.7
撒哈拉以南	52 630	31.2
北非	4 086	2.4
欧洲	5 383	3.2
未明确国家	42 083	25.0
整体地区	4 918	2.9

2019 年，发展中国家接受的发展援助委员会成员国提供的教育援助总额为 97.7 亿美元。其中最大的教育受援地区是撒哈拉以南非洲，为 22.3%，如果加上按照整个非洲地区上报的教育援助额，则为 23.3%，其次是南亚和中亚，占

14.1%，第三位是东亚和东南亚，为 12.6%，见表 4-5。接受官方发展援助在教育领域的资助情况虽与总援助情况大体相差不大，但还是有一定的区别的，撒哈拉以南非洲地区接受的教育援助占比要比接受的总援助占比低很多，对中东地区的教育援助仅排第四位，而对中东地区的总援助排第二位，较明显的区别在东亚和东南亚地区接受的总援助占比和教育援助占比，该地区接受的总援助占比仅为 1.8%，而接受的教育援助则排第三位。总之，撒哈拉以南非洲接受的总援助和教育领域援助都高于世界其他地区，因此，有必要对非洲教育情况进行分析。

表 4-5 2019 年发展援助委员会成员国对各地区教育援助   单位：百万美元

地区	接受官方教育援助	占比 /%
撒哈拉以南	2 177.918	22.3
南美	330.784 5	3.4
南亚和中亚	1 374.266	14.1
大洋洲岛国	217.448 7	2.2
北非	766.369 1	7.8
中东	948.008 4	9.7
东亚和东南亚	1 227.323	12.6
欧洲	584.693 9	6.0
加勒比和中美	372.871 6	3.8
非洲	100.162 3	1.0
美洲	28.490 13	0.3
亚洲	24.174 86	0.2
未明确的地区	1 614.64	16.5
总计	9 767.15	100.0

二、职业教育援助基本情况

（一）职业教育占教育总援助的比重

官方发展援助投向高等教育的份额最高，2019 年，43% 的援助国教育官方发展援助投向该层级，以发展中国家学生在援助国学习的奖学金和其他开销为主，占整个高等教育援助的 73%。与此相反，经合组织援助国为基础教育提供的官方发展援助仅占 27%，包括初等教育、婴幼儿教育、青年和成年基本技能教育，见图 4-1。2015 年，经合组织援助国在奖学金和学生开支方面的援助达 23 亿美元，高于基础教育开支（20 亿美元）。

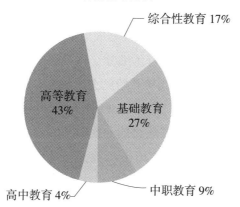

图 4-1 2019 年官方发展援助成员国对各级教育的援助情况

来源：经济合作与开发组织援助方报告体系数据。

说明：综合性教育援助包括学校设施设备建设、政策支持、综合教师培训等；基础教育包括学前、初等、初中教育、用餐及基本生活技能培训；高等教育包括高等教育领域的各种援助，以及到援助国学习的奖学金，由于高职教育被纳入高等教育一并统计，故无法计算对属于职业技术性较强的高等教育援助，如对受援国职业技术性强的学院资助或用于在援助国职业技术性强的学院学习的奖学金等，但高等教育援助中对高级职业培训援助比例约为 3%。

从教育分类看，对高等教育的官方援助呈现增长迅速态势，对基础教育的援助也有所增长。如上节所述，不同援助者的侧重点不同，世行国际开发协会侧重中等教育，法国侧重高等教育和中等教育，德国侧重高等教育，荷兰侧重基础教育[1]。

职业教育的资金占比虽有提高，但仍远不如高等教育资金占比提高得快[2]。2019 年教育援助占各领域援助总额 8.3%。其中中等职业教育占教育援助总额 8.9%，而高等教育占 42.9%（其中高级技术培训教育占总援助额的 1.3%，属于高职教育一级教育）。由于国外高等教育中有许多是涉及就业性较强的技术教育，但不与普通教育分列，因此，无法看出与中国对等的高职教育比例。

---

[1] KHARAS H. Development assistance in the 21st century[C]. Contribution to the VIII Salamanca Forum The Fight Against Hunger and Poverty.New York Wolfensohn Center for Development at Brookings,2009.
[2] KARDISH C, et al. How do donors support global education? Findings from a deep dive on education aid[EB].（2017-10-24）[2021-07-09]. https://www.globalpartnership.org/blog/how-do-donors-support-global-education-findings-deep-dive-education-aid.

（二）援助的重点地区——非洲地区职业教育基本情况

非洲集中了最多的低收入国家。非洲是国际社会援助的重中之重。非洲是世界最大的大陆，国家数量最多，一般分成撒哈拉以南非洲和撒哈拉以北非洲（北非），非洲内部也对其大陆进行了细分，包括北非、南非、中非、东非、西非①。非洲各国自 20 世纪 90 年代初开始民主选举。非洲青年一方面受对美好生活向往的驱使，被认为是"推动改变的积极分子"，另一方面，他们又由于经济脆弱性而陷入困境，又被看作是"迷途的一代"②。

根据联合国教科文组织统计所 2016 年数据，世界职业教育主要集中在高中阶段，欧洲和东亚比例最高。而在撒哈拉以南非洲地区，无论是初中一级还是高中一级，几乎没有正规的职业教育机构，见图 4-2。随着非洲全民教育的发展，非洲开发银行和许多非洲国家政府现在已经承认职业技术教育与培训也许对学校到职场的转变有积极的影响。

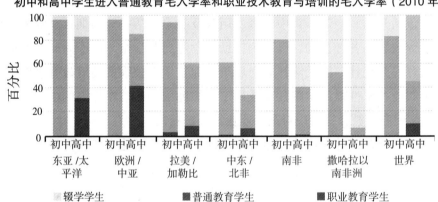

**图 4-2　世界各地区接受普通初中和高中教育以及职业教育的比例
多数学生进入高中后学习职业教育**

来源：2018 年《世界发展报告》编辑组，使用联合国教科文组织统计所 2016 年数据，数据链接：http://bit.do/WDR2018-Fig_8-2。

---

① 南部非洲包括安哥拉、博茨瓦纳、斯威士兰、莱索托、马拉维、莫桑比克、纳米比亚、南非、赞比亚、马达加斯加、科摩罗、毛里求斯、津巴布韦；中非包括喀麦隆、中非共和国、乍得、刚果共和国【刚果（布）】、刚果民主共和国【刚国（金）】、赤道几内亚、加蓬、圣多美和普林西比；东非包括布隆迪、吉布提、厄立特里亚、肯尼亚、卢旺达、塞舌尔、埃塞俄比亚、索马里、南苏丹、苏丹、坦桑尼亚、乌干达。北非包括阿尔及利亚、埃及、利比亚、摩洛哥、突尼斯。西非包括贝宁、布基纳法索、科特迪瓦、佛得角、几内亚、冈比亚、几内亚比绍、利比里亚、马里、毛里塔尼亚、尼日尔、尼日利亚、塞内加尔、塞拉利昂、多哥、加纳。

② RESNICK D, THURLOW J. African youth and the persistence of marginalization,employment, politics, and prospects for change[M].New York:Routledge, 2015.

非洲的职业教育模式种类较多。至少有以下几种：一种是占主导地位的以理论为基础的模式，如在健康职业和手工艺部门的教育，这一模式特别是在南非、喀麦隆、乌干达和肯尼亚较多。这一模式的普及度排第二位。另一种模式不太普及，主要针对以学院为基础的教育，并配有较大的实践场所。这种模式的实践部分和理论部分可以是同等分量，这种模式具有双元制教育的特点，对于这种模式有埃塞俄比亚、莫桑比克、马里、马拉维、博茨瓦纳、坦桑尼亚等非洲国家在尝试。双元制承认，有限的理论知识和不适当的实践经验都不利于进入职场的成功。还有一种模式包括非正式教育，这种模式在非洲大陆都能见到，这种模式是以工作为基础的培训，完全在职场进行。尽管这种模式在许多地方均建立了起来，但很少被官方承认，也不被职教政策所惠及。这一模式的分类层级通过两种在未来阶段的继续学习得到提高。这两种未来阶段的学习也就是第四种模式，侧重以技术为支持的学生或在职人员的远距离学习和第五种模式（侧重以在职学习和职业拓展）。这一分类并非概念性的定位，而是自然的探索性方式，这些模式的尝试也可能成为职业教育的类别。这些教育期限较短，完全非正式，使用范围广[1]。

非洲职业教育可分为3个阶段：第一阶段是20世纪50年代末到60年代，非洲由被殖民向独立转变。随着出现新教育经济学和摆脱殖民统治，人们期待扩大教育机会，非洲学校教育得到发展，开始通过工业化为国家组建和发展服务[2]。实现工业化需要通过投资公共职业教育与培训，替换高技能的外籍人士，培养本地中高级人才[3]。但很快出现"受过教育的人失业"现象。第二阶段是20世纪70年代到80年代，开始对职业教育与培训进行规划。规划反映了大量基本需求和各种现代化问题的出现。在这一阶段，职业教育受到干预调整，以便为农村和城市生活提供适当的技能。独立后的劳动市场更加需要普通教育，而不是职业教育[4]。但是，重视职业教育政策的正统观念直到世界银行20世纪80年代的研究出炉才被推翻[5]。到1990年，出行将初等教育列为优先事项，后来的全民教育以及千年发展目标强化了初等教育的重要性。尽管如此，非洲各国

---

[1] HASSLER B, et al. Technical and vocational education and training in sub-saharan Africa—a systematic review of the research landscape[R/OL].VET Repository, Bonn:BBIB, 2020. https://pefop.iiep.unesco.org/en/system/files/resources/pef000533_govet_tvet_sub_saharan_africa_2020.pdf
[2] MCGRATH S. Education and development[M]. Abingdon: Routledge. 2018.
[3] ROSTOW W. The stages of economic growth[M]. Cambridge: Cambridge University Press. 1960.
[4] FOSTER P. The vocational school fallacy in development planning[M]// ANDERSON A,BOWMAN M. Education and economic development.Chicago: Aldine，1965:142-166.
[5] PSACHAROPOULOS G. Returns to education[J]. Comparative education.1981,17 (3): 321–341.

政府对此说法不那么相信，他们认为扩大学校教育将重新引发受过教育人员的失业问题。重视普通教育的同时，世行在日常业务中仍然继续在职业教育与培训上投资。第三阶段是20世纪90年代至今，公共职业教育得到发展。世行在非洲开发的公共职业教育弥补了公共体系自身的一些弱点，提出了继续贷款的政策条件要求，即扩大学校的自主权和私人开支的新自由主义方法①。改革后的新的治理结构赋予机构更多的自治权和业务，在地方和国家层面有更多发言权，机构部门化，课程以能力为基础，建立国家资格框架，实行基于结果的资助等。

在多数撒哈拉以南非洲国家，尽管反复制定通过扩大职业技术教育来解决青年失业和促进经济增长的政策措施，职业技术教育与培训只是起到边缘的、微不足道的作用②，大多数非洲国家所有接受中等教育的学生中接受职业教育的学生比例在10%以下。

从非洲现状看，非洲发展职业教育不仅要考虑实践课，也要考虑成本效益问题和与劳动市场需求是否贴切问题。此外，职业教育不能简单地理解为仅仅侧重技术能力的培训，而是要作为类似普通教育的教育，即帮助学员自我发展，提高理解力，承担社会责任。也就是通过职业教育不仅从经济角度而且从社会角度进行发展和改革。

（三）个别援助国在职业教育方面的援助

深入研究一些援助国，阐述它们对发展中国家职业教育援助的案例经验，有助于思考如何有效开展职业教育援助。本研究选择了3个援助国，选德国是因为德国重视通过海外职教援助来提升德国影响力，推动德国制造；选择法国是因为法国教育行政体系与中国有相似之处，可以通过法国对外职教援助，了解其援助战略；选择韩国这个援助额远小于德法的国家作为案例，一是因为韩国与中国同是东亚国家，有文化上相似，二是因为韩国重视职业教育输出，三是韩国也经历了从受援国到援助国的过程。

1. 德国重视推动其双元制和对德国设备的采买

德国联邦经济合作与发展部主导德国国际职业教育援助。它管理德国国际发展署，与德国行会关系密切，而德国行会主要负责德国高中阶段职业教育中

---

① MCGRATH S, LUGG R. Knowing and doing vocational education and training reform[J]. International journal of educational development. 2012, 32 (5): 696-708.
② OKETCH M. Cross-country comparison of TVET systems, practices and policies, and employability of youth in Sub-Saharan Africa[M]// EICKER F, HASELOFF G, LENNARTZ B. Technical and vocational education in sub-saharan African contries: current situation and development.Bielefeld:W.Bertelsman Verlag，2017.

的职业证书教育，它出席德国在华举办的年度世界职业教育大会，德国驻上海商会的 140 多人中有 7~8 名员工专门负责职业教育合作。

德国 2017 年发布的《非洲经济发展——挑战与选择》列出了 16 项改善与非洲经济关系、促进可持续发展、强调对劳动者进行职业教育与培训的措施。德国在撒哈拉以南地区将职业技术教育与培训内容纳入基础建设项目，并利用这些项目作为促进职业技术教育与培训的手段。

经济部下属国际发展署执行的 2018—2021 "职业教育与培训项目"旨在帮助德国的合作伙伴国发展职业教育。它协助制定德国本国和德国国际援助政策中的职业教育战略和工作方法。它的一项中心工作是向经济部就职业教育趋势和问题提供综合咨询服务。该项目集中在更新经济部现有的职教战略和工作方法，提高这些战略和工作方法在德国和国际涉及发展政策的机构和人员心目中的地位。该教育项目的咨询工作方法建立在国家一级和国际一级有关职业教育以及已完成或正进行的职业教育项目的成果和经验教训基础上。在此基础上提出战略建议和革新内容。该项目提供的咨询服务包括以下 3 个方面：增加职业教育在发展合作中的知名度；开发职业教育关键革新内容；将革新内容纳入职业教育项目。职业教育自 2010 年以来已经在德国发展政策中获得重要地位，显示出其贴切性。这一点也反映在德国经济部对德国国际合作机构在职业教育方面的资金承诺数量上。德国在促进职业教育方面是目前世界占据领导位置的双边捐助国。最近几年在职业教育官方发展援助项下提供的资金甚至超过了欧盟委员会和世行。

在该项目的支持下，不论是在德国还是在国际上，经济部在职业教育革新内容和趋势上能够处于有利的位置。在国家一级，德国政府在国际职业教育合作方面的战略促进了部委间的合作。另外，德国在多边和国际活动中的地位得到加强，例如，2016 年 5 月承办亚洲开发银行年度会议，确立可持续发展目标；向联合国教科文组织职业教育中心派遣借调人员，加强国际参与；2013 年在德国联邦职业教育研究所下建立由德国开发署和联邦外事办公室参与的"德国职业教育与培训国际合作中央办公室"，加强向世界推介双元制职业教育。该项目已经开发了若干职业教育文件，包括"在非正式经济中的学习与工作参与，技能培训和过渡"在线工具包。工具包为支持该领域的政策制定者和机构提供信息。

经济部参与职教的侧重点放在信息与通信技术、被迫流离者与移民、在非正式经济中培养能力、农村地区和脆弱国家的职业教育和性别平等上。

2019年，德国教育援助占其总援助的13%，达27亿美元。其中综合性教育援助占13%，基础教育占9%，高中教育占16%（中等职业教育占15.6%），高等教育占62%。由此可见，在高中一级援助中几乎全部属于中等职业教育范畴。德国高等教育援助中的大部分是赴德奖学金，而其中相当一部分是进入德国应用科学大学接受高等职业技术教育，另有在受援国开展的高等技术培训（0.7%），这样，德国在职业教育方面的援助比例相当高。援助内容多样化，例如，对埃塞俄比亚提供1 400万美元支持该国职教师资培训、设备采买和使用的全面发展，援助阿富汗职教体系建设877万美元，向尼日尔提供872万美元来加强职业教育，改善特定地区的就业，为埃及提供694万美元来改善双元制教育，提供595万美元给尼日利亚以促进青年就业培训，给予越南592万美元将绿色经济需要纳入职业技术教育，为莫桑比克职业教育学校土木工程、设备和教学措施提供资助566万美元，为土耳其提供560万美元以支持叙利亚难民和土耳其弱势群体就业培训，支持埃塞俄比亚1 100万美元发展职业教育一揽子计划和高等工程教育改革，出资500万美元改善约旦河西岸和加沙地带巴勒斯坦青年培训条件，为黎巴嫩境内难民培训提供450万美元支持，等等，德国提交的援助项目达400项，多数为10万美元以下的项目，有一部分项目是有事先指定的绑定项目的。总之，从项目介绍看，更多地将资金用于购买设备、提供职教体系建设咨询等。

从德国的援助部委看，主要有外交部、经济合作与发展部、教育与研究部、个别联邦州及德国复兴信贷银行等。从受援国看，在非洲、亚洲、中东、拉美和欧洲均有，分布和覆盖广。非洲的受援国有其前殖民地国家，更多是非殖民地国家，如埃及、突尼斯、阿尔及利亚、摩洛哥、埃塞俄比亚、喀麦隆、加纳、坦桑尼亚、多哥、莫桑比克、南非等，亚洲包括阿富汗、老挝、中国等，拉美包括墨西哥等。

中国受到的援助全部是贷款性质，但是占总教育援助的40%，受援地区主要分布在山东、云南、四川、贵州等地，贷款来自德国复兴信贷银行，受援助的机构包括新疆职业大学（迎宾校区实训楼建设和设备采买）、贵州工业职业技术学院、云南楚雄医学院、云南保山中医院高等专科学校、六盘水职业技术学院、重庆高等职业技术教育发展计划、重庆巴南高级职业中学、襄阳技师学院、云南国土资源职业学院、南宁职业技术学院、潍坊职业学院、黑龙江七台河技师学院、山东职业技术学院、咸阳职业技术学院、安徽淮南职业教育中心、安顺职业技术学院、新乡农林学院、广西现代职业技术教育发展计划、贵州建筑学校、湖南张家界航空工程学院、重庆邮电大学、宣城职业技术学院等。援助内容主要为实训室建设和设备采买。由此可见，尽管西方发展援助委员会要求成员国将援助集中在低收入国家，中国也早在 20 世纪 90 年代末被世界银行从接受贷款国名单中去除，但德国还是将援外贷款给有能力偿还的中国，这样，中国既从德国购买设备，扩大了德国商品宣传，又要进行部分还款。

2. 法国注重在前殖民地国家推动职业教育学习

法国重视教育外援。法国和德国是教育方面的官方发展援助的最大国家。法国曾是第一大教育援助国，后来被德国赶超。

在发展合作方面，法国的愿景文件包括了法国国际合作行动战略，战略是以部门和主题筹划。核心部门是教育培训。重视教育方面的发展合作并把它作为重中之重，可以为千年发展目标做出贡献。但是，在教育重点层级方面，法国将很大的力量集中在高等教育。

2019 年，法国教育援助占其总援助的 13%，为 13 亿美元。其中综合性教育援助占 6.9%，基础教育占 9%，高中教育占 9%（中等职业教育占 6%），高等教育占 68.6%。由此可见，法国职教援助力度仅是德国的一半，中等职业教育方面的援助仅占教育援助的 6%。法国高等教育援助比值高出德国，其中的大部分是赴法奖学金。这样，法国在职业教育方面的援助比例有限，援助内容更多集中在帮助受援国开展职业教育政策改进和教学与培训提质，例如，为其海外领地瓦利斯群岛和富图纳群岛中等职业教育教学人员资助 127 万美元，为突尼斯提供 1 343 万美元以改善职业教育为涉农部门需求服务的能力以及 205 万美元以对青年就业进行培训和指导，为布基纳法索职业教育政策资助 273 万美元，为吉布提中等职业教育体系改革和纳入法语教学提供 10 万美元，提供 290 万美元给马达加斯加以改革学徒制教育、建立公私合资发展职业培训基金和培训职业教育师资等，为塞内加尔提供 623 万美元用以支持职业教育质量改进和提高培训中心质量等，为马里提供 155 万美元以促进职业教育满足马里重要地区涉农企业需求的能力，提供给海地 117 万美元用以支持青年就业能力培训，为约旦提供 146 万美元以帮助来自叙利亚难民以及约旦弱势群体就业培训，为土耳其女性就业计划提供 2 239 万美元援助，等等。法国上报的职业教育类援助项目数量达一百多项，30 万美元以下的项目较多，包括较多的管理和教学人员的费用项目。

从法国的职业教育援助部委看，主要有外交部、发展署及合作下放的相关部门等。从受援国看，在非洲和亚洲居多，集中在海外领地、殖民地国家；非洲的受援国主要是其前殖民地国家，如突尼斯、阿尔及利亚、摩洛哥、马达加斯加、贝宁、多哥、塞内加尔、乍得、刚果、马里，也有非前殖民地国家，如埃塞俄比亚、中非、肯尼亚、埃及、毛里塔尼亚等，亚洲包括越南、柬埔寨、老挝等，中东包括黎巴嫩、约旦、伊朗等，拉美包括海地、秘鲁等。

3. 韩国注重于将其职教经验推广给受援国

韩国国际发展合作委员会讨论和协调国际发展合作的重大政策，制定国别合作伙伴战略，国别合作伙伴战略是官方发展援助的国家战略，包括诸如交通、教育、健康等关键领域和执行规划。韩国不仅为24个主要伙伴国家建立战略，还展示诸如制度变革等变化并公布新的发展战略。2017年12月，委员会在中期评估后批准国别合作伙伴战略的修订和补充，以便加强以国别划分的官方发展援助战略的有效性。

韩国利用教育来发挥其工具价值，其职业教育在教育援助中占有支配地位。韩国特别重视职业教育援外，他们认为从发展中国家情况看，教育政策专家缺乏，韩国自己使用职业教育来刺激经济增长的经验可以分享，职业教育在文化敏感性上比较"安全"。

由于1960年1月颁布《外国投资促进法》，来自美国以外的发达国家的大量外国投资进来，并与五年经济发展规划一起得到积极执行。20世纪60、70年代，韩国政府还请求国际援助来支持其职业教育，德国和日本、美国、世界银行、亚洲开发银行和国际复兴和开发银行都曾援助韩国发展公共职业教育体系[1]。韩国从1945—1999年接受了127亿美元的援助。1995年，韩国不再需要世界银行贷款，被移出受援国行列。1991年，联合国开发计划署承认韩国成为新的技术援助的捐助国，韩国开始全面成为发展援助的出资国。

韩国援助方式以项目为主要形式。例如，2012—2014年间，东亚地区官方发展援助在职教方面的资助中89%是项目形式[2]。

韩国政府为发展中国家推动在职业教育方面的有效官方发展援助政策。韩国在职业技术教育与培训方面的官方发展援助有其突出特色。此外韩国政策与

---

[1] LEE H J. Economic aid policies of the United States for the Republic of Korea 1948–1960[M]. Seoul, Korea: Hye An, 2009.
[2] PALMER R. Financing TVET in the East Asia and the Pacific region: current status, challenges and opportunities[M]. Korea-World Bank partnership facility,2017.

体系的良好实践为发达国家和发展中国家之间建立了坚实的桥梁①。韩国通过其职业教育经验帮助发展中国家制订规划。

韩国对发展中国家的职业教育援助集中在建设职业培训学校和机构来扩大公立职业教育体系，韩国还支持职业培训活动，提供设备和培训材料，派遣技术顾问，要求受训者参加在韩国举行的培训活动②。

许多国家对韩国经济发展和职业教育成功的故事越来越感兴趣。韩国从1945年解放到经济重建得到美国等若干发达国家的援助。美国到20世纪50年代末一直是韩国的最大援助国，1957年开始援助资金下降，1959年末贷款替代了援助。

职业教育援助是韩国政府推动的官方发展援助中最突出的项目。这个项目能够通过与职业教育相联系的合作来形成巨大的合成效益。既然职业教育援助分量将在未来不断增加，那么，有必要建立多个模式并根据不同国家的要求提高综合支持。

主要伙伴国家及修订的战略如下：在亚洲有越南、印尼、柬埔寨、菲律宾、孟加拉、蒙古国、老挝、尼泊尔、斯里兰卡、巴基斯坦、缅甸，做出的战略调整为，在柬埔寨维持现有重点领域，增加资助计划，如基础设施建设和政策咨询，以支持当地政府的战略目标工业化；在缅甸，应当地政府的要求把教育当作一个新的重点领域；在菲律宾，维持现有重点领域，发现和促成灾害预防项目，以便与气候变化/保护低收入人群目标相一致；在非洲戛纳、埃塞俄比亚、莫桑比克、卢旺达、乌干达、坦桑尼亚、塞内加尔，国别战略没有调整；在中亚乌兹别克斯坦和阿塞拜疆，为乌兹别克斯坦提升地区发展能力，这是韩国政府的重点；为阿塞拜疆维持现有重点领域，根据当地政府要求，增加旅游和中小企业支持计划并具体落实。在拉丁美洲哥伦比亚、秘鲁、玻利维亚和巴拉圭，国别战略没有调整。

发展援助的计划制订进展：整个进程包括规划、执行、监测与评价、反馈等。在规划阶段，中期战略和国别战略为执行机构设计相应的国别援助计划提供指导。每个机构通过咨询伙伴国来确定候选计划，并从综合角度来评估可行性。一旦执行机构决定了援助计划，以支持和制定下一年工作方案，委员会就会审议整个官方发展援助计划，以预防各机构计划的重叠，促进部委间合作，提高

---

① LEE M Y, LEE N E. TVET development and ODA for developing countries[J]. STEPS,2020(4) [EB/OL]. https://www.cpsctech.org/2020/09/tvet-development-and-oda-for-developing.html.
② CHUN H M, EO K C. Aid for skills development: South Korea case study[R]. Paper commissioned for the EFA Global Monitoring Report 2012, Youth and Skills: Putting Education to Work,2012.

效率，特别是在同一国或地区的效率。

在执行阶段，执行机构根据它们自己的程序执行计划，但所有机构应该遵循战略规划专门做出的规定，如不能附带条件地援助，要考虑交叉整合问题，注重管理发展结果等。所有在进行的计划进展都在委员会一级和机构一级得到监督。委员会建立一个综合监测体系，即一站式数据库，来监测所有官方援助项目的执行情况。通过使用数据库系统，每个援助机构一一输入项目细节，如国家、方式、体量、时期和进步。这一体系将便于信息分析和发展参与者之间的相互审查，将至少每4个月更新一次，或在任何必要时更新。

评估和反馈在中期活动结束时进行。有双轨评估体系，一个是综合评估，另一个是自我评估。自我评估由执行机构分别进行，综合评估由委员会下面的总理办公室的国家议程副部长主持的评估分委员会管理。对于韩国国际合作署和经济发展合作基金，他们有自己的评估办公室、指导准则和中期和年度评估计划以及反馈体系，但是，多数其他机构没有组织缜密的评估系统。委员会在2009年制定了一个综合评估机制。委员会还制定了国际发展合作评估指导原则，在框架法的基础上评估相关的政策和项目成果。在综合评估体系下，每个执行机构提交其自我评估报告给评估分委员会。这个分委员会也评估随机选中的项目，以确保评估的客观性[①]。

越南是韩国的第一大受援国，2016年，越南获得韩国在亚洲地区官方发展援助的15.6%的援助额，占韩国在世界的官方发展援助的5.87%，援助趋势有望在近年加强。重大项目包括建立越南北江省韩国－越南技术学院（2010—2013年，2012年8月31日经越南劳动、战争残疾人和社会事务部决定建立，建设项目总投入为1600万美元，韩国国际合作署提供1000万美元，剩下的由越南北江省提供）；改善多乐省中央高地少数民族青年职业学院（2013—2016年）；改善义安省韩国－越南工业技术职业学院（2014—2016年）。

2019年，韩国教育援助占其总援助的12.2%，为2.5亿美元。其中综合性教育援助占12.5%，基础教育占21.5%，高中教育占27.4%（中等职业教育占15.9%），高等教育占38.6%。由此可见，中等职业教育占比较高。韩国高等教育援助比例虽为各类教育中最高的，但比值仅是德国、法国的一半。但韩国在受援国开展的高等技术培训方面比例较高，达5.9%，这样，韩国总体职业教育

---

① OECD. International cooperation profiles: Korea[EB/OL], OECD iLibrary, 2020.[2020-04-16] https://www.oecd-ilibrary.org/sites/d919ff1a-en/index.html?itemId=/content/component/5e331623-en&_csp_=b14d4f60505d057b456dd1730d8fcea3&itemIGO=oecd&itemContentType=chapter

援助超过教育援助总额的 1/5。

　　援助内容还包括在非洲和中亚培训机构建设和派遣志愿者援助职业教育方面，例如，为乌兹别克斯坦建立职业培训中心和建设咨询提供 263 万美元支持，为土库曼斯坦职业教育设施、设备和人员培训提供 336 万美元援助，提供 366 万美元以支持孟加拉职业教育体系的改善和提级，提供 80 万美元以支持老挝 3 个地区的培训中心应对环境问题能力、培训中心师资能力和妇女就业能力，为卢旺达提供 54 万美元以支持与其他合作伙伴共同建立培训中心和开展培训，为埃塞俄比亚提供 49 万美元以建设职业学校并提供培训教材、邀请赴韩培训、提供专家咨询，提供给喀麦隆 214 万美元以建设职业教育学院并提供教材、培训教师和提供专家咨询，为马达加斯加、肯尼亚、乌干达、坦桑尼亚、埃塞俄比亚各提供 19 万美元以改善职业教育、提高青年接受体面工作能力和创业能力，援助肯尼亚和索马里农村和女性职业培训计划各 120 万美元，援助缅甸职业教育的官方、青年和非政府志愿者费用 29.6 万美元，援助菲律宾、乌兹别克斯坦、孟加拉职业教育的非政府志愿者费用分别为 11.8 万美元、12 万美元、12 万美元，援助越南、东帝汶、泰国、菲律宾、老挝、柬埔寨、摩洛哥职业教育的官方志愿者费用分别为 66 万美元、17 万美元、47 万美元、18 万美元、14 万美元、44 万美元、16 万美元，为冈比亚提供 70 万美元以支持改善面向青年的职业教育体系，为越南提供 63.4 万美元以建设网上教学平台和就业信息平台、建立公私合作加强职业培训机制等，为东帝汶提供 52 万美元以建设焊接教育专业，为加强老挝信息技术培训中心能力资助 21.5 万美元，为埃塞俄比亚提供电子和信息技术教育专家费用 26 万美元，为缅甸职业学校的食品和饮料专业建设提供 17 万美元援助，为菲律宾灾害地区迁移人口培训和就业提供 32.6 万美元援助，为斯里兰卡两所职业培训中心的建设和发展提供 408 万美元贷款，为阿塞拜疆工业方面的培训提供 942 万美元贷款。从以上可以看出，韩国职业教育方面援助项目规模普遍较小。项目数为 125 个。

　　从韩国的职业教育援助部委看，主要有合作署、相关部门和进出口银行等。从受援国看，亚洲、非洲、拉美居多，亚洲的受援国如蒙古国、老挝、柬埔寨、越南、乌兹别克斯坦、土库曼斯坦、印度尼西亚、孟加拉、缅甸、印度、斯里兰卡等；非洲的受援国主要是乌干达、马达加斯加、肯尼亚、卢旺达、埃塞俄比亚、莫桑比克、赞比亚等，拉美包括巴拉圭、秘鲁、玻利维亚、哥斯达黎加、哥伦比亚等。

（四）职业教育对外援助的主要特点

援助似乎很趋向于集中在由于历史和地缘政治原因与捐助国有特殊联系的国家，而不是集中在某个业务部门。例如，法国的援助以历史上的海外领地、非洲和亚洲殖民地为主；德国则更多地与能带来潜在的经济市场利益的国家进行合作。如上所述，职业教育的官方发展援助保持稳步缓慢增长。发展援助委员会成员国只对中等职业教育进行统计，高等教育中的就业性强的短学制技术教育不与高等学术教育区别开来。帮助建立职业学校的援助项目仍然不少，通过援建，校名可以纳入援助国名字，建设的构架有援助国的影响，配备的设备可以在援助国采买，教师可以到援助国受训，援助国在多个方面影响受援国。德国向世界展示双元制职业教育的成功经验。韩国在亚洲通过职业教育项目来介绍发展经验，碎片化小项目较多，也许更多的小项目比把援助资金集中在几个大项目上对受援国社会带来的影响更大。

三、国际教育援助的主要问题

（一）教育援助协调不力

1. 多边教育援助分散，缺乏协调

国际多边援助缺少协调一致。尽管联合国教科文组织是联合国系统专门负责教育的机构，但它并没有成为多边机构教育援助的中心，也没有成为教育援助的协调机构，它不像联合国开发计划署和联合国儿童基金会以资助为主，它侧重智力合作，也就是说偏重技术合作。尽管国际教育发展成为联合国多边机构和双边援助机构的一个重要活动领域，但随着各类多边机构的出现，国际教育合作的多边构架变得模糊。援助机构各行其是，缺乏政策和行动的统一。它们只是认为教育能促进发展，是有用的工具。

西方引领的教育体系的构架在教育为发展服务体系的建设中发挥"租用"或驱动作用[1]。联合国教科文组织作为教育的领导者，通过雄心勃勃的教育发展地区大会和目标来确定工作目标和启动教育援助，但在20世纪70年代和80年代，该组织被有限的资源和强烈的政治化所削弱，从未努力展示其政治能力来协调致力于教育发展的众多新机构。在20世纪60年代，联合国儿童基金会开始发

---

[1] MEYER J W. The effects of education as an institution[J]. American Journal of Sociology, 1977, 83(1).

展其教育的独特方法,以世界儿童的名义行动,而不是与联合国教科文组织携手。20世纪60年代,世界银行进入角色,到80年代,它在专家方面独立于教科文组织。但它不重视协调其他捐助机构的教育活动,而是侧重为其教育活动开发经济原理,以支撑其发展教育的独特方法①。20世纪60年代到90年代,雄心勃勃的教育为发展服务活动的全球协调是失败的,而且相当快地走向了失败。例如,20世纪60年代教科文组织的普及初等教育地区会议,70年代经合组织发展援助委员会在其成员国中协调教育部门活动的努力,80年代世界银行在撒哈拉以南非洲的倡议,1990年在宗滴恩举行的世界全民教育大会等。

教育援助的分散制约了各种相关专家群体的发展。从高水平的劳动力规划到职业教育、非正规教育、成人扫盲、高等教育,含糊且宽泛的工作清单在一系列国际会议和出版物上得到认可。教育援助方面的专家团队越来越庞大,大部分在国际组织和研究所楼里就职,难以推动援助国实现共同的议程,因为他们对优先重点的评估和确定转换太快,分歧很大②。他们有的把教育看作是生产性投资,有的把教育看作是人权。除此之外,还存在许多小的分歧,他们把全民教育和高等教育、初等教育、职业教育及非正规教育新发展承诺看作是未来发展的"魔力药丸"③。国际社团允许口头承诺和实际行动的松散结合,认可确立优先重点和综合开展工作的方法。最后,教育援助体系拥有的参与者十分有限,援助方式也很固化。官方参与者占主导地位,如教科文组织、儿童基金会、世界银行等多边国际组织和双边援助组织。

第二次世界大战后出现的援助体系呈高度非集中化,这反映了一些世界政体的基本结构特点。教育的重要性得到国际广泛认同,但教育发展的一系列共同优先重点却从未获得有效认同,积极参与教育发展的国际援助组织没有起到更好的舵手作用。国际组织开发了教育发展方面有竞争力的计划、重点和工作方法,但各种计划却极其缺乏协调性④。

在"世界教育联盟""教育融资国际便利工具""教育不能等待"基金等计划中,援助国应该协调一致地开展工作,以使这三大倡议避免不必要的行政开支

---

① MUNDY K. Retrospect and prospect: education in a reforming World Bank[J]. International journal of education development, 2002(22):483-508.
② CHABBOTT C. Constructing education for development: international organizations and education for all[M]. London:Routledge, 2003.
③ MUMDY K. Educational multilateralism and world (Dis)order[J]. Comparative education review, 1998, 42(4): 448–478.
④ MUNDY K. Education for all and the new development compact[J/OL].Review of education,2006,52(23–48)[2021–07–05] file:///C:/Users/z/Downloads/Mundy.K.2006.ReviewofEducation.52.pdf.

和重复工作。然而，新的融资设施是不够的，援助国必须做出努力，有效增加国际教育资金的投入。另外，他们必须加大承诺，至少拿出国民收入的0.7%并确保其中10%用于教育援助，确保对教育的援助能够分配到急需的地方。

2.官方教育援助机构协调能力有限

在碎片化多边援助努力的同时，几乎每个工业化国家也将教育部门计划纳入双边援助计划，各国投入教育的占比差别较大，占双边官方援助总额的比例从3%到30%。没有哪一个双边援助国与其他援助国比谁出资更多，或可以向其他国家提供智力和政治导向，甚至就连在全球体系中的霸主美国也做不到。结果是一个教育为发展服务的体系拥有许多小到中等的、短期的、经常相互误解的双边活动。

国际双边援助机构的协调机构对教育援助重点不断调整。国际教育合作出现如下特点：尽管接受教育权利和大众公共教育受到国际社会的一致重视，但这些要素起初并没有成为发展援助的重点，援助国认为受援国政府应该资助和提供全面的初等教育，而教师和教材这些开支占教育的大头，不能划在外部资金援助范围内，因为外部资助这些长期需求的开支是不可持续的。

援助国根据他们自己的地缘政治和经济利益从中挑选他们的重点和方法。援助国担忧去殖民化和冷战的不利后果，参与援助的模式自相矛盾，一方面对普遍的、平等的、大众的基础公共教育理念提供口头支持，另一方面，却把他们的教育发展援助资金用于初等教育之后的教育和高水平专家培训计划。实际上，援助国希望将其援助与其经济和政治利益捆绑，援助更多地面向初等教育以上教育、奖学金和建设校舍等。例如，法国、英国和澳大利亚都把重点放到奖学金和提供师资上面；其他如北欧国家则把职业教育、成人教育和扫盲教育作为援助的重点。所有做法都超出了支持受援国教育改革规划系统和援助国协调努力的范围[1]。

由此可见，尽管全球承诺普及受教育权，但世界政治以国家为绝对中心的架构限制了集体行动和协调行动的空间。专家和资金的流动高度碎片化，经常以捐助国地缘政治或经济利益和多边专门组织的特别工作方法为基础，而不是集体确定全球教育需求的优先事项，不是在发展中国家协调行动。

---

[1] KING K. Aid and education in the developing world: the role of the donor agencies in educational analysis[M]. Essex: Longman. 1991.

南部国家政府是这一体系的目标和受援国，但常常却不是积极的参与者[①]。非政府参与者几乎不能介入该官方体系，不能被官方体系承认。那些国际教师联盟、国际人道主义和宗教组织，他们对教育有浓厚的兴趣，他们开展的活动比官方教育援助还早，他们却被排挤在大会和公约之外[②]。总体来说，教育发展被看作受援国政府的工作，多边和双边只是用其资金和专家对教育进行支持，援助方式遵循这个基本框架，侧重双边资助和贷款并提供相应的技术合作。

项目不平衡和活动重叠。现有许多致力于教育援助的机构，但存在不平衡和重叠现象。例如，在吉尔吉斯斯坦，亚洲开发银行和世界银行都发起了同样的教科书项目，导致一部分地区使用亚洲开发银行的教材，另一部分使用世行教材。

（二）援助额与实现目标和满足需求相去甚远

2017年教科文组织全球教育监测报告指出低收入和中低收入国家的开支不能承担起实现可持续发展第四项目标所需的费用，外援应该填补这一资金缺口。但对教育的援助额自2010年以来一直停滞不前，甚至下降，援助并没有指向最为需要援助的国家，距离实现全球教育的目标越来越远。2015年，教育援助额占援助总额的4%，远远低于实现可持续发展第四项目标所需经费。教育经费的停滞原因不能归于移民危机和涌入欧洲的难民潮，更大的原因是援助国改变了援助重点，牺牲了教育经费。例如，道路交通方面的援助过去一般只占教育援助的1/3，现在已达到持平或高出。

对基础教育的援助必须更多更好。尽管对基础教育的援助年增长8%，但仍然比2010年的比例低6%。

2015年低收入国家收到的教育援助为19%，其中23%用于基础教育，十年来保持不变，只是2015年开始下降。世界银行统计基数是根据最低收入国家的数据，而联合国的统计则根据最不发达国家的数据。无论如何，对基础教育的援助与实现所有儿童就学所需费用相去甚远。此外，援助不能救其所需，例如，2012年，布基纳法索有49%的儿童需要就学，所需费用达1.82亿美元，而该国仅得到0.17亿美元援助。津巴布韦让2%的失学儿童入学仅需要1 100万美元，

[①] SAMOFF J. Institutionalizing international influence[M]//ROBERT F,ARNOVE R F,TORRES C.Comparative education: the dialectic of the global and the local. Lanham, MD: Rowman and Littlefield.1999.
[②] MUNDY K, MURPHY L. Transnational advocacy, global civil society? emerging evidence from the field of Education[J]. Comparative education review,2001,45(1):85-126.

但却获得 3 100 万美元援助。世界教育联盟将其 77% 的拨款给予撒哈拉以南非洲，几乎 60% 给予经历冲突和能力脆弱的国家，帮助最需要的国家。它的拨款依据两个因素：受援国教育部门的必须事项和受援国的生活水平。

2015 年对中等教育援助额下降 1/10，降到 2010 年的水平。G7 国家中有 3 个没有处在前 10 名援助中等教育的国家，加拿大位居第十一位，美国第十五位，意大利第十八位。而多边捐助机构自 2009 年以来对中等教育的帮助增加了 25%，2014—2015 年降低了 10%。总之，在 2015 年，多边援助机构对基础教育的援助占所有援助的 38%，而 2009 年为 32%。

人道主义性质的对教育的官方发展援助在 2016 年增加了一半以上，但仍然是远远不够的。

在过去的 5 年里，处于危机地区的教育资助请求增加了 21%，自从 2013 年以来，在此方面的筹资得到恢复，2016 年增加了 55%，达到历史最高水平。然而，这些量是不够的。危机地区的教育收到了人道主义援助总额的 2.7%，远远低于 4% 的目标。2016 年，教育方面接收到它在人道主义援助上所需求的数额的 48%，而所有方面的平均值为 57%。

援助资金短缺和援助额不稳定。联合国教科文组织的预算仅为美国一所研究型大学的预算，世界银行拨给教育的部分只占 4%，这一比例与 20 年前不相上下。不仅资金不足，教育援助随国内优先工作和军事和商业利益而并行发生变化。此外，还有很多教育援助被分散的例子以及教育界普遍的贪污腐化例子。

监测报告评估了教育领域募资平台"全球教育伙伴关系"受疫情影响的情况。结果显示，目前从批准资金到发放资金之间有约 3 年的滞后期；其在 2019 年调配的资金额度下降到了 2010 年水平；2018 年投入低收入和中低收入国家基础教育的援助总额中，该平台调配的经费占 6.7%，最高值是 2014 年的 11.4%。

目前对教育援助的水平远低于可持续发展议程第四项目标所需的必要数额，若干新兴的融资方案，如"世界教育联盟"的补给运动寻求在 2018—2020 年间募集 31 亿美元，目标是在 2020 年实现一年 20 亿美元。"教育融资国际便利工具（IFFEd）"是"资助世界教育机会国际委员会"提议的，可以促进接近 100 亿美元作为 2020 年每年追加的融资，这笔钱用于发展银行开展它们的教育项目，以中低收入国家为主要对象。"教育不能等待"基金于 2016 年建立，其目标是到 2020 年筹集 38.5 亿美元，此笔款项将改变处于紧急状态地区的教育状况。但这些新融资是不够的，捐助国必须做出努力，有效增加国际教育资金的收入。

另外，他们必须加大承诺，至少拿出国民收入的 0.7% 并确保其中 10% 用于教育援助，确保对教育的援助能够分配到急需的地方。

（三）疫情严重影响未来教育援助

联合国教科文组织全球教育监测（GEM）报告发布的最新政策文件显示，2018 年教育援助总额达到了有史以来最高水平。然而据该文件估计，由于新冠肺炎疫情造成的经济衰退，从 2018 年到 2022 年，全球援助总额缩减幅度或将高达 20 亿美元，这将导致国际教育援助下降 12%。

如果不采取新的措施，这将意味着教育援助在 2024 年只能回到 2018 年的水平。在疫情对教育造成前所未有的严重破坏之后，这一趋势可能会对教育复苏构成严重威胁。

"正当教育援助看似已经恢复势头之时，新冠肺炎疫情又让我们面临倒退几年的困局。"教科文组织总干事阿祖莱说，"面对疫情造成的破坏，教育援助可以说比以往任何时候都更为重要。各国将需要更多的资金来应对此次疫情。无论是在对外援助还是国内拨款上，教育都必须作为优先事项，以避免全球教育目标——可持续发展目标的实施受挫。"

2018 年的教育援助达到了 156 亿美元，这是有史以来的最高额度，比上一年增长了 9%。从 2017 年到 2018 年，基础教育援助增长了 6%，中学教育援助增长了 7%，高等教育援助增长了 12%，每一项的援助金额都创下了历史最高纪录。

在评估新冠肺炎疫情的影响时，全球教育监测报告文件估计此次疫情可能造成比 2007—2008 年的金融危机更大的冲击，因为预计居前十位的双边教育援助方的经济衰退幅度将是上次金融危机期间的近两倍。

全球教育监测报告负责人安东尼尼斯（Manos Antoninis）说："截至目前，各国政府已投入约 8 万亿美元用于应对疫情，帮助保障卫生系统和提振经济。但援助的前景与危机对援助方预算的影响有关。以往金融危机对援助分配的影响会持续到危机结束之后的数年，因此，我们不应低估此次疫情对未来几年社会服务的影响。"在接下来的 12 个月中，3 项捐助者政策回应将十分关键。首先，新冠肺炎疫情也是一场教育危机，教育在援助总额中的占比必须维持。其次，由于各国需要额外预算应对疫情，这是此前未曾预见的支出，因此有必要确保支持的灵活性，以便可以对现有计划进行重组和调整，帮助各国确保疫情只是暂时的挫折。最后，传统双边援助计划执行中的障碍可能会为双边援助者提供机会，整合之前分散的援助努力，从而通过多边渠道调配更多资金。

从理论上讲，在受援国一直支付本金和利息的情况下，债务免除可以释放受援国资金，减少贫困。但获得债务免除的受援国与未获债务免除的受援国对比研究认为这一数额微小，没有什么证据来支持债务免除能够增加总体公共开支或增加诸如教育和医疗卫生方面的公共开支[①]。

（四）受援国教育主事权缺失

通过提高学校和教育部参与开展和管理教育的人员的技术能力和专业水平，提升受援国教育方面的能力，是改善教育质量的更为系统性的工作方法的关键组成部分。但如受援国相关机构不开展大量工作，能力培养就难以做好。到目前为止，受援国出资提高教学质量的情况很少。这一部分原因是援助国主要关心的通常是根据规划来完成能力培养计划本身而已，完成了计划就证明工作的成功。这就导致片面追求短期成效，例如，改革从未被纳入教育部正常运作中。

援助国显然不能为确保受援国领导和政策制定者拥有能力培养计划的主导权而承担责任。但是，如果没有受援国相关方的自主权，虽会缺少培养能力的可持续性，援助则不会大幅减少。当援助国主导能力安排时，受援国部委官员会同意开展所建议的计划，并与援助国一同努力实现目标，工作人员也能得到良好培训。

受援国统计局和数据收集系统是能力建设的一部分。缺少自主权意味着向援助国报告经常被看成是培养能力的最初目的。如果目的是提供数据给援助国来对他们问责，而不是受援国教育部自己确定目标和分配资源，那么，规划和政策分析可能很快地成为不相容的工具，而不是促进政府更好应对其自身需求的能力工具。自主权的重要性已经得到广泛认同。如果教育援助是为了实现所有其可能实现的事，那么，受援助国需要联合受援国集体来应对。

受援国机构弱化。在一些情况下，国内机构不但没有加强，而且援助在削弱这些机构。为了避免对棘手和有争议问题做决策，政策决策会留由外部做出，如果做的决策不对，指责外部则相对于指责国内决策者来说更安全。

---

① DOMELAND D, KHARAS H. Debt relief and sustainable financing to meet the MDGs[C]. World Bank, 2008. ; CHAUVIN N D, KRAAY A. Who gets debt relief?[J]. Journal of the European economic association, 2007, 5(2/3).; CUARESMA J C, VINCELETTE G. Debt relief and education in HIPCs[C]. University of Innsbruck and World Bank, 2008.

受援国依赖性严重。在许多国家，教育援助引起依赖性。2008 年，在撒哈拉以南非洲的 21 个国家，教育援助额超过国民生产总值的 10%，在三分之一的国家中，教育援助额超过国内公共开支额。教育援助占冈比亚国内教育预算的 70%，占莫桑比克的 66%，占肯尼亚的 60%，占赞比亚的 55%，占卢旺达的 51%。

（五）以项目形式的援助存在弊端

自 1999 年以来，全世界小学新增 5 000 万以上儿童，不上学儿童的数量大大减少。女童接受初等教育的情况大为改善。教育援助当然在支持世界教育界实现这些进步方面起到了积极作用。但许多发展中国家的教育质量仍然很低，因此援助国与受援国政府一道可以通过援助来做更多的事，提高教育质量问题。

在改善发展中国家教育方面，援助所在做的和援助所能做的之间存在明显的距离。援助在扩大初等教育入学方面一直发挥着关键性作用，但质量方面却不如数量上成功。有证据表明，如果要让援助在改善教育质量方面有长效，必须更主动地让受援国政府参与全面的努力。但援助国受尽快看到实效驱使，仍然主要依赖做项目，这样就限制了援助国在机构可持续能力方面的建设。许多有效教育援助的原则与《巴黎援助有效性宣言》一致。但是 2010 年调查显示，从实现那些目标的 5 年进展看，速度缓慢。要想了解怎么做在教育外援上更容易产生效果，就必须跨越障碍，促进受援国自主性，超越项目援助形式。

项目援助由于其碎片化性质，对长期发展的好处有限。在教育援助方面也是如此。援助国领导的能力培养采取确定差距和弥补差距的形式，对能力培养有作用，但证据显示这种工作方法是不可持续的。项目援助不仅没有效果，而且坚持以项目方式援助还会让援助国协调目标更难以实现。尽管如此，2010 年，几乎教育一半的援助是以项目形式进行的。这些援助的进行或者由援助国就援助效率对国际社会做口头承诺，或者由援助国试图将为什么项目援助在特定情况下是合适的办法进行合理化解释。

面对以项目形式援助的弊病，需要用可替代的援助方法，《巴黎援助有效性宣言》认同以整个领域为一体的工作方法，该方法具有应对独立项目援助弱点的可能。该方法还可能获得援助国与受援国一起在联合战略上紧密合作的巨大潜在益处。然而，尽管按领域援助方法取得一些成功，但没有解决项目援助的所有问题。在许多情况下，通过按领域进行的援助仍然是以具体分领域为目标的，也是项目援助的一部分。援助项目化根深蒂固，因为援助国害怕丢失跟踪他们资金影响的能力。在这种顾虑下，项目立竿见影的结果成为重点考虑因素，而不是考虑机构能力和组织能力的长期可持续性。

（六）数据收集能力有限

教育体系如果没有可靠的信息，就不可能有效运作。但各受援国在收集数据方面的能力差距不断拉大，在许多机构，有关教育体系的信息是不可靠的。例如，缺失对各学龄学生入学的准确数量统计，缺失单位开支方面的准确信息，缺少学业成绩趋势的证据，学校之间的质量千差万别。

（七）受援国受援情况不一

2016年联合国教科文组织全球教育监测报告指出，最需要教育援助的国家没有得到应有的援助[1]。低收入国家初等教育毕业率很可能低于中等收入国家，这对教育资金投向是非常有用的决定性因素。但低收入国家仅获得经合组织国家30%的教育援助，而中等收入国家却获得了52%。

监测报告认为，在金额增长的同时，该领域的援助效率有待提高：教育援助中仅有74亿美元（总额的47%）被投入低收入和中低收入国家的基础教育和中等教育，而这两类教育和这两类国家最需要扶持。

（八）不同教育性质和层级的效果不同

援助效率低下[2]，援助有效性难以衡量[3]。有研究表明，公立职业教育不如私立职业教育有效，效率也不高[4]。因为私立部门回应劳动市场需求更积极[5]。但也有研究表明，私立部门经常不能提供劳动市场需要的培训，公立部门在减贫方面发挥了重要作用，而且公立职业教育还在诸如韩国、中国台湾地区等高性能经济体的工业化进程中发挥了重要作用。这些经济体有效地传授给青年市

---

[1] UNESCO.The ODA education is stagnating and not going to the countries in most need[R].Policy Paper 31,2017.https://en.unesco.org/gem-report/aid-education-stagnating-and-not-going-countries-most-need./
[2] HEYNEMAN S P, LEE B. International organizations and the future of education assistance[Z/OL]. WIDER Working Paper 018, 2013. http://www.wider.unu.edu/publications/working-papers/2013/en_GB/wp2013-018/.
[3] CULLEN R. The poverty of corrupt nations[M].Toronto:Blue Butterfly Books,2008.
[4] HECKMAN J J. Doing it right: job training and education[J]. Public interest, 1999(135): 86–107.
[5] PSACHAROPOULOS G. Linking vocational education and training research, policy and practice: a personal view[J]. European journal: vocational training, 2005(36): 69–73.

场需要的技能，支持了工业化[①]。

萨卡洛普洛斯（Psacharopoulos）在研究世界范围内教育回报率时，发现职业教育的回报率是10.6%，而普通教育的回报率大于15.5%[②]。此外，在毕业生收入方面，职业教育的成本效益不如普通教育好，职业教育因购买昂贵设备、需要维护、小班教育等因素而开支较大[③]。

[①] BENNELL P, SEGERSTROM J. Vocational education and training in developing countries: has the World Bank got it right?[J]. International journal of educational development. 1998,18(4):271–287.
[②] PSACHAROPOULOS G. Returns to investment in education: a global update[J]. World development, 1994,22(9):1325–1343.
[③] IIEP. Vocational education and training for youth[J]. International institute for educational planning newsletter, 2007,25(4).

第五章　中国对外教育援助发展及策略

一、教育援外发展的历史实践

中国的对外教育援助也伴随着整体对外援助进行，但在每段历史时期，教育比重有所不同，呈现历史变化的合理性。根据对历史资料的研究分析，新中国对外教育援助可以分为以下几个阶段：

（一）建国初期接受个别友好邻国学生来华学习

中国现代对外教育援助应该始于20世纪50年代，这是一个探索阶段，突出对政治阵营的帮助。来华培训实习是主要教育援助方式。为了稳固社会主义阵营的相互支持，保持中国周边战略安全，出于政治需要对个别周边国家进行援助，并开始援助非洲。1954—1956年接纳近23 000名朝鲜难民儿童和朝鲜教师在华接受教育，接待朝鲜人员来华实习[①]。1955年向蒙古国派遣万名技术工人建设蒙古国，培训当地人员[②]。1955—1958年，接收1 000多名越南实习生分赴中国各地厂矿企业[③]，南宁和桂林育才学校接收越南学生近600名[④]。1955年万隆亚非会议后开始向非洲提供援助，为非洲国家援建农业技术实验站和推广站[⑤]。50年代，中国曾派少数教师在非洲任教。第一个与中国建立正式外交关系的非洲国家埃及于1956年派4名留学生来中国学习农业、美术和哲学。随后，来自喀麦隆、肯尼亚、乌干达和马拉维的共20名非洲学生在中国学习。截至1966年年底，共有14个非洲国家的164名留学生来华学习，14名中国教师在非洲任教。在多边援助方面，由于台湾伪政权一直占据联合国的中国席位，从总体看，中国多边教育援助尚未开展。

[①] 沈志华. 尊重与援助：新中国对朝鲜外交方针的形成（1950—1955）[J]. 历史教学问题，2015(6).
[②] 谷继坤. 中国工人赴蒙援建问题的历史考察（1949—1973）[J]. 中共党史研究，2015(4).
[③] 中国外交部解密档案. 1959年2月20日我援越工作简况[A]. 档号：106-00456-01(1).
[④] 广西壮族自治区地方志编纂委员会. 广西通志：教育志[M]. 南宁：广西人民出版社，1997：660-662.
[⑤] 李荣林. 中国南南合作发展报告2015[M]. 北京：五洲传播出版社，2016.

（二）恢复在联合国合法席位后扩大对发展中国家的援助和技术培训

这是中国对外援助占比的高峰阶段。1971年恢复在联合国合法席位后的几年里，中国在联合国各多边机构的会费额较高，但尚未通过多边渠道开展援助。在双边援助方面，出于政治考量，70年代初，中国国际援助总额一度达到国民总收入的2%，远超西方国家。从1971年到1975年，对外援助占政府总支出的5.9%，在1973年这一支出占比达到峰值6.9%[①]。中国对非洲国家的援助占对外援助的比重大幅上涨，占整个对外援助的三分之二，其中最高年份1974年占中国对外援助的85%[②]。对外援助的培训内容也随之扩大，例如，在赞比亚建铁路技术学校，铁道部向教育部借调了十几人去教授基础课，为当地培养铁路技术人员。

（三）改革开放后继续开展来华留学和派出教师等援助形式

这是一个随着社会改革而进行的调整阶段，互利合作是基调。1978年以后，由单纯提供援助转为多种形式的互利合作，调整了对外援助的规模、布局、结构和领域，加强了对非洲最不发达国家的援助。截至20世纪80年代，有43个非洲国家的2 245名非洲留学生来中国学习，中国也向非洲国家派出了250多名教师和学生。苏丹恩图曼（Omdurman）友好职业培训中心作为中国在非洲援建的第一个职业教育机构于1989年开建，至今仍是苏丹5个最重要的职业培训中心之一，为当地培养了数以千计的技术人才和劳动力。应苏丹政府请求，中国政府于2015年对恩图曼职业培训中心进行了改扩建[③]。

（四）加快向市场经济转变后援助资金多样化，开始小额捐助多边教育

这是一个尝试援助多元化和市场化的阶段。1993年起，中国设立援外合资合作项目基金，通过中国进出口银行提供贷款。同时，更加重视支持受援国能力建设，不断扩大援外技术培训规模，受援国官员来华培训逐渐成为援外人力资源开发合作的重要内容。1994年，对外贸易经济合作部开始举办发展中国家

---

① 石林. 当代中国的对外经济合作[M]. 北京：中国社会科学出版社，1989.
② 胡锦山. 中国在非洲形象的变迁和优化[J]. 对外传播，2011(8).
③ 陈明昆，张晓楠，李俊丽. 中国对非职业教育援助与合作的实践发展及战略意义[J]. 比较教育研究，2016(8).

技术培训班。90 年代在中国学习的非洲留学生增至 5 569 人，中国也向 30 多个非洲国家派出了约 350 名教师和学生，帮助部分非洲国家建设学科和设立实验室。与此同时，中国开始通过设在教育部的中国联合国教科文组织全国委员会向面向发展中国家教育的联合国教科文组织的教育和科学计划及教育和科学机构提供每次 2 万~5 万美元的不定期小额捐助，如亚太教育革新计划、全民教育计划、南南合作基金、国际教育规划研究所等。在时任大使于富增的努力下，1995 年中国在联合国教科文组织设立"长城奖学金"，名额从十几名扩大到几十名，为发展中国家提供为期一年的赴华学习奖学金，联合国教科文组织配套提供国际旅费。1998 年对外贸易经济合作部开始举办发展中国家官员研修班。随着中国人均收入的提高，1999 年世界银行国际开发协会不再把中国列为享受优惠贷款的受援国。

（五）新世纪以来教育设施援助快速增长

这是一个更加开放的对外援助阶段。中国提出"走出去"战略，表现出"积极有所作为"，人道主义援助机制也正式引入援助体系。各种以中国为中心的国际发展平台建立，如 2000 年"中非合作论坛"，2003 年"中国－葡语国家经贸合作论坛"，2004 年"中国－阿拉伯国家合作论坛"，2005 年"中国－加勒比经贸合作论坛"，2006 年"中国－太平洋岛国经济发展合作论坛"。中非合作论坛有力地加强了对非援助。在教育援助方面，除商业部选定教育系统学校成为其援外培训承办单位和基地外，2003 年首家教育部教育援外基地在天津职业技术师范学院挂牌成立，随后基地增加到 10 所院校。2004 年以后，中国援外从以经济基础设施建设为重点转为重视建设医院、学校和农业培训中心等获取民心的项目，援助额年年大幅增加。教育援助不断增加奖学金名额，开展职业教育培训等项目。2005 年开建埃塞－中国职业技术学院，这是中国政府对非援建的最大教育项目，商务部不仅对基建投入，而且对有关专业教学设备投入，天津市政府和天津职业技术师范大学也分别投入 80 万元和 10 万元实训设备。2006 年 11 月召开的中非合作论坛北京峰会上，胡锦涛主席代表中国政府宣布了对非经贸合作八项政策措施，其中包括随后 3 年内为非洲援建 100 所农村学校。2008 年商务部启动面向发展中国家的援外硕士教育项目，支持发展中国家高等教育。根据商务部对外援助司的数据统计，1950 年至 2009 年，中国共资助 119 个发展中国家的 70 627 名人员来华进行专业学习。2010 年至 2012 年间，中国又资助了

76 845 名留学生来华学习，同时还援助了 80 多个教育设施建设项目，举办过 30 多期培训课程[①]。中国政府于 2009 年 11 月在中非合作论坛第四届部长级会议上承诺为非洲国家援建 50 所中非友好小学。

在多边教育援助方面，2005 年，联合国教科文组织领导机构执行局会议期间，笔者在会前、会上、会间开展说服解释工作，58 名委员一致批准同意中国在该组织设立"孔子教育奖"，这是中国在联合国系统设立的第一个奖项，中国通过济宁政府出资 100 万元，奖励发展中国家在扫盲和普及教育方面的优秀人员和机构。2007 年中国还分别通过教育部和文化部向联合国教科文组织的直属机构国际能力建设研究所捐助 75 万美元，向布基纳法索妇女和女童教育中心捐助 25 万美元；向非洲世界文化遗产基金捐助 100 万美元，用于研究与培训。

（六）2012 年开始双边和多边教育援助的规模化和系统化

这是一个向战略纵深发展的阶段，通过"一带一路"倡议和人类命运共同体理念把国际发展和援助融入中国特色。2014 年"中国－拉美和加勒比共同体论坛"举行。在 2015 年联合国通过未来 15 年"人类可持续发展议程"之际，习近平主席代表中国政府宣布 5 年内为发展中国家建立 100 所学校和职业培训中心。2016 年，教育部配合国家战略公布《一带一路倡议教育行动》，有力地促进了中国整个教育体系援助发展中国家的势头。

在农业教育方面，中国继续向非洲国家派遣农业技术组，加强非洲农业技术人员培训；向非洲国家派遣农业职业教育培训教师组，帮助非洲建立农业职教体系；增加援非农业技术示范中心。截至 2019 年年底，共向 37 个亚非国家派遣了 81 个农业技术专家组、808 人次，在非洲国家援建了 22 个农业技术示范中心。

在技术合作与培训方面，2013 年至 2018 年，中国共在 95 个国家和地区完成技术合作项目 414 个，主要涉及工业生产和管理、农业种植养殖、文化教育、体育训练、医疗卫生、清洁能源开发、规划咨询等领域。

在人力资源开发合作方面，继续实施官员研修研讨、技术人员培训、在职学历学位教育项目，项目涉及政治外交、公共管理、国家发展、农业减贫、医疗卫生、教育科研、文化体育、交通运输等 17 个领域共百余个专业。2013 年至 2018 年，中国举办了 7 000 余期项目，发展中国家共约 20 万人受益。从各

[①] 中华人民共和国国务院新闻办公室. 中国的对外援助 [R]. 国务院，2014.

地区的项目数来看，非洲占 45.04%，亚洲占 34.4%，拉丁美洲和加勒比地区占 13.52%，欧洲占 4.53%，大洋洲占 2.26%，其他地区占 0.25%。

在基础教育方面，中国在尼泊尔、亚美尼亚、莫桑比克、纳米比亚、秘鲁、乌拉圭等国修建了一批中小学校，并提供计算机、实验室设备、文体用品等教学物资，改善发展中国家的基础教学环境。例如，向南苏丹提供教育技术援助，为南苏丹小学量身打造英语、数学、科学 3 科教材，编印 130 万册教材，15 万名师生受益。为北马其顿 27 所学校提供的远程教育设备，提升了当地特别是山区、农村的教育水平，促进了教育资源均衡发展。

在高等教育方面，中国积极帮助有关国家改善高等教育设施、培育高素质人才，援建了瓦努阿图南太平洋大学埃马路斯分校、马拉维科技大学、阿富汗喀布尔大学中文系教学楼、坦桑尼亚达累斯萨拉姆大学图书馆、马里巴马科大学卡巴拉教学区、肯尼亚肯雅塔农业科技大学中非联合研究中心等。中国继续提供在职学历学位教育，2013 年以来，共资助 4 300 余名发展中国家人员来华攻读硕士博士学位，并通过开展中非高校间 "20+20" 合作计划、设立 "原子能奖学金" 项目等加强科研合作和师生互访，联合培养高水平人才。

在职业教育方面，中国为老挝、柬埔寨、尼泊尔、缅甸、巴基斯坦、阿富汗、卢旺达、乌干达、马拉维、埃及、苏丹、利比里亚、赤道几内亚、瓦努阿图等国援建了职业技术学校或职业培训中心，为阿塞拜疆、埃塞俄比亚、马达加斯加等国提供职业技术教育物资，为布基纳法索职业培训中心提供技术援助。苏丹恩图曼职业培训中心成为苏丹全国职业教育师资培养基地。中国职业教育学校在吉布提、埃及等十几个国家设立了"鲁班工坊"。

在人文交流项目方面，2015 年中非合作论坛发起中非人文合作计划。中方将为非洲援建 5 所文化中心；为非洲提供 2 000 个学历学位教育名额和 3 万个政府奖学金名额；每年组织 200 名非洲学者访华和 500 名非洲青年研修；每年培训 1 000 名非洲新闻领域从业人员。

在多边教育援助领域，2012 年中国教育部首次通过信托基金形式向联合国教科文组织提供第一期 4 年的 800 万美元援助，用于非洲教师能力建设。2019 年进入信托基金第三期，增资 800 万美元。此外，2007 年 12 月中国宣布首次向世界银行捐款[1]，标志着通过多边组织低息贷款援助的开始，教育援助项目构成总体援助的一部分。

---

[1] 闫温乐. 世界银行教育援助研究：特征、成因与影响 [D]. 上海：华东师范大学，2012.

二、对外援助政策、管理机制与教育援助类型

（一）1964 年提出八项原则构成中国对外援助政策根基

中国的对外援助政策具有鲜明的时代特征，符合自身国情和受援国发展需要。1964 年 2 月 18 日周恩来访问亚非提出对外援助八项原则，即平等互利、不附带条件、优惠贷款、帮助自力更生、注重效率和受援国发展、提供优质物资、使技术援助得到当地应用、派出专家不享受特权。这些原则从一开始就是中国对外援助遵循的基本方针，并在实践中不断丰富、完善和发展。

中国是世界上最大的发展中国家，人口多、底子薄、经济发展不平衡。改革开放后的 1982 年中国提出"平等互利、讲求实效、形式多样、共同发展"的援助原则。发展仍然是中国长期面临的艰巨任务，这决定了中国的对外援助属于南南合作范畴，是发展中国家间的相互帮助。

2019 年 10 月 21 日第 74 届联合国大会第三委员会 21 日举行与外债问题独立专家互动对话，中国外交部人权事务特别代表刘华表示，中国在对外援助中始终遵循四项基本原则：一是平等，充分尊重各国政府和人民的意愿，从不干涉别国内政，从不附加任何政治条件；二是互利，始终坚持互利共赢，所有援建项目都经过认真的可行性研究和科学论证，并且充分考虑各国财政的可持续性；三是开放，从不针对任何第三方，致力于把合作的蛋糕做大；四是可持续，坚持"授人以渔"，帮助受援国克服发展瓶颈，推动实现自主和可持续发展。

（二）2021 年对援助政策更新阐释

2021 年 1 月国务院新闻办在《新时代的中国国际发展合作》一文中再次阐释了对外援助政策：相互尊重，平等相待；不干涉内政，不附加任何政治条件，不谋取政治私利；量力而行，尽力而为；统筹国内国际两个大局，注重发挥比较优势，履行与国力相匹配的国际义务；不做超越合作伙伴发展阶段、不符合作伙伴实际需要的事；聚焦发展，改善民生；重视对接各国发展战略规划，加大对减贫、减灾、教育、卫生、农业、就业、环保和应对气候变化等领域的投入，积极参与紧急人道主义救援行动；授人以渔，自主发展；形式多样，讲求实效；注重提高资金使用效率；善始善终，注重持续；维护中国援助的品牌和信誉，放大综合效益；推进职业培训教育和技术合作；开放包容，交流互鉴；深化沟通和交流，增信释疑、互学互鉴；遵循"受援国提出、受援国同意、受援

国主导"的原则；与时俱进，创新发展；汲取其他国家和国际组织开展国际发展合作的有益经验，根据发展中国家的发展目标和合作需求，改革体制机制，健全规章制度。

（三）对外援助机制以及援助内容

国家国际发展合作署（CIDCA）于2018年3月建立，商务部对外援助司是其前身，主要负责协调管理。该署的第一任负责人由商务部派出，第二任负责人由外交部派出。该署能够代表中国政府与受援国进行援助谈判，并以政府名义签署国际协议。它能为受援国起草国家战略，分配对外援助资金，确定援助项目，监督和评估项目实施情况，并进行援助政策审查。尽管成立了独立的援助署，但实际承担援助工作的3大实施机构依然由商务部管辖，并未移交国际发展合作署。各自分工如下：国际经济合作事务局（AIECO）负责对外援助成套项目以及技术合作项目的组织实施，中国国际经济技术交流中心（CICETE）负责对外援助一般物资项目实施和南南合作援助基金项目的组织实施，商务部国际商务公务员研修学院（AIBO）负责中国国内的培训和学位资格培训项目的实施。商务部在对外投资和经济合作司新成立协调处，负责与国际发展合作署之间的协调①。另外，合作署的角色不会超出协调管理的范畴，因为执行责任仍由商务部负责主要援助业务，其他二十多个中央和省级部委、委员会和机构承担一些与各自专业领域相关的援助，援助项目仍由中国企业具体实施②。

中国在对外援助中不使用"官方"援助，也不使用"公共"援助，一般简单使用"对外"援助。援助内容包罗万象，根据2014年中国援外白皮书，对外援助是指那些由中国政府对外援助资金支持，向受援国提供经济、技术、物资、人力资源、行政管理等的活动。

中国纳入对外援助的内容可能包括军事援助、体育场馆建设、合资和协作项目优惠贷款，而西方发展援助委员会并不把这些内容纳入官方援助额③。发展援助委员会将向受援国提供奖学金和助学金，出资国行政开支纳入发展援助额，

---

① 商务部国际贸易经济合作研究院国际发展合作研究所.中国与国际发展报告2020：纪念、传承与创新，中国对外援助70年与发展合作转型[R].2020.
② 卢玛丽（MARINA RUDYAK）.中国国家国际发展合作署的"前世今生"[R].（2019-09-02）[2021-07-20]. https://carnegietsinghua.org/2019/09/02/zh-pub-79860
③ BRUTIGAM D. Aid "with Chinese characteristics"：Chinese foreign aid and development finance meet the OECD-DAC aid regime[J]. Journal of international development, 2011，23(5)：752-764.[2021-07-20] https://doi.org/10.1002/jid.1798.

中国往往不将奖学金和助学金、难民来华开支以及出资国行政开支算作对外援助额。这也许与这些费用的来源渠道不同于财政部传统对外援助经费有关。

根据日本学者按照发展援助委员会官方发展援助定义推算 2001—2019 年中国的援助额，中国 2019 年的援助额占国民收入的 0.047%[1]。但是，根据 2014 年中国白皮书公布的 2010—2012 年 3 年援助总额为 893.4 亿人民币和此 3 年国民总收入推算，中国当时的外援金额占国民总收入的比例为 0.06%。但由于中国对外援助活动由各业务部门独立进行，有些活动经费非来源于财政部对外援助项下，对外援助的统计标准也与其他国家不尽相同，因此，不能以此援助总额和比值与西方国家进行比较。

（四）中国对外援助类型与力度以及双边教育援助类型

1. 中国对外援助类型与力度

《对外援助管理办法》（以下简称《办法》）试行版由 2014 年商务部通过后，正式版由国际发展合作署、外交部和商务部于 2021 年 8 月 17 日审议通过。该《办法》分总则、对外援助政策规划、对外援助方式、援外项目立项、援外实施管理、援外监督和评估、援外法律责任、附则等 8 章 51 条。该《办法》明确，对外援助资金包括无偿、无息贷款、优惠贷款 3 种，对外援助项目包括成套、物资、技术援助、人力资源开发合作、志愿服务、紧急人道主义援助、南南合作援助基金等 8 种项目类型，其中技术合作和人力资源开发是教育领域的主要援助形式，但比例较低，如在 2010—2012 年间中国对外援助的开支达 893.4 亿元，其中非洲国家接受 51.8%。受到援助最多的部分包括经济基础建设（44.8%）、社会公共基础建设（27.6%）、物资援助（15%）、人力资源合作与开发（3.6%）和农业援助（2%）。此外，在援建校舍、开展人力资源培训、提供奖学金等教育援助之外，真正在政策、师资、基础教育、职业教育和高等教育上的援助项目不多。

从双边和多边援助上看，根据中国财政部年鉴，2019 年中国对外援助额达 48.21 亿美元；而根据联合国经社理事会等国际机构数据，2019 年中国对外多边援助达 17.253 亿美元[2]。

在多边援助方面，南南合作基金作为多边援助的一部分，截至 2019 年年

---

[1] KITANO N, MIYABAYASHI Y. Estimating China's foreign aid : 2019-2020 preliminary figures[R]. Ogata Sadako Research Institute for Peace and Development, JICA, 2021.
[2] OECD. Development co-operation profiles 2020[R]. 2021.

底,与14个国际组织开展了82个项目,涉及农业发展与粮食安全(37.89%)、减贫(37.71%)、妇幼健康(6.82%)、卫生响应(2.87%)、教育培训(1.73%)、灾后重建(7.01%)、移民和难民保护(5.27%)、促贸援助(0.69%)等方面。由此可见,教育援助在多边援助中占比较低[①]。

2. 中国双边教育援助类型及实例

从受援国过渡到援助国,中国双边教育援助类型呈现多样化。到目前为止,中国仍被列在西方发展援助委员会受援国名单中,中国既是受援国又是援助国,例如,在职业教育方面,中国捐助给巴布亚新几内亚新的社区学院技术教育设备,同时中国又获得德国提供的职业教育项目支持[②]。在中国国际与比较教育领域中,官方发展援助是一个新的概念[③]。尽管如此,教育对外公共援助势头迅猛,对外教育援助的类型侧重于改善教育条件、培养师资力量、支持教学以及增加来华留学政府奖学金名额。

1) 改善受援国教育设施等综合性教育援助

这类教育援助是中国官方教育援助的主要类型,包括援建或维修中小学校、大学院校、图书馆等。例如,援建农村学校。2006年为推动中非新型战略伙伴关系的发展,开始为非洲援助100所农村学校。又如,援助非洲小学。中国在非洲援建的107所小学基本在2009年前竣工并移交非洲政府。2009年4月竣工的中国援助纳米比亚奥姆西亚小学竣工,该小学总建筑面积1 544平方米,有效地促进了纳米比亚少数民族地区的教育发展。中国还为受援国无偿提供计算机、教学用具、文体用品等大批教学设备物资,帮助受援国建设大学网络平台和远程教学系统,为受援国丰富教学方式、扩大教学覆盖面创造了条件。中国政府在比较贫穷落后、教育设施严重不足的地区建立学校,有效改变当地学校短缺的情况,解决儿童入学难的问题,极大地改善了当地的办学条件,提高了教学质量。此外,中国政府以援建学校的形式进行援助而非直接提供资金进行援助,有效地防止了腐败的滋生。而且根据受援方反映,中国的援助效率非常高,这正好满足了非洲急于解决学生入学难的问题,能够有效地促进当地教育的发展,从更长远的角度来看也有助于当地经济的发展。

---

① 叶玉.中国与多边发展体系:从受援者到贡献者[J].国际展望,2013(3):45-62.
② ROBERT P. Financing TVET in the East Asia and the Pacific region: current status, challenges and opportunities[R]. Korea and World Bank partnership facility, 2017.
③ 夏人青,张民选.官方发展援助:全球教育发展不可或缺的资金来源[J].比较教育研究,2017(4).

再如，援建职业教育机构。2003年根据中国与埃塞俄比亚的政府协议，中国商务部在埃塞俄比亚首都援建了埃中职业技术学院，该项目是当时中国政府在国外开展的最大的政府间教育合作项目。该学院投资接近9 000万元人民币，其中设备价值700万元人民币。学院占地11.4万平方米，能容纳学生3 000人，2007年竣工。学院建成后，中国教育部承担了从聘请校长、管理人员到师资建设的全部办学任务，学校一直运行良好。该校于2009年9月28日正式开学，首批招生370人，并在学院内成立孔子学院，汉语成为学校内必修课。此外，中国为非洲国家新建了107农村学校，每个国家2~3所，并为30多所学校提供了教学设备。总建筑面积22 996平方米，其中包括教学楼、办公楼、师生宿舍等，而且中方还提供了全套的教学设备，使得该教育学院成为埃塞俄比亚最大的职业教育机构，为当地培养了大量的职业技术人员。

2）以提供来华奖学金为主的高等教育援助

这类援助力度较大，中国政府设立长期奖学金，资助外国留学生来华进行学历学习或进修。国家留学基金委作为直属于教育部的非营利性事业法人单位，负责包括发展中国家人员来华留学的组织、资助、管理，推动中国与各国教育、科技、文化交流和经贸合作，加强中国与世界各国人民之间的友谊与了解，促进中国社会主义现代化建设和世界和平事业。《国家中长期教育改革和发展规划纲要（2010—2020年）》中强调："增加中国政府奖学金数量，重点资助发展中国家学生。"目前，发展中国家和周边国家是来华留学生的主要来源国。

国家留学基金委设立的中国政府奖学金11项、地方政府奖学金33项、孔子学院奖学金11项、学校奖学金187项、企业奖学金1项。其中有专门针对发展中国家的，如多边渠道的长城奖学金、太平洋岛国奖学金、东盟奖学金等。仅就国家政府奖学金来说，国内有289所大学承担中国政府奖学金学生培养工作。政府奖学金对博士研究生或高级进修生年资助总额最高达到人民币99 800元人民币/人。另外，商务部特设立"援外高级学历学位教育专项计划"，资助硕士研究生2~3学年，博士研究生3学年。国家开发银行也设立主要针对发展中国家学生的奖学金，委托国家留学基金会管理。

在"一带一路"倡议推出之前，中国就为其他发展中国家提供了大量奖学金。例如，为促进非洲地区发展，中国不断扩大非洲国家来华留学政府奖学金名额，帮助欠发达国家培养人才。中非合作论坛为非洲提供大量奖学金。2006年，为推动中非新型战略伙伴关系的发展，中国提出在3年内为非洲培养1.5万名人才；

向非洲留学生提供中国政府奖学金名额由每年2 000人次增加到4 000人次。

在共同构建人类命运共同体和"一带一路"国际合作的框架内,中国领导人多次承诺加强对外教育援助。2013年,中国向东盟国家承诺在未来的3~5年内,将向其免费提供1.5万个政府奖学金名额。2014年,中国向非洲国家承诺,将为其免费培训20万名技术人才,免费提供3万个政府奖学金名额;向拉美国家承诺在未来5年内,向拉美和加勒比国家提供6 000个政府奖学金名额、6 000个赴华培训名额以及400个在职硕士名额,并于2015年启动"未来之桥"中拉青年领导人千人培训计划。2015年,中国向亚非国家承诺在未来的5年内,将向其免费提供10万名培训名额。2017年,在"一带一路"国际合作高峰论坛开幕式上,中国向"一带一路"相关国家承诺,将每年提供1万个政府奖学金名额[①]。

截至2016年年底,"一带一路"沿线国家在华留学生达到20多万人,领取政府奖学金的学生中,来自"一带一路"沿线国家的学生达61%。2017年,来华留学生拥有奖学金的共80 460人,其中"一带一路"沿线国家奖学金留学生人数为40 200人,占总数的50.0%,60%的奖学金学生来自东南亚、南亚地区[②]。

根据对京、津、浙三地3所高校中来自非洲的获中国政府奖学金留学生进行的随机抽样调查,发现整体留学生的满意度比较高。这主要因为中国有着比较先进的教学理念和良好的学习环境,并为留学生解决了经济上的后顾之忧;在师生关系和同学相处方面也比较融洽,大多数人都表示留学期间学到了很多的专业知识,并且也愿意学业结束后回国为国效力。总体来说,中国政府奖学金的实施效果较好。

3)提供在华或在受援国开展的短期培训等援助

这类的援助涉及商务部、教育部、农业部、文化部、科技部等各种机构承担的援外合作,层级包括中等、高等和成人职业教育,专业包括管理、科学、技术、文化、教学等诸多领域,既有研修,又有实用技术培训。除了商务部在中国国内设立了承接培训的基地外,教育部也设立了10个教育援外基地,包括吉林大学、云南大学、东北师范大学、南京农业大学、天津中医药大学、南方医科大学、贵州大学、天津职业技术师范大学、浙江师范大学、海南热带海洋

---

① 刘宝存,王婷钰. 高等教育国际化背景下的来华留学生教育:进展、问题及建议[J]. 北京教育,2020(5).
② 邹佳怡,汤熙. "一带一路"背景下来华留学教育发展探析[J]. 科学大众·教师版,2020(2).

学院。

在教学培训方面，举办院校高级管理人员培训班、高等教育管理培训班、职业教育管理培训班、中小学校长和教师研修班、现代远程教育研修班等，为发展中国家培训数千名教育官员、校长和教职人员。商务部负责组织开展"发展中国家管理官员研修班"，该项目源于中国于 2005 年 11 月在联合国大会上做出 3 年内为发展中国家培训 3 万名各类人才的承诺，是中国政府向发展中国家实施的援助计划的一部分。

在职业技术教育培训方面，开展大量来华受训和在受援国当地受训的活动。例如，2001—2012 年，中国与埃塞俄比亚联合开展农业职业技术教育培训，累计向埃方派出 400 余人次教师，培训当地农业职业院校教师 1 800 名、农业技术人员 35 000 名。又如，商务部"中国职业技术教育援外培训基地"宁波职业技术学院每年为 3 000 余人次提供职业技术培训，学员来自"一带一路"沿线国家。此外，山东外贸职业学院截至 2016 年年底，举办了 38 期援外研修和培训班，为来自亚非拉、东欧和南太平洋地区的 79 个国家的 1 035 名学员进行了培训。培训不仅支持了其他发展中国家发展，还增进相互了解和信任，促进了中国和其他国家更好地开展合作。

4）其他公共资金援助海外联合办学机构等综合性教育援助

这类援助指中国公立学校通过地方政府资助或自筹资金在发展中国家兴办教育机构，可以是中国独立法人投资和管理方式，也可以是以受援国为法人、中国挂名或提供建设资金和设备的援助方式。可以是学历教育，也可以是培训。

例如，海外鲁班工坊。这类学校往往是受援国合作方为法人，或工坊建在合作方学校内，中国学校提供一些设备和教学人员以及教材。它不同于孔子学院，目前孔子学院主旨在于发展汉语言文化，不应被列为具有对外援助性质的活动，如果受援国政府主动要求将援助用于建设孔子学院，帮助当地学校加强汉语教学，则属于援助。

又如，厦门大学马来西亚分校，由厦门大学全资所有。分校颁发厦门大学毕业证书及学位证书。由于马来西亚有帮助建校需求，双边政府签订协议，启动项目，中国国家开发银行全面支持厦门大学马来西亚分校建设。厦门大学马来西亚分校英语授课，2016 年开始招生，包括国内学生和当地学生以及其他国家学生，学校按 1 万学生设计，2018 年约有 4 000 在校生。当地学生以及其他国家的学生有助学金申请机会。

5）公校配套出资对发展中国家教育机构的教学帮助

这一类援助主要是教育部牵头教育系统学校开展对发展中国家学校的帮扶项目。费用一般由教育部单独承担或与教育系统合作校共同承担，受援学校要么是事先确定帮扶关系，要么是合作校联系受援学校，建立帮扶关系。

例如，中非"20+20"计划项目。2009 年 11 月，中非合作论坛第四届部长级会议正式提出"中非高校 20+20 合作计划"，2010 年 6 月启动，中国 20 所大学与非洲 20 所大学作为中非大学间合作的重点伙伴开展长期合作，在各自的优势学科、特色学科领域进行有实质性的合作与交流，包括联合开展科学研究、教师培训、学术访问、师生互访、共同开发课程、联合培养研究生等。

又如，2008 年，教育部发起的"中阿（10+1）大学校长圆桌会议"使 20 所中国高校与 16 所阿方高校签署了 102 份合作意向书。同年，教育部与贵州省合办的"中国–东盟教育交流周"，搭建并夯实了中国和东盟国家教育交流平台，深化与东盟国家的教育务实合作。

再如，教育部发起丝路 1+1 科研合作项目、友好使者培训计划项目、鲁班学堂职业技术创新人才培养项目等，教育系统学校可向教育部申请。

此外，还有大量学校在《"一带一路"倡议教育行动计划》的指导下，主动自行开展走出去行动，帮助其他发展中国家发展教育。

（五）多边教育合作类型

1. 通过多边机构资助赴华留学生等方式进行高等教育援助

这一类援助通过针对不同发展中国家的人员进行来华培训项目，同时为多个受援国服务，因此可以被看成是多边援助。

例如，南南合作与发展学院项目。习近平主席 2015 年 9 月在联合国成立 70 周年南南合作系列峰会上对外宣布中国将成立南南合作与发展学院。2016 年 4 月学院在北京大学挂牌成立，旨在总结分享中国及广大发展中国家的治国理政成功经验，帮助发展中国家培养政府管理高端人才。学院为发展中国家的中级到高级官员以及政府、学术界、媒体、非政府组织和其他组织的管理人员和研究人员提供学位教育和非学位行政人员培训课程。

又如，长城奖学金项目。中国早在 1995 年即在联合国教科文组织设立长城奖学金，通过该组织平台向世界发展中国家招收赴中国留学生，该组织配套国际旅费，中方负责在华学习奖学金。各国通过其教科文组织全国委员会推荐候选人。2019 年中国决定提供 100 万美元资助 35 岁以下各国青年学者进行丝绸之路学术研究和交流。

2. 为多边教育机构及其计划捐款

这类捐款主要是教育部或中国地方政府或国企为国际多边教育发展组织提供捐款，这些捐款的特点为不定期、不定额、捐助国不参与或过问管理的捐款。中国不是发展援助委员会成员国，作为发展中国家，只能尽其所能地通过国际平台捐助其他发展中国家。发展合作委员会成员国多向一些重要成员国推动的国际计划捐助，如美国推动的联合国儿童基金会主导发起的"教育不能等待"，世界银行主导发起的全民教育"快车道计划"（2002 年以后的"全球促进教育合作伙伴关系计划"）等教育计划。中国不对这些计划捐钱，但作为联合国教科文组织的创始国和重要成员国，一直向牵头负责国际教育政策和帮助发展中国家发展教育的智力合作机构捐助。自 20 世纪 90 年代开始为该组织的教育计划进行小额捐款，例如，对教科文组织亚太教育革新计划、全民教育计划、南南合作基金等进行资助；为该组织在非洲的机构提供帮助，例如，2005 年决定为该组织设在埃塞俄比亚的非洲能力建设研究所提供 75 万美元资助，为布基纳法索教科文组织妇女和女童教育中心提供 25 万美元资助；为该组织教育重点领域提供大额资助，例如，2014 年中国彭丽媛女士被任命为该组织世界女童教育亲善大使，中国海航集团与该组织签署协议，在 5 年内为该组织提供 500 万美元资助，推动发展中国家特别是非洲国家的妇女和女童教育。

3. 在多边教育机构设立发展信托基金

这类援助对中国来说是首次，信托基金形式援助特点是国际多边组织要定期向出资国报告项目进展情况，出资国可以参与管理或派借调人员主导项目进行，负责执行的联合国组织要从项目经费中收取 13% 左右的管理费。

中国在联合国教科文组织设立信托基金项目开展教育援助，特别是支持非洲发展教育。例如，2012 年 3 月建立"非洲教师培训"信托基金项目，这是首个对联合国系统进行的教育信托基金项目。该项目于 4 年内在非洲刚果（布）、科特迪瓦、刚果（金）、埃塞俄比亚、利比里亚、纳米比亚、坦桑尼亚、乌干达 8 个国家开展援助额达 800 万美元的项目，通过信息通信技术（ICT）提高非洲项目国家教师教育与培训机构的能力，以提升撒哈拉以南非洲教师教育水平，具体通过能力建设培训班、购置设备、开发教材、举办培训和研讨会、学习考察、地区会议和知识共享等手段达到项目目标，后又追加 400 万美元，受援国扩展到多哥和赞比亚。2019 年该基金项目第三期启动，总额为 800 万美元。

4. 在多边组织设立教育奖项

2005 年中国在联合国系统设立首个中国奖项"孔子教育奖"。该奖经该组织执行局审议批准设立，用于每年表彰在扫盲教育领域会员国的两个个人或组织，除了奖金、证书和奖章之外，还被安排赴中国考察。该奖项由山东省济宁市政府出资，每年 100 万元人民币，包括奖项费用和评奖以及管理费用等。

这种捐助特点是机制化、长期性、影响面大，但设立难度较大，需要国际组织领导机构各成员国批准通过，需要国内资金的长期可持续性。

5. 出资承办国际教育活动

通过对该组织国际教育会议的承办来提供支持，如 2005 年世界全民教育高层会议、2008 年世界扫盲大会等。这些活动旨在确定国际教育发展的优先重点，推进世界各国教育发展，特别是以非洲为主的发展中国家，为实现《联合国可持续发展议程》中的教育目标而努力。

这一资助的特点是数额不小、影响力大、有利于拓展国际关系、增强承办国在国际组织中的地位。不少国家愿意出资承办这类国际组织大型教育活动。

（六）教育对外援助的经费

由于中国援助机制的庞大和援助部门的众多，包括教育在内的所有公共对外援助的开支应该超过官方数据。2013—2018 年，中国对外援助总额 2 702 亿元人民币[①]。其中无偿援助占 47.3%。按 6 年平均值，则为每年 450 亿元人民币，折合 69 亿美元[②]。另外，由于涉及教育对外援助的主要部委商业部和教育部未公布全面的数据，要想获得教育对外援助总开支有一定困难。因此，只能根据部分经费情况进行研究。

首先，商务部作为具体负责主要对外援助工作的机构，在其 2020 年决算中说明了对外援助经费为 165 亿元人民币。当然这笔费用仅仅是商务部在包括教育在内的各个援助领域的无偿援助，不包括中央其他参与援助的各部委和银行

[①] 中华人民共和国国务院. 新时代的中国国际发展合作白皮书 [R]. 2021.
[②] 根据日本专家的研究，中国无偿援助与无息贷款、优惠贷款、多边援助的总额从 2001 年的 7 亿美元增加到 2018 年的 68 亿美元。2019 年与 2018 年都是 68 亿美元。这相当于中国 2019 年国民总收入（GNI）的 0.047%。

的对外援助经费,另外由于中国对外援助中优惠贷款或无息贷款额较大,因此,商务部这笔援助额只能说明是 2020 年中国对外无偿援助的大部分款额。在此开支中包括教育援助经费,用于教育的援助经费主要是为发展中国家援建学校等教育设施的费用,如果按照发展援助委员会的统计规则,这笔设施费用属于综合性教育援助一类。商务部举办的来华官员和专家短期培训班经费,根据援助项目领域来归类,如果不属于对受援国教育体系援助的项目,则不归入教育援助额。商务部举办的奖学金归为教育援助的高等教育类,但此笔经费不多。

其次,教育部 2020 年决算显示,教育援助额为 4 300 万元,其中包括除奖学金之外的各类双边和多边教育援助。而 2020 年国家留学基金会的来华奖学金经费为 38 亿元人民币。当然,奖学金经费中一小部分是给来自美国等发达国家的留学生。如果按照 80% 的奖学金用于发展中国家学生的话,那么具有援助性质的奖学金也达 30 亿元人民币。如果按照发展援助委员会的统计规则,奖学金也被纳入教育援助。

再次,除了商务部和教育部,中国近 30 个参与援助的部委和机构有专门的援助经费拨款,例如,科技部 2020 年决算中有 9 427 万元人民币用于双边和多边援助;农业部 2020 年决算中有 2 亿元人民币用于双边和多边援助。而援助项目中以合作和培训方式开展的教育援助数量不少,但如果按照发展援助委员会的统计规则,这些业务部委开展的教育培训援助归入所属的农业、科技等援助项下,不计算为教育援助。

最后,地方政府、企业、学校也为教育援助提供经费,如设立奖学金、海外办学、教学扶助、奖项捐助等。例如,天津市政府为天津学校在海外办鲁班工坊首期拿出 500 万元,中国有色金属集团为在赞比亚办学筹集 20 多所学校共计上千万元的经费,海航集团为联合国教科文组织捐赠 500 万美元开展非洲妇女儿童教育,济宁市政府每年拿出 100 万元给联合国教科文组织孔子教育奖,等等。这类援助还包括大量相关人员出国出差费用。但地方企事业单位的援助开支不列入中央对外援助统计。

三、中国职业教育对外援助理论、形式及实践

（一）开展教育对外援助的理论元素

1. 道义为主要目的

1）教育的目的与功能建立在发展之上

教育具有三大目的：个人获取知识和能力，个人为社会发展做出贡献，个人学会承担道德及公民权利和义务。由此可见，教育既有促进个人方面的发展的功能，又能帮助实现社会和政治方面的发展目标。中国社会价值观的24字信条：富强、民主、文明、和谐、自由、平等、公正、法治、爱国、敬业、诚信、友善，与世界上的普遍价值观基本一致，且更为具体化。这也是世界构建人类命运共同体的过程中可以遵循的原则，是教育所应发展的元素。

具体来说，只有在所有人都能接受教育时，每个人才能充分行使平等的权利。教育帮助个人实现发展、投入社会生活、获得体面工作。教育是实现人类共同发展的关键因素，全民受教育、全体团结和共同参与的人类社会更具抗压能力和韧性。教育能够促使各国相互开放，促进世界公民形成，促成各国相互理解。教育能够促进经济的可持续性和包容性增长，减少社会不平等，帮助青年更好地融入经济领域，促进男女平等，缓解脆弱人群在社会被排斥的现象。因此，发展要以教育为轴心。

政府在教育中的主导作用确保教育的普及和公平，促进个人发展，推动社会志愿行动和政治参与，建立人与人之间的互信。官方教育发展援助是对受援国公共教育体系的重要支持，它能够有效地帮助实现教育普及，促进青年就业和社会发展。

中国重视通过教育援助来促进减贫、减灾、卫生、农业、就业、环保和应对气候变化。在教育援助的方法上，注重授人以渔，自主发展，形式多样，讲求实效；注重提高资金使用效率，善始善终，注重持续。在教育援助的重点上，重视推进职业培训教育和技术合作。

2）国际行为准则保护人类受教育权

《世界人权宣言》是教育援助的重要理论基础。宣言的第26条规定人人享有受教育权利。这奠定了世界教育秩序的基础。联合国教科文组织随后提出的教育机会均等和教育非歧视概念，确立了世界各国教育政策的方向。受教育权

反映社会对公平和正义的期盼，人类社会不能抛弃没有受过教育的人，不良治理会给社会带来不稳定。政府有责任保护他们。许多发展中国家儿童被剥夺接受教育的权利，国际社会必须提供援助，使之获得受教育机会。

3）国际教育发展目标要求各国做出努力

2000年《全民教育论坛》提出各国在15年内实现全民教育6大目标，联合国《千年宣言》8项目标中有2项涉及教育目标，2015年联合国《人类可持续发展议程》17项目标，其中至少3项涉及教育目标。各国要做出贡献，教育援助努力要与该议程保持一致。

2. 经济合作共赢下的教育奉献

1）教育推动其他发展中国家经济发展

众多研究表明，受教育程度的提高带来国民生产总值的增加。教育促进生产力和创造力的提升、就业创业和技术进步、收入分配的改善、经济增长和国民生产总值提高。此外，教育促进个人和家庭的经济收入稳定。受教育多的家庭更有能力应对经济冲击和寻找到新的谋生机会。教育还能减少婴幼儿死亡率。全世界尚有20%的人口处于极端贫困之中，教育是脱贫的重要手段。

中国的教育对外援助重视根据发展中国家发展目标和合作需求，改革自身体制机制，健全规章制度；聚焦发展，改善民生；重视对接各国发展战略规划。

2）构建人类命运共同体要求大国教育担当和奉献

教育具有相对的独立性，不太受政治、经济因素的影响。因此，教育援助并不像经济援助那样在帮助受援国发展的同时援助国可以获得经济利益和政治影响，教育援助更多的是一种奉献，这要求北方国家对南方国家担当教育援助的主要责任。

中国展现了无私的精神，致力于发展中国家人力资源质量的提高，从而带动经济增长，摆脱贫困与落后。例如，在殖民统治时期，因不注重交通建设，非洲国家的资源成本高，无法与西方抗衡，只能依靠西方。中国首先帮助非洲国家大力开展交通建设，培养相应技术人才，将"要致富先铺路"的经验在非洲践行，使非洲国家的产品能够便利出口，同时也方便了进口，极大地带动了当地经济发展。

3. 援助良好的政治形象下的受援国自主发展

1）教育促进其他发展中国家自立自强

无私的援助需要受援国对其发展拥有主事权，由受援主体发挥主导作用，援助项目要在受援国承受能力范围内，援助管理要与受援国合作进行，援助设计要符合受援国教育体系，援助的精神要保持援助国和受援国之间真诚合作。只有真正为受援国着想，才能有效帮助受援国发展起来，在政治上找到自信。

中国对外教育援助秉承的政治原则是：相互尊重，平等相待，不干涉内政，不附加任何政治条件，不谋取政治私利。

此外，中国对外教育援助的合作原则是，注重发挥比较优势，履行与国力相匹配的国际义务；不做超越合作伙伴发展阶段、不符合合作伙伴实际需要的事；遵循"受援国提出、受援国同意、受援国主导"的原则，促进受援国自立自强。

2）教育帮助其他发展中国家找回自己的价值观

面对世界单一强权推动的世界化，教育援助能帮助受援国民众保护自身文化免受世界化的冲击。

中国援助秉持开放包容，交流互鉴，深化沟通和交流，增信释疑、互学互鉴。中国对其他发展中国家的教育援助不是为了获得政治、道德和战略的优势，而是为了构建一个繁荣、和平、公正的世界。中国利用自我发展获得的收获来让其他发展中国家分享成果，让他们有能力去自我发展文化和价值观。

中国的援助也反对国际恐怖主义、生态环境破坏、弱势群体边缘化、社会歧视、男女不平等、腐败等现象，为人类安全和幸福带来福音。

（二）职业教育在教育援助中的重要作用

1. 职业教育满足其他发展中国家的巨大需求

发展中国家职业教育相对落后，特别是撒哈拉以南非洲和南亚地区，初中一级和高中一级开设职业教育的很少，急需职业教育来充实其教育体系，满足社会对具有专业技术能力的劳动者的需求，同时为大量初中和高中辍学的青少年提供学习的机会。职业教育援助属于"硬援助"——教学技术、设备、设施等为主的援助，受援国乐于接受。

如上所述，职业技术教育与培训对经济增长有作用，它的确使学校到社会的过渡更容易,学徒制职业教育机制更适应就业①。而学徒制对那些学校职业教育体系不完善的发展中国家更具有补充性。职业教育给青年带来的早期直接收益巨大。

2. 职业教育在促进当地经济发展上有直接效果

职业教育对发展中国家经济发展的作用巨大。特别是在非洲这个青年人口多、失业多、非正规经济和就业多的大陆,职业教育能够使青年很快具备社会需求的基本技能,解决大量失业的社会问题。如果说基础教育对未来国家的经济发展推动力较大,那么职业教育则对解决发展中国家失业能起到直接效果,特别是对经济落后的地区来说,职业教育尽管成本高于普通教育,但其改善就业的作用更显强大。援助项目内容与劳动就业、人力资源开发密切相关,对经济和民生发展有帮助,人道主义的本质显著。职业教育援助见效快、针对性强,收效明显。这也是各领域的援助项目都离不开职业培训内容的原因。

非洲作为国际援助的重中之重,职业教育开始出现大发展的苗头。目前非洲24岁以下的年轻人占到非洲总人口的60%,15~24岁占20%。2030年前将有1亿年轻人进入劳动力市场,到2035年之前,有4.4亿非洲青年将进入社会。到2050年,非洲青年将占世界的1/3以上。非洲总人口中的年轻人占比明显高于其他地区。而这一人口中40%的人处于失业状态。同时,非洲职业教育体系亟待发展,学校体系的中等职业教育比例很小,需要改造以适应社会发展需求的严峻形势。无论是职业教育课程资源,还是职业教育发展与管理政策都较为缺乏。如果大批建设项目和商业产品走向非洲,却不重视相应的职业技术培训和服务支撑的话,那么,不仅业务无法拓展,品牌文化无法造福当地社会,而且项目无法更好地支持非洲经济和社会的全方位发展,产品也无法减轻西方高价产品对非洲人民生活的压力。因此,援助项目需要合理分配海外发展的软硬件资源,加强当地职业教育与培训。

3. 职业教育帮助当地广大群体提高就业能力

职业教育通过帮助进入或没有进入普通教育体系的学生掌握就业所需实用技能,提高就业收入,增强自立能力,维护做人的尊严。职业教育便于从学校到就业的过渡,加强社会融入;高质量的技能教育使劳动者处于社会有利地位,

---

① HANUSHEK E A, SCHWERDT G, WIEDERHOLD S, et al. Coping with change: international differences in the returns to skills[J]. Economic letters, 2017(153): 15–19.

促进向上的经济与社会流动，提高生产力。因此，技能给予人们更大的主动性，特别是给予弱势学生学成就业的机会，改善和提高生活质量。接受职业教育与培训的群体一般包括教育程度较低者、低技能者、妇女、残疾人等弱势群体，这从某种意义上讲能充分体现教育平等，促进社会正义和公平。这对发展中国家的社会稳定和经济发展至关重要。

4. 职业教育协助海外企业更好地服务当地经济发展

职业教育能够有效解决赴海外开拓市场的企业用工问题，所有海外企业均遇到招聘的当地劳动者无法满足企业基本需求的情况，职业教育能让当地员工适应企业用工标准，使企业更好地为当地经济发展做贡献。例如，红豆集团在西哈努克港举办的职业学校成为当地青年竞相追求的学府，能够在红豆集团当地分公司就职，不仅工资高于当地平均收入，而且在社会上也属于体面社会人群。因此，海外企业通过在当地援建职业培训机构或与当地合办职教机构，能有力推动当地经济发展和社会就业。

（三）职业教育援助的形式及实践

1. 职业院校海外举办职教机构和开展教学帮扶

1）公校借国企出海合作办学

这一形式是指公校联合起来用公共资金借助海外国企举办以国企代表为法人的独立职业学校，这种学校在当地属于私立，纳入当地国民教育体系。这一机制的特点是国企在当地已拥有多年经历，建立起为当地培养相关人员的培训机制，通过将国内各公立职业院校资金作为合作建校资金拨付给国企公司，由该公司的海外分公司将资金用于海外学院建设和学历教育建设，这避开了公立学校因没有外汇账户无法实现资金支持的局面，绕过了一般公立机构不能将资金汇到国外的规定。同时，各参与方根据各自的优势制定合作的专业课程方案，派管理人员和教师前往参与建校、管理、教学和指导。

这一形式的典型案例是中国有色金属集团在赞比亚建立的"中赞职业技术学院"，该校是在该国教育部备案，性质为当地私立教育机构，法人代表为有色金属集团在当地公司的一位领导，在获得开展大专教育资格后正式被纳入该国国民教育体系。学校在前期建设的资金为有色金属集团以及各参与学校向集团总部拨款人民币50万元人民币，在随后的教学建设中各校又投入50万元人民币，此外，每个学校还要投入这一海外学校的运作费用。集团将投入资金转换成外汇打入在赞公司，完成投资流程。

这一形式的发起单位是广东建设职业技术学院和中国有色金属工业人才中心，广东建设职业技术学院联合十几所高职院校协同中国有色金属集团在赞比亚开展职业教育"走出去"试点，建设"中赞职业技术学院"。根据教育部《关于同意在有色金属行业开展职业教育"走出去"试点的函》《关于继续做好职业教育"走出去"试点相关工作的函》文件精神，自2015年起，第一批8所职业院校与中国有色矿业集团共同承担职业教育"走出去"试点工作，探索与中资企业"走出去"相配套的职业教育国际化发展模式。面向中国有色金属集团境外企业中国员工及本土员工开展职业教育和技能培训，提高企业员工技能水平，更好地服务于企业，到2020年已开设培训28期，累计培训学员650余人。这样，在赞比亚建设了中赞职业技术学院并开设了部分参与院校的境外二级分院，以学历教育与职业培训相结合的方式为赞比亚当地培训本土技能型人才。广东建设职业技术学院、北京工业职业技术学院、哈尔滨职业技术学院、湖南有色金属职业技术学院、陕西工业职业技术学院、南京工业职业技术学院6所院校在中赞职业技术学院开设二级分院；开办专业，将中国的专业标准带到赞比亚，现已有5个专业课程标准获得赞比亚高教所认可，纳入赞比亚当地教育体系，包括机电一体化专业专科课程标准、机械制造与自动化专业专科课程标准、信息技术与自动化专业专科课程标准、机电设备维护与管理专业专科课程标准以及金属与非金属科学技术专业专科课程标准；同时，还在中赞职业技术学院成立了孔子课堂，开展"汉语+职业技能"的人才培养模式；此外，还专门开发专业教学资源，编写了"工业汉语"系列教材。截至2019年共有21所院校参与该项目，规划建设49个专业系列教材。已出版发行5本，在编79本。

此合作的发起和促成机构成功地说服教育部支持和发文，并获得各参与学校的支持。有色金属工业人才中心隶属有色金属集团，有色金属集团隶属国资委管理，因此，是国企性质，这样，公立学校的公共经费交给国企，然后由国企在海外公司实现海外学校建设。海外学校的日常运作由参与学校派出的管理人员和教学人员负责，而这些派出经费则以参与学校正常出国活动项目经费名义拨出。

运作至今，如果不算先期投入，目前运作经费与收取的学费收入开始走向持平。2021年首批学生毕业，这样，就业统计数据将能充分证明学校对当地教育的贡献程度。

从运作可行性来看，该模式没有违背国家现有规定，而且成功践行了国家大力提倡的"职业教育走出去"的要求。但是这类学校的持久性不确定，因为很难预估所有国企海外分公司能一直在当地运营下去。

另外，与此类似的形式还有浙江交通职业技术学院2017年与浙江交工集团喀麦隆总部合作在当地举办的鲁班学校。

2）地方政府支持职业院校国外开展联合办学

这一形式的援助由地方政府出资推动职业学校到其他发展中国家联合当地学校或合作伙伴办学。学校名称带有中国的元素，如鲁班工坊。这一形式的诞生得益于中国"一带一路"倡议和教育部出台的《推进共建"一带一路"教育行动计划》，地方政府的大力支持保证了其实现。这一机制的特点是地方政府拨出筹建经费、由公立学校将师资和管理人员派到受援国，在当地学校内建设培训机构。

这一机制的典型案例是，天津政府支持下的天津职业教育机构走出去。天津政府仅首期即提供500万元人民币，政府用此资金向海外设有分部的公司购买教学设备，然后由公司将设备以捐赠的形式向中国海关出口申报，向海外教育机构所在国海关进口申报，实现设备免税出口，应用于在海外设立的教育机构。这些机构或设在学校之中，或在当地社会独立设置，培训机构法人或者是当地接纳培训机构的学校法人，或者是其他合作者。

通过这种运作，地方政府资金得以变通出境，将采购的设备用于海外办学。负责海外培训机构的国内职院派出管理人员和教学人员的经费从学校正常派出人员项目中拨出。

这一机制借助国内私立公司实现经费变通转移到海外教育机构建设上，但培训机构往往是与所在国学校联合举办，投资的动产财产应该算作援助，不存在中国所有权问题，此外，这种机制尚没有办成中国在海外的独立学历教育机构，但已经是职业教育援外的重要突破。此试验尚有改进空间，但有巨大的发展前景，比孔子学院更具生命力。如果机制关系能够捋顺，有关行政运作障碍得到扫除，那么，试验成熟时，国家即可建立海外工坊的公共管理机构或资助民间名义的机构管理工坊，使资金能够按规定合法汇到国外，用于办学。那么，这有可能成为未来中国政府大力推进的援助方式。

这一案例的具体情况是，由天津政府出资，天津渤海职业技术学院等16所院校联合走出去公司在印度、埃及等国建立"鲁班工坊"。"鲁班工坊"是天津市在国家职业教育改革创新示范区建设的一项重大成果，服务于国家"一带一路"倡议、助力职业教育国际交流与合作的创新型国际化职业教育服务项目。"鲁班工坊"旨在服务于当地中国企业并与发展中国家共同培养适应当地经济社会发展需要的技术技能人才。以中外双方共同制定认可的国际化专业教学标准为依据，配备优质的"四位一体"立体化教学资源，对海外本土师资进行标准化系统化培训，提高当地教育教学水平。校企协同发展为中国驻外中资企业提供优秀技能人才。2020年11月6日，"鲁班工坊建设联盟"在天津成立，成员包含国内院校、企业、科研机构和社会组织等72个单位。2021年9月，天津又设立"非洲职业教育研究中心"，由轻工职业技术学院作为秘书处地址，天津政府首期拨款40万元，开展研究。

2016年3月，由天津渤海职业技术学院创建的中国首个境外"鲁班工坊"在泰国大城技术学院成立。中方合作企业为亚龙智能装备公司。2017年5月，天津市第二商业学校与英国奇切斯特学院集团合作建立的英国"鲁班工坊"项目正式启动，是在欧洲建立的首个"鲁班工坊"。2017年12月，天津轻工职业技术学院和天津机电职业技术学院，联合天津所在地中国500强机械制造企业，在印度金奈理工学院建立了印度"鲁班工坊"。2017年12月，天津市东丽区职业教育中心学校在印尼东爪哇省波诺罗戈市第二职业技术学校建立印尼"鲁班工坊"。2018年7月，天津现代职业技术学院在巴基斯坦旁遮普省技术教育与职业培训局设立巴基斯坦"鲁班工坊"。顺应"澜沧江湄公河合作"首次领导人会议要求，2018年10月，天津中德应用技术大学在柬埔寨国立理工学院设立澜湄职业教育培训中心与柬埔寨"鲁班工坊"。2018年12月，天津机电职业技术学院与葡萄牙塞图巴尔理工学院合作建立的葡萄牙"鲁班工坊"揭牌成立。天津市已有16所大专院校参与"鲁班工坊"建设队伍，建立已揭牌启动的"鲁班工坊"16个。马达加斯加鲁班工坊、埃塞俄比亚鲁班工坊、摩洛哥鲁班工坊、加纳鲁班工坊、加蓬鲁班工坊、保加利亚鲁班工坊、瑞士鲁班工坊、俄罗斯鲁班工坊等鲁班工坊在建中。从2019年3月非洲首家鲁班工坊——吉布提鲁班工坊正式揭牌运营开始，中国已在非洲建成10所鲁班工坊，开设了新能源、机电一体化、铁路运营、中医药、机械制造等7个大类23个专业的课程。

鲁班工坊采取学历教育与职业培训相结合的方式。在建设实训中心、提供先进教学设备的同时,中方还组织教师和技术人员为非洲当地教师提供技术技能培训,并邀请其来华实地交流,切实加强课程开发、专业标准设置等方面的能力建设。在非洲大陆职业教育体系尚不健全的情况下,鲁班工坊促进了非洲职业教育的发展与创新,帮助非洲培养了具有现代职业知识和技术技能的青年劳动者,受到了当地的好评。从鲁班工坊实践看,这种合作机制具有更多的援助因素。

3)公立院校借助私企在国外开展职业教育技术援助

这一形式主要指私立海外企业借助中国公立学校的力量在所在地办校。这种学校法人是中国私人,但属于当地独立的私立学校,如果实行学历教育获批,则可以纳入当地国民教育体系。因此,即使是公立学校参与,也对中国在海外教育有益,对当地教育发展有益,值得鼓励这种形式。

如果直接与国外教育机构合作,则往往局限于纯技术输出,无法掌控在海外的教育。学校也可以通过满足国内赴海外企业为自身发展而联合创立海外学校的需求,来实现帮助企业管理海外学校。江苏红豆集团在柬埔寨办的大专教育机构正是得到了国内无锡商业职业技术学院等的帮助,才获得成功。

2010年,私企红豆集团与无锡商职院就在西哈努克港经济特区举办"南阳红豆学院"(培训中心)签署协议。2012年,两国政府就建立上述培训机构达成一致。2015年动工,2017年无锡商职院选派22位教师免费举办10期22个班培训。中心招收特区所需劳动者、当地社会学生,开展短期培训和学历教育,将一部分学生送到无锡商职院学习。2018年中心获当地政府批准升级为"西哈努克港工商学院",即培养本科教育的独立机构,法人为集团和无锡商职院共同成立的教育发展公司。这种学校的特点是首先满足企业在当地所需的劳动力培养,然后再扩大成面向当地社会的多专业学校。即使学校法人是中国私企代表,混合资产的管理存在政策缺位,但这类举动援助成分较多,学校的技术投入也符合职业教育走出去的要求。

类似这种形式的还包括江苏海事职业技术学院2016年与中国赢联盟(新加坡韦立集团、山东魏桥创业集团、山东烟台港集团和几内亚 UMS 集团)、几内亚职业技术教育部合作共同创办的"几内亚-江苏海事职院韦立船员学院"等。

4)公立院校与国外院校合作办学

这类援助属于中国学校与发展中国家学校建立联系,在当地建立职业学校。

这类学校的法人一般为当地母校的代表，学校名称可以有中国元素。但这种学校的生命力和可持续性依赖未来中国政府的道义支持和中国学校领导的毅力及可持续支持。

为了更好地满足非洲国家需求，促进教育国际化不断深入发展，一些中国职业教育机构参与国家援外职业教育项目或自行联系"走出去"办学，与非洲等地区的国家合作开办职业教育机构和帮助教学，例如，天津职业教育师范大学2009年至2013年共派遣援外教师131人次到埃塞俄比亚、坦桑尼亚等国家职业院校任教，培养、培训学生近万人，为埃塞俄比亚、肯尼亚、坦桑尼亚、苏丹等发展中国家开展短期职业教育培训，培训学员近300人次，承担国家援建埃塞俄比亚"埃塞－中国职业技术学院"的教学与管理工作；宁波职业技术学院在贝宁建立的中非（贝宁）职业教育学院；黄河水利职业技术学院与南非北联学院合作创办的南非大禹学院；金华职业技术学院与卢旺达穆桑泽职业技术学校合作建立穆桑泽国际学院；顺德职业技术学院与马来西亚UCSI大学于2012年合作举办顺峰烹饪学院，双方共同提供教学资源，招收国际学生；重庆经济管理职业学院2014年在柬埔寨经济管理大学设立职业技术中心，派老师教授汉语；金华职业技术学院2017年与卢旺达穆桑泽职业技术学校合作办学，派教师赴卢教学；浙江经济职业学院2017年与柬埔寨设立柬创院国际教育中心，派教师赴柬教学，等等。这些机构采取共同管理、合作办学方式，集合中非双方优质资源，开设非洲国家紧缺专业，有正规的教学场地和科学的管理机制，在帮助当地培养技术技能人才方面取得了良好效果[①]。

总体来说，中国对其他发展中国家的职业教育援助本着合作的原则和立场，从受援国的需求出发，切实地提高了各国的教育水平，符合当地国家教育发展目标，同时，也促进了本国高校的能力建设与国际化进程，此外，学校学科建设的能力和层次也得到了提升。

2. 商务部援外职业教育培训

1）商务部执行国家援助政策

国家教育援助以非洲为重点地区。援助计划通过中非论坛确定。2000年10月，中非合作论坛第一届北京部长级会议设立非洲人力资源开发基金，为非洲培训各类人才。2003年12月，中非合作论坛第二届部长级会议决定3年内为非

---

① 牛长松. 中非合作夯实非洲职业教育[N]. 中国社会科学报，2021-08-19.

洲培训 1 万名各类人才。2006 年 11 月中非合作论坛北京峰会决定 3 年内为非洲培养培训 1.5 万名各类人才。2009 年 11 月，论坛第四届部长级会议决定援建 50 所中非友好学校，3 年内为非洲培训 2 万名各类人才。

中非合作论坛成果远不止历届会议上有关的成果。中非合作论坛高度重视培训非洲人力资源，帮助非洲国家改善教育基础设施。非洲国家来华参加各类培训项目的官员和技术人员越来越多，中国为非洲留学生提供的政府奖学金名额也不断增加。

2）商务部逐步加大对职业教育的援助力度

商务部作为国家援外短期海内外培训活动的负责机构，每年确定国内合作培训基地学校和培训项目。每个省获得的机会不一。例如，2018 年援外培训项目实施任务清单中，海南省 2 家援外培训单位共争取到 36 个培训项目，福建省争取到 77 个培训项目。援外培训项目中有多边来华培训项目和双边来华培训项目以及境外培训项目。培训承办单位有的是省商务厅培训中心，有的是学校。援外培训，除了专业知识和技能的学习，还有针对性地安排国外学员实地参观考察。

2013 年援贝宁中等职业技术学校及太阳能示范项目开工，援建的农业技术示范中心投入正常运作；2015 年援萨摩亚残疾人培训中心举行开工仪式；2015 年援卢旺达职业技术学校移交；2012 年援卢旺达农业示范中心成立；2015 年援刚果（金）农业示范中心举行首期培训班开班仪式；等等。

自 2015 年约翰内斯堡峰会以来，中国已为非洲培训了 20 万名各类职业技术人员，并提供了 4 万个来华培训的名额和 2 000 个读取学历学位的教育名额。

非洲国家领导人非常重视对青年的教育和培育，特别是解决青年就业问题。中国援助根据受援国需求来开展，非洲方面重视的领域，也是中方在中非合作论坛的框架内所着重进行合作的领域。注重学校基础设施建设是中国发展的重要经验之一，也是各国发展的普遍经验，中国经验引领中非合作和国际对非合作[①]。

3）商务部委托职业院校培训短期来华人员

这一形式的援助活动不胜枚举。例如，宁波职业技术学院承办的"2019 年贝宁职业技术教育海外培训班"结业典礼在贝宁中国援建的阿卡萨多职校举行。

---

① 曾爱平. 这 18 年，中非合作论坛收获了什么 [J]. 瞭望，2018(36).

2017年12月至2018年12月，东帝汶有45名学员来到宁波职院参加培训，其中21人学习机械电器维修技术，24人学习旅游行业服务技能。该培训项目也是宁波职院承办的商务部全国首个非学历一年职教援外培训项目。

又如，金华职院学校积极为非洲、东南亚等"一带一路"沿线国家开展技术技能培训。在卢旺达穆桑泽开设海外分校，为卢旺达培养学历留学生近90名，开展电子信息、食品加工等卢方急需领域的短期技术培训2 644人次；接收3名卢旺达教师来华3个月师资培训；同时多渠道承办各类援外项目，年均为印度尼西亚、越南、尼泊尔、泰国等国家开展技能培训达170人次。

3. 国内职业学校接收国外留学生

这一形式的援助资金主要来源于各接收地和接收学校，其可持续性有待观察。高职院校可以依托职业教育的相对优势，加强与沿线国家的教育合作，扩大文化交流和人员互动，吸引周边国家学生来华接受学历教育。通过这种方式，一是能有效输出各高职院校的优质教育资源，提升其国际影响力；二是能帮助沿线国家培养具有国际视野的人才，服务中国驻海外企业，共享教育资源国际化。国家奖学金名额有限。政府出台的奖学金政策如中国政府奖学金、"一带一路"语言生奖学金等一般是针对本科及以上院校招收的来华留学生，高职院校在留学生教育工作方面的资金面临着一定的困难。以湖南省为例，高职院校招生来华留学生暂无政府奖学金支持，学校只能自身进行财政支持，这样无形中又增加了高职院校招收难度。北京信息职业技术学院2015年与埃及苏伊士大学签订埃及学生来学校学习协议，学校负担一定费用。

高职高专院校招收了不少留学生，有一部分留学生获得了地方政府和学校的资助。高职高专院校2017年招收全日制留学生11 500余人，比2016年增长65.2%。各省对部分留学生给予奖学金资助，例如江苏省的"茉莉奖学金"计划每年拨给38 000元／人。另外，各省的职业院校自行制定学校资助标准，达学费的30%。北京的一些职业院校对学业优异的留学生给予全部或部分学费免除。

4. 其他诸如教育部等部委开展职业教育对外援助

这一形式的援助与商务部培训项目略有区别，例如，教育部确立了若干种教育援助项目，援助内容不限于培训，还包括教学、合作研究及交流等。

中央政府的对外援助，由国际发展合作署牵头、商务部会同外交部和财政部进行对发展中国家的成套项目等大宗援助，其他部委如教育部、文化部、科技部、农业部等业务部门分别负责各业务部门的对外双边和多边援助工作，这种归口管理早在几十年前就在实行。如1993年《文化部关于全国对外文化交流工作归口管理办法》。另外，虽然2015年商业部制定《对外技术援助项目管理办法（试行）》，但其他部委也相应制定了各自规定，如科技部在2013年即开始设立科技援助项目规定。

在诸如中非合作论坛、中阿合作论坛和中国-东盟（10+1）合作等高层机制框架下，涉及教育领域的承诺，如建设学校，多数由商务部负责执行，受援国来华接受短期培训也由商务部以及其他部委直接联系教育部所属学校承担。但在援助总政策指导下，教育部自身也开展具有援助性质的各种活动，如在双边援助中，"中非20+20"计划项目、"丝路1+1"科研合作项目、友好使者培训计划项目、鲁班学堂职业技术创新人才培养项目等，这些项目均有职业学校的参与。在多边援助中，中国联合国教科文组织全委会为联合国教科文组织提供非洲教育发展信托基金，为南南合作基金、教育计划等提供捐助，开展的这些项目有的也涉及职业教育内容。教育部定期举办"对发展中国家教育援外工作会议"，总结过去，展望未来。另外，无论是地方政府还是学校，在教育援外上都做了大量工作，成绩斐然。

文化部也提供各类与教育培训有关的援助。例如，在人员方面，各海外中国文化中心把教学培训作为中心的四大职能之一，因地制宜地开设汉语、书法、手工艺、武术等多种主题的免费培训班，志愿者赴厄瓜多尔、毛里求斯、佛得角、越南等国开展志愿活动，免费传授舞蹈、中医、书画装裱等技艺。此外，支持发展中国家来华接受培训。定期举办非洲武术学员来华培训班，例如，2018年在精武镇霍元甲文武学校举行培训3个月，来自加纳、赞比亚、马拉维、乌干达、佛得角、冈比亚、利比里亚7个国家的21名武术学员参加。

科技部也持续开展科技方面的援助。根据《对发展中国家科技援助专项管理办法（试行）》，确立了科技部常规性科技援助项目，大量学校获批项目申请，开展国内外培训。例如，2019年"非洲青年科技人员创新中国行"使来自埃及、南非、肯尼亚等18个非洲国家的25名青年科技人员来华进行科技和文化参访。

农业部长期对非洲开展人员培训。2000年以来，埃塞俄比亚农业职业教育合作项目一直在开展，是农业部门历时最长的援外职教项目之一。中方共派出20批485人次的农业职教教师，先后在埃塞俄比亚13所农职院校任教，累计教授56门课程，传授70余种实用技术，培养埃塞俄比亚师生和农技人员6万余人。

农业部在多边援助方面于 2008 年和 2014 年共向粮农组织捐赠 8 000 万美元设立信托基金,这既是借助国际组织平台支持开展南南合作,也是将知识、经验、政策、技术和专业资源等发展解决方案在发展中国家之间相互分享和交流的一种合作方式,其作用是提高受援国的农业生产力和粮食安全水平。截至 2019 年 10 月,中国已向非洲、亚洲、南太平洋、加勒比海 30 多个国家和地区派出了近 1 100 名农业专家技术人员,占粮农组织(FAO)南南合作项目派出总人数的 60%,约 100 万发展中国家的人口在小型农业政策法规、水产养殖、杂交水稻、农村能源、热带作物、加工储存、市场信息和农业文化遗产等领域受益,被誉为联合国系统南南合作的典范之一①。

四、中国教育特别是职业教育援外的主要困难

中华人民共和国成立初期至今,中国的教育对外援助已有 70 余年历史。发展中国家正处于经济建设初期,对职业技术型人才的需求量处于上升期。职业教育作为可以直接为经济提供支撑的教育类型,应更积极地服务于国家的教育对外援助战略。但从目前来看,职业教育援外仍存在许多待解决的困难。

(一)顶层设计和政策指导不足,统筹和管理不够

中国的对外援助起步较晚,对教育方面的援助虽然一直进行投入,但仍没有相关的配套法律政策文件。长期以来主管对外援助的商务部开展的教育领域援助多是应中央精神要求对发展中国家提供学校建设,一些短期来华培训活动也纳入成套援助项目之下,另外,设立的专门奖学金名额也有限,很少在受援国开展包括职业教育在内的各级教育援助,缺少教育援助规划。教育部在双边和多边援助方面均开展若干教育援助项目,或涉及奖学金,或涉及帮助其他发展中国家学校发展教育,但也没有制定详细的援助战略,缺少职业教育教学方面的援助项目。地方政府和职业学院在 2016 年 "一带一路" 教育行动文件的指导下开展了一些专门项目,但教育部和地方政府对职业教育援外的指导和扶持力度不够,尚无针对职业教育援外的政策支持和体制保障。职业院校申请招收留学生较困难,而一些受援国更需要到职业院校学习的奖学金。与高校联合创办海外孔子学院(课堂)也将职业院校排除在合作方之外。鲁班工坊作为职业教

---

① 于浩淼,徐秀丽."双轨制 +":中国农业多边对外援助治理结构探索 [J].国际展望,2020(4).

育援助项目的一个较好抓手，教育部有关部门多次研究，但尚未设计出正式的发展战略，加上新冠疫情影响，项目出现短暂停滞。

教育部尚未建立统筹机制。各地各校开发的职业教育对外援助项目不少，但显散乱，似缺少统筹和协调。另外，许多职业院校对职业教育援外所带来的长远战略利益尚未有足够的认识，大部分职业院校甚至本身尚未开展任何国际合作，整体国际化水平不高，只是因学校发展有国际化指标要求，才被动参与或寻求"走出去"；在与本科院校的办学实力和影响力相比较差的情况下，主要通过低学费或自行提供奖学金资助等方式吸引外籍学生。再者，在国家层面，学历学位互认互通程度有限，对留学生的就业、归国保障不足。此外，部分高职院校缺少明确的教育援外策略和监督约束机制，不能保证援外项目质量，项目重复，项目过分集中在个别受援国，影响了中国职业教育援外的口碑，亟待建立统筹机制。

（二）教育教学方面援助的项目和经费偏少

商务部援外的教育开支主要是建学校和来华培训等项目，相关经费的公开数据不多。教育部的援外开支主要有三大块，双边对外教育援助、多边对外援助（向国际组织捐款）、来华留学生奖学金援助。如前所述，从教育部2020年决算表可知，前两块总和仅为4 300万元，而来华留学奖学金则达38亿元人民币，即使扣除20%给来自发达国家人员的奖学金，剩下给发展中国家的奖学金也达30亿元人民币。如果从西方提供奖学金较多的法国和德国两大援助国来看，奖学金被纳入高等教育援助，而2019年法德高等教育援助占教育总援助的比例分别为68%和61%，远小于中国奖学金的比例。因此，教育部教育教学方面的援助项目和经费偏少。

具体到教育部职业教育援外方面，项目和经费更少。职业教育援外缺少国家财政投入。现有各种小项目投入多来自各职业院校自筹，院校自身出援助费用的现状不利于职业教育援外的长期发展，同时也影响了职业院校参与教育援外建设的积极性。尤其是境外办学前期筹备需要建设基础设施和设备运送采购，需要投入的经费大，仅靠学校难以承担。

（三）对外援助管理队伍水平有待提高

中国对外教育援助需要一支管理能力较强的队伍，但从战略角度看管理人员仍然处于需要锤炼的阶段。应该说，中国对发展中国家的建设教育机构等硬件方面的援助是巨大的，对来华留学生的投入是巨大的，从中积累了一定的经验。但在教育援外的全方位战略方面仍然缺少可持续规划和管理人员，无论是在双边援助还是在多边援助方面，管理队伍的素质需要尽快提升。过去的教训不少，在多边领域，中国在 20 世纪 90 年代中期获批建立的联合国教科文组织保定国际农村教育培训中心，原本是一个面向发展中国家、传播中国经验和思想的重要平台，获得联合国教科文组织的赞赏、关照和预算支持，两年得到 40 万美元资助。但由于该中心经教育部有关主管司局领导批准，使用专为发展中国家农村教育人员培训的经费组织中心人员出国考察，被教科文组织执行局行政委员会财政与行政专家组某国专家公开披露，最终 2008 年教科文组织断掉了给该中心的资助，致使该中心现在处于不利状态。

（四）对外援助师资队伍质量有待改善

高职院校师资力量较弱，教师水平参差不齐，高水平的国际化师资建设亟待加强。高职院校涉外业务少，教师对国际化的教学理念认识较浅，教学模式、课程设置等不适应留学生的学习习惯。同时，能够进行双语教学的教师数量少，对中国传统文化的熟悉程度与传授能力不足，国际化师资团队难以建立。无论是引进来还是走出去，可以说，多数职业院校没有做好准备。例如，中国有色金属集团在赞比亚建立的职业技术学院开设的专业包括采矿业，专业需要报当地政府审批备案，中国起草专业方案的人员没有实地了解到当地采矿机械的电子化和自动化水平，以想象中的传统作业机械为教学蓝本，导致需要重新申报专业设置和教学方案。

（五）企业、非政府组织和民间团体对教育援助参与度低

非政府组织、民间团体、行会、国企和私企等对教育援外的认识程度不高，援助所需的前期大量资金投入可能影响这些团体参与教育援外的积极性。职业教育需要学校与企业的结合，对外援助同样需要。赴发展中国家开拓的企业若不能与国内学校联手办职业教育，则无法有效提升援助质量和效果。

（六）公共宣传方法不甚合理

瑞士《国际发展合作与人道主义援助联邦法》强迫政府就发展事宜提供公共

教育。而发展援助委员会其他成员国政府不认为教育公众是他们的事。中国的公众意识与西方可能有差异。但由于官方对国际援助解释不够，社会民众容易受不怀好意者的挑拨，这极易造成社会混乱。过度明确地在中国社会说明教育援外的各种重要性和必要性，或不向公众提供任何有关信息，两者都显极端。对外教育援助的宣传方法需要适合中国国情，需要在构建人类命运共同体的大方向上进行适当的宣传，使公众理解支持有关援助政策，顺利执行援外计划。

五、中国开展教育特别是职业教育援助策略建议

（一）教育援助机制

1. 在国家整体外援政策下完善教育援外机制

中国公共对外援助是以国际发展合作署为总协调机构、以商务部和外交部发挥主导作用、以各相关部委和地方政府以及地方公共企事业单位为独立运作机构开展的对外援助，预算来自财政部和地方财政机构，多数援外项目均涉及技术援助部分，而技术援助中的长期或短期培训分列在不同援助项下，商务部、外交部和财政部及国际发展合作署起主导作用，负责援建学校和与援助项目相关的当地技术培训以及相关的来华培训，拥有对外援助的主导预算。教育部、科技部、农业部等与教育和培训相关的部委也各自开展涉及具体业务的培训援助活动，拥有各自对外援助预算，包括双边援助和多边赠款项目。中国虽然尚无对外援助法，但政府各相关参与部委能够在新成立的国际发展合作署的政策引导下有条不紊地开展援助工作。

教育部是教育政策的制定者，拥有支撑对外技术合作的庞大教育体系和资源，有实力拟定通盘教育援外政策和计划，影响政府对教育援外经费的支持。从多年的实践看，商务部在教育领域更多的是负责援建学校，尽管可能与其他部委的援助存在交叉，但总体上各司其职。建议教育部进一步加强协调教育系统援外工作，强化机制建设，制定教育系统援外规划和行动，为国家援助总政策提供支持。

具体协调和执行部门可以为教育部国际合作司国际处或司办公室。由于教育援助工作的重要性随着国力增强越发重要，因此需要设立管理教育援助的专门人员甚至专门机构，承担管理、协调和统计教育部直属机构和全国教育战线援外的责任；保持与各相关部委的沟通渠道，交换开展涉及双边和多边教育援

助的情况；建立国内外联系网络固定机制，调查、研究、分析、统计和评估涉及教育的援助项目；跟踪经济合作与发展组织的发展援助委员会教育援外信息；促进现有的教育援外项目在保持品质和优化组合的基础上稳步增量；及时收集受援国的市场对教育需求调研结果，协调教育系统对受援助国经济社会发展需要领域以及中国海外公司需求开展有针对性的人才培养与技术支持等援助活动。

在多边援助方面，可在中国联合国教科文组织全国委员会秘书处综合处设专门工作人员负责多边教育合作援助的各类事宜，每年向教育部国际合作司汇总全国各级公共和私营多边教育援助信息，做出1~3年援助规划和设想，跟踪发展援助委员会多边教育援助信息。在奖学金方面，国家留学管理基金委员会秘书处从援助角度负责每年向国际合作司报告汇总向发展中国家提供各类奖学金的执行和评估情况，包括多边长城奖学金的情况，开展对西方国家为发展中国家提供奖学金的研究，提出发展政策建议。

2. 建立牵头教育援外研究机构

"一带一路"倡议的推进和人类命运共同体建设对中国教育援外提出新要求，需要加大对发展中国家的帮助，加大国际教育交流和互助。此外，中国制定"统筹国际国内两个大局"和积极"参与全球治理"战略，这要求深入研究国际上官方发展援助，需要通过大量实证研究来为中国制定合理适度的教育援助政策服务，完善与"负责任大国"地位相一致的教育援助机制，发挥中国已有教育对外援助的整体功能。

随着《"一带一路"教育行动》的发布，教育系统各种研究机构纷纷建立，许多高校围绕着"一带一路"倡议建立起针对地区或国别的研究机构，对地区或国家社会、文化、语言、历史、教育、经济等各方面开展研究、收集信息，为中国和世界各国建立良好合作关系打下基础，如非洲研究中心、东盟研究中心、中亚研究中心、南非研究中心等，但专门研究教育领域援助的高水平、高层次机构并不多。

韩国很早就在大学建立起援外研究中心，中国对外经贸大学于2021年6月建立针对所有援助领域的对外援助研究中心。由于中国对外援助的方式、层次和途径多样，加上教育领域的援外机构体量庞大，教育系统援助业务独立于国际发展合作署和商务部，仅靠中国对外经贸大学一家综合性研究中心难以获得更全面的国际教育援助信息。建立一个研究水平较高的教育援外专门机构可为亟待加强的中国对外教育援助理论和战略提供关键支撑。

建议教育部国际合作司考虑建立起对外教育援助研究网络，指导和协调现有各学校研究机构的工作，避免重复和低质，并鼓励一所条件较好的学校牵头建立教育援外研究中心。

建议教育部职业教育与成人教育司鼓励一所有条件的学校建立专门的职业教育援外研究机构，或指定对职业教育走出去研究较为出色的现有机构开展全国职业教育援外研究。

建议教育部统计部门细化国际合作与交流指标，设立支助性指标和教育支助类别下级指标；同时，教育部国际合作司牵头或依托一所学校建立全国教育对外合作信息报告系统平台，平台构架可参照经合组织的援助报告系统（CRS）的教育部分内容。中国国际发展合作署已于2021年12月开通了对外援助统计数据直报平台。

（二）教育援助公共宣传

1. 在受援国和国际社会开展宣传

中国院校在海外办校均注意了确保名称含有中国元素，向当地人民展示了中国的友好，并注意在当地的媒体宣传援助项目，树立了良好的国家形象，证明了中国教育援助的无私和无条件性质。为了让中国各级各类教育援助在公共宣传上便于统一行动，建议教育部国际合作司遵循国家在援助总原则和标识标准等方面的要求，研究整理对外宣传成功案例，制定出教育援助领域的对外宣传指导原则，在学校名称、教学设备、媒体宣传等涉及媒体的各有关方面设定具体的工作标准要求。中国无论是在多边援助还是在双边援助中均要有详细对外宣传计划，各援助方已经非常重视通过校名等传统宣传办法，如中非友好小学、中非职业技术学校等，还要注重宣传手段和方法多种多样。指导原则的设定有利于宣传效果的最大化。

西方国家十分重视通过各种手段宣传对发展中国家的援助善举，例如，意大利对发展中国家提供的双边援助曾经通过多边机构渠道执行，多边机构是一个国际大舞台，影响大，宣传效果好。再如，日本在发展中国家开展援助项目往往请受援国通过他们在相关的多边组织的代表在国际会议场合感谢日本政府援助。这些举措增强了援助国在国际上的良好形象。

开展援助宣传计划需要有相应的宣传资金预留。建议要求申报的每个援助项目留出一定比例经费用于在当地媒体进行宣传等，运用各种媒体手段报道，请受援国政府或学校适时在国内社会和国际社会进行宣传。

与此同时,援助单位要注意收集受援国政府及社会对其援助项目的反响,及时全面地反馈信息;针对负面评论从其根源、动机和内容深入研究,并及时制定回击或疏导对策,总结教训,避免未来再次出现。

参与海外职业教育办学学校作为公立机构,间接代表着国家,教育部有责任和义务对大量学校出海办学进行培训、协调和监督,做出详细的内部规则,特别是提出在援助形象和公共宣传方面的要求。

2. 对国内民众的教育

西方有些国家的援助法律包括对国民公众教育或宣传的条款,以获得社会的理解和支持。拥有专门援助法律的瑞士要求对公众进行必要教育。还有一些国家教育部将全球援助事宜纳入学校课程。另有一些国家政府固定教育援助在官方发展援助的占比,日本建立了发展合作公共教育中心。研究表明,文化程度高、年轻、居住在城市的人是援外的强大支持人群,可以成为宣传活动的针对目标。改善国内公众对国际援助的认识对实现人类发展目标至关重要。实现人类目标需要加大援助,需要援助国政策上保持一致,有强大政治意愿和可持续的政策支持。如果公众能更好地认识援助问题,就会对这一政治选择的必要性充满信心,他们会明白从长期来看益处越来越多。例如,在芬兰,外交部展示其援助宣传教育计划的动机和改革,外交部与国家教育理事会一起支持在学校开展援助的宣传教育计划,计划包括互动、以网络为基础的教材、问答、师资培训计划、研讨会和讲习班等。2002年有关非洲的活动纳入了节庆和展览等活动,吸引了很多人前来。芬兰外交部还资助出版展示发展事宜的连环画,在全国各地宣传芬兰援助事宜。欧洲国家重视监测公众舆论,调查显示,发展援助委员会成员国中公众对发展援助的支持是高的,并随着时间推移,呈现出稳定性。从公众对发展援助和人道主义性质的非政府组织的捐助额不断增加可以看出民众的支持意愿。

中国依然是发展中国家,虽然中国对外援助采取力所能及的原则,援助不附带任何政治和经济条件,以构建人类命运共同体的理念来不断加大对外援助力度,但反击敌对势力的渗透,对国内民众的教育、指导和启发十分必要,不能对本可化解的矛盾置之不理。

中国国内有些人对向非洲国家提供援助,特别是给部分来华留学生提供高于本国学生的待遇大为不解,甚至义愤,这与宣传缺失不无关系。实际上,中国在资助受援国学生来华力度适中，留学生到手的奖学金并不高。

建议教育部在不同年龄段的学生中，在不同的公共人群中，采取不同的方式，循序渐进、潜移默化地宣传中国对外援助的主旨，团结世界各国人民共同发展和共同富裕，对抗国际上的强权和不公，努力为到2030年前实现联合国人类可持续发展议程和目标而努力，启发领会人类命运共同体思想，通过"一带一路"倡议带来中国与其他发展中国家的双赢来讲好的故事。

（三）教育援助策略和原则

在构建人类命运共同体理念的影响下，中国对其他发展中国家的教育援助迅速发展，教育部2016年《推进共建"一带一路"教育行动》，提升了整个教育体系对外援助的意识和行动。出现飞跃的同时，应总结"教育走出去"、来华奖学金、双边和多边项目援助等的成功经验与不利教训，制定整体策略，优化未来行动。

新形势对教育援外提出更高的要求，建议教育部国际合作司定期研究未来教育援外策略和思路，通过召开教育部援助发展中国家教育工作会议形式，对教育援外的策略、法规、财务、内容、程序、规模、方式、受援国名单、对受援国援助战略、统计、效果等进行研究、讨论和分析，确定符合中外法律法规和财务规定的海外办学内部规定细则，梳理海外办校、中国标准、中国规则、教学等成功案例的可行性和普及性，制定1~3年的中短期规划和行动，为国家援助总政策提供支持；通过规划和行动，提高中国教育对外援助的针对性、成本效益、国际影响力和国内公信力，推动各受援国通过教育认同人类命运共同体理念，并参与构建。

1. 教育援助导向及原则

各国对外援助的理由建立在人类伦理同情、地缘战略和经济利益三大基础之上。另外，各国各类援助计划相差较大，有的内容甚至对立，因此，很难有国际上的统一标准和显著效果。美国引领的教育援助经常指向与其政治利益相关的受援国，如阿富汗、伊拉克等。法国侧重前殖民地，确保长期的政治、经济、人文联系；德国为非殖民国家，援助并非一味侧重最不发达地区，而是选择在经济上能够带来利益的国家进行资助。

与其他援助国不完全相同，道义和同情一直是中国援助的主导原则。教育作为摆脱贫穷、促进社会经济发展、稳定社会和谐的重要驱动力，是各国优先发展的目标。教育援助不仅能够有效帮助受援国自立自强、经济发展、社会稳定、福祉改善，而且能将人类命运共同体美好理念深入人心，使人民相亲，共同发展。

由于中国仍是发展中国家，财力有限，应将援助经费精细安排，使每个项目产生增倍的效果。在策略上，利用有限的援助资金，首先选择帮助政治和经济可以互益的低收入受援国，通过有效、实用的教育援助促进受援国的就业和产业发展，让受援国赢得经济增长。当然，中国将有步骤地让所有发展中国家能分享中国改革开放、教育扶贫和经济发展带来的成果，使他们都能通过教育发展和人力资源的开发带动经济发展，共同富裕起来。

2. 教育援助地区重点和援助力度

在非洲很多国家，贫困、失业、失学等问题仍十分突出。教育特别是职业教育受到非洲各国政府的一致重视。非洲职业教育的社会功能逐步被重新认知，现有的非洲职业技术学校和职业教育培训机构种类繁杂，分布不一，运作混乱，质量较低；基础教育的普及程度低影响了职业技术教育与培训的生源；资金匮乏、没有足够的投入、软硬件得不到更新、教师队伍流失严重等各种问题严重制约和影响着非洲教育的发展。投资教育、发展知识经济也越来越成为非洲国家近年来的主要发展方向。虽然根据联合国教科文组织发布的报告显示，各国入学比例大幅提升，但是整体来说非洲各国的教育投入还是处于比较低的水平，需要继续加大教育投资的力度。而西方发展援助委员会成员国虽认为要把资金首先给予最不发达和低收入非洲国家，但2019年其对非援助总额并未增加，对非的教育援助比例甚至低于对非的总体援助比例。中国作为世界上的负责任的大国应提升对非洲援助中的教育援助的比例，通过能力建设为受援国培育相应的人才，从而解决各自所面临的发展中的问题。中国"一带一路"教育合作与援助实践集中在周边亚洲国家，非洲是中国长期对外援助的首要地区。

建议应继续将非洲和东南亚作为教育援助重点。非洲作为最不发达和低收入国家最多的地区仍应是中国教育援助的重中之重，中国应继续扩大对其教育援助规模。东南亚作为中国的友好地区，教育援助可以升级到以质量为主。

3. 多边教育援助

多边舞台是重要的宣传场所，援助项目更容易获得受援国政府的赞赏。应扩大多边援助项目种类，将援助作为向国际组织输送人员的基础，把输送人员作为多边援助的重要目的之一。

联合国教科文组织这种牵头负责世界教育政策的机构应是中国目前教育多边援助的主要机构。西方发展援助委员会成员平均对多边援助额占总援助额比例约为30%，而且在教育方面的多边援助多是通过西方大国在融资性的国际组织如联合国儿童基金会、世界银行发起的教育筹资计划中进行的，此外，欧洲国家还通过其欧洲委员会机构提供多边援助资金。中国采取独立自主、不结盟的对外政策，作为最大的发展中国家将教育援助的重点放在联合国智力合作机构教科文组织上，通过此平台尽其所能地支持发展中国家教育，符合中国国情。但从中国目前的多边教育援助额上看，与包括来华奖学金在内的双边教育援助比，份额极小。

长期以来，西方国家掌控国际主流媒体和国际组织，对中国进行隐形的不公正打压，中国只有向国际组织输送更多人员，通过援助加大影响力，才能使西方不良企图不攻自破。教科文组织拥有195个会员国，是联合国成员国最多、牵头负责教育的联合国机构，国际影响较大，是重要的宣传阵地，中国作为该组织缴纳会费最多的国家目前在该组织的力量相对较为弱小，所占有的国际职位数量仅占理应被分配的职位数量的1/5，也就是说中国花巨款养着欧洲以及其他国家国籍的职员，受着西方操控该组织走向和冷落中国的怨气。该组织预算有限导致空缺职位有限，聘用人员语言以英、法语为主，诸多因素使中国、日本、韩国以及其他亚洲国家在竞聘上处于劣势。

因此，中国应通过提供援助并派人管理等渠道来一步步向该组织输送中国籍职员。通过在该组织建立信托基金项目并派专人作为协理专家管理是项目管理人员过渡到正式编内国际职员的重要途径。同时，中国需通过该组织对发展中国家教育进行多样化援助，用事实逐步减缓西方的对立，用改革清除西方设置的人事障碍，用中国智慧让发展中国家受益。

在该组织日本籍国际职员数基本达到分配名额的中线，主要得益于几大举措：作为会费大国长期对该组织人事和行政管理的深度了解和参与；20世纪90年代初派人做该组织行政助理总干事，掌控行政财务与人事问题；日本当选总干事，获得两个任期对该组织的全面领导；长期根据职位空缺提供不同的信托基金项目，使日籍项目人员转正成为国际职员。后者通过提供援助逐步换取职位的做法，不限于竞聘不利的日本。21世纪初，在空缺职位极少的情况下，北欧国家通过提供师资培养方面的援助使其项目人员终得转正。其实，利用会费杠杆和国家影响力也是实现向国际组织派人的重要施压手段。

各国相关部门均把派人进入国际组织作为外交使团的重要职责和使命，21世纪初，美国为了掌控该组织新闻自由业务，其大使强压该组织负责人将在其他部门供职的P2级美籍小官员调入信息传播部，并连跳两级，直升至能够掌管项目的P4级。中国目前是该组织第一会费大国。中国本应占据的几十个国际职员职位，如果能由中国人占据，那么，该组织一直由西方意识形态把控的局面将有所改观，西方官僚作风将受到冲击，广大发展中国家将在教育、科学、文化发展上获得实在的益处。道路艰辛且漫长，需要各级充分认识，竭尽全力。

建议教育部教科文秘书处拟定派人和援助策略，会商外交部和财政部提高对教科文组织等的多边援助额通过更多不同的中小型信托项目将更多年富力强、竞聘优势明显的项目管理人员派入该组织；在未来教科文组织改组之际争取承担行政部门助理总干事一职，以深入掌控财务管理和人事空缺，并从现在即培养有能力胜任此位的候选人；将信托基金项目与项目人员转正捆绑，瞄准职务空缺可能来安排援助领域，一旦转正，证明一段援助工作取得效果，可以转向其他领域和部门提供援助的服务；将中国对该组织的参与重点彻底从业务转向管理，作为第一会费大国，确保该组织经费用在实处，以派人进入该组织为未来的中心任务，通过中国力量对该组织工作潜移默化的微调，切实有效地帮助发展中国家发展教育，构建教育人类命运共同体。

4. 援助的教育类别重点

硬件援助满足受援国急需，是较为实用的援助方式。中国在非洲的援助重点为援建学校，中国政府多年来通过中非论坛承诺对非洲学校建设提供了巨大的援助，许多中非学校的建立为非洲教育的发展提供了重要支持。教学设备的提供也具有一定分量，通过提供援助国的设备来推动受援国教育也是正常的做法。但这种设施设备援助的做法往往是一次性的，没有后续合作和跟踪，不能使援助增值。援建学校和设备属于受援国公共教育体系所有，学校法人是当地人。另外，馆舍建设如果按照高标准，则开支较大，援助不能剥夺受援国的教育主事权，硬件发展不能包办，主要还要靠受援国。随着非洲地区的发展，许多国家的硬件现已基本可以满足一般需求。西方发展援助委员会在20世纪60—70年代的援助侧重基础建设，但后来从"基础建设为主"转向"基础建设和能力建设并举"，让更多发展中国家的学生、教师、官员和民众直接受益。

《2030年议程》《非洲2063年议程》《非洲教育战略2016—2025》都是侧重开发技术和职业教育，特别是获取优质职业教育与培训，获得促进就业的技术与职业技能、体面的工作以及创业。因此，教育教学的改善也是非洲急需实现的。教育教学业务上的援助是在财力有限的情况下既发展自己又对其他发展中国家提供帮助的有效手段。它不仅给受援国发展提供智力帮助，还能与受援国进行更多的心灵沟通，实现民心相通的另一个援助目的。当然，中国援助方由于语言的局限性在教育教学援助能力上相比西方前殖民国家处于劣势，但这些年的援助实践证明，无论是在教育部层面的"20+20"高等教育合作机制，还是在地方和学校层面的援助，都取得了较好的效果。例如，北京信息职业学院对埃及的教学援助，天津的职业学院在非洲建立的鲁班工坊开展的教学，中国有色金属集团在赞比亚建立的职业学院和专业建设。

中国尚处于发展阶段，援助资金有限，难以使援助项目常态化定期开展，只能选择受援国最需要的、短期受益最大、对援助国声誉产生良好影响同时又能反映援助国优势的教育项目。根据以往的经验，中国在建设农业学校、友好小学、职业技术学校等方面进行了较大规模的硬件援助，软件方面的援助主要是来华奖学金。各层级的教育技术援助刚刚开始尝试，且以基础教育阶段的教师教育为主。

建议在综合性教育援助上国家继续进行学校援建和设备援助的同时，教育部筹划就地或线上集中开展发展中国家教师培训；在基础教育援助上，教育部可以考虑开展援建学校的后续教学合作，真正实现民心相通，国际合作司可以考虑选择几个受援国的受援学校作为试点，调动国内力量前往使用英语教学，并逐步说服当地政府将汉语纳入学校教育；同时，在非洲和南亚地区重视推动女童入学援助，以配合联合国人类可持续发展议程；在高中教育一级的援助上，教育部职成司选择几所非洲已建职业学校，动员国内中职和高职资源开展教学援助，与当地的中资企业联手，做出精品；在高等教育援助上，除了来华奖学金项目外，教育部国际合作司可继续推进"20+20"高校合作，同时教育部职业教育与成人教育司可以依靠"出海"相对容易、相对受欢迎的高职院校，选择较为成功的援助项目，做实做大，纳入国家援助机制。

总之，国家教育援外的重点除了建校和提供奖学金之外，还应尽快加大尝试教育教学这些"软件"援助，在西方殖民百年没有改变非洲贫穷落后的背景下，真正让人力资源的有效开发促进非洲国家经济起飞，摆脱贫困和战乱。

5. 援助的语言教学

援助语言对援助面影响很大，美国、英国、澳大利亚这些英语国家能够相对容易地将援助深入受援国的各级教学，法国也能在其前殖民地推行法语教学援助项目。而日本、德国作为援助大国却因语言的障碍不能自如地开展涉及教学的援助，但这并不影响两国的援助力度。

英语在国际上的普及性和使用性是世界公认的，这一趋势短时间无法撼动，汉语虽然是使用者最多的语言，但使用的国家数有限。这也是中国与世界沟通的语言障碍，对国家战略和人类命运共同体理念的传播不利。尽管世界上有不少学习汉语的人，但主要是兴趣驱使，经济和就业原因次之。但不管怎样，随着中国国力增强，汉语的发展势头迅猛，在柬埔寨西哈努克港，学习汉语成为当地青年的重要选择，学好汉语能够在众人仰慕的中企就职并获得高薪酬，进入当地社会上层。在非洲许多地方，随着中非贸易的扩大，学习汉语成为青年的选择。

非洲大陆由于长期被殖民统治，众多的民族语言混杂，只有殖民国语言进入官方语言，与其他地方语言并存。在多种语言环境下，非洲人学习语言的能力似乎较强，汉语掌握较快，不亚于西方人学汉语的能力。另外，非洲也需要有一种能促进其经济发展的相对统一的语言。2005年，马里教育部长在联合国教科文组织会议上说，非洲实现教育普及十分困难，因为各种语言自由发展，无法统一教育。在这种语言背景下，汉语作为朝阳语言，在非洲可以进行语言教学尝试，有可能未来非洲成为汉语普及的突破口，让非洲借中国文化和经济发展的快车，迅速发展起来，走向富裕。

建议教育部在对外教育援助队伍的培养上重视英文教学能力的同时，可以在非洲合适的国家合适的城市进行试点，尝试将汉语纳入当地国民教育体系，为非洲经济发展做贡献。

6. 职业教育与基础教育之间的选择

早在20世纪90年代世界银行做出研究认为，基础教育对国家的经济促进作用要强于职业教育。在这一看法的引导下，国际发起全民教育运动，加大对基础教育的发展，引发了援助国对基础教育投入的热潮。虽然国际上有研究认为职业教育不如普通教育对就业和能力的益处大，但这类研究是就教育规划的整体而言，且忽略了社会对各类劳动者的需求。外部援助往往在受援国整体教育资源中占比较小，发挥的作用也有限。但随着时间推移，事实上，援助国口头强调基础教育，实际投入在减少。

自从在德国、韩国和中国先后召开国际职业技术教育大会以来，职业教育的重要性得到突出，特别是2015年联合国《人类可持续发展议程》中专门强调发展职业教育，让青年能获得体面的工作。

职业教育的重要特性，即适应性、中介性、个体性、实用性等，是其他类型教育所欠缺的。职业教育有其特有的适应性，职业教育因职业而生，职业又因社会发展需要而生。职业教育的办学模式、专业设置等均不得不适应社会经济发展、适应市场需求。同时，职业教育中介性就是指职业教育在人的发展和社会发展之间、教育和职业之间的特殊位置。就是说，职业教育促进人的个性发展和社会进步，不是"普通性"或者是"特殊对象性"的，而是直接对应于社会需要和个人生存的，是促进科学精神与人文精神的结合，促进社会发展需要的个人素质的提高，是使人的个性更适应社会直接需要的发展、提高和更新的中介加工，是其间最基本的桥梁。此外，职业教育的立足点只能是现实中的"个体存在"，从事职业教育的主体、接受职业教育的主体都是现实生活中的人，他们的现实生活的需要和能力决定了职业教育的教育目的、内容、方法、形式、水平等。另外，职业教育的实用性注重教育方法、技术和经验，注重职业教育的效益（包括经济效益、社会效益等），关注学生个体的现实存在，立足和回归现实生活。

职业教育在教育援外中的作用突出。中国领导特别阐明了中国职业教育的战略地位、类型定位、根本任务、办学方向、办学格局、育人机制、价值追求、舆论导向等一系列重大理论和现实问题。职业教育是经济的载体，而实体经济是经济的重要支撑，做强实体经济需要大量技能型人才，发展职业教育援外是中国对构建人类命运共同体的切实努力，是经济发展的长远利益之一。对"一带一路"建设急需的重点区域和国家开展职教项目援助，不仅有助于当地经济发展，更有助与沿线国家的政治关系稳定，同时也为海外的中资企业培养技能人才，为双赢提供保障。

受援国应主要依靠自身力量发展占主体地位的普通基础教育，职业教育需要一定的经验积累和教学设备等需求，这也是援助国的优势所在。

具体来说，发展职业教育援外能帮助受援国获得教育收益。发展中国家正处于经济发展的上升期，特别是部分"一带一路"沿线国家人口众多，且教育发展滞后，大批适龄青少年需要入学接受教育。中国职业院校和企业等"走出去"开展境外办学，既可以帮助当地完善教育体系、逐步缓解学龄人群入学问题、为当地培养合格技能劳动者，促进受援国青年就业和产业发展，也能让中国发展经验试用到其他发展中国家，帮助其实现全面进步。

现阶段，非洲国家青年人口众多，失业率高，职业教育能有效地解决就业问题，增加社会稳定因素，推动产业经济，使大量非正式经济转型提级。包括非洲国家在内的广大发展中国家产业结构单一，经济发展大多依靠农业、工业等产业，这些产业发展需要大量的职业技能型劳动力。

职业教育援外对中国来说更容易实现。中国企业"走出去"在海外建立公司需要聘用大量本土员工。帮助加强职业教育、建立职业院校、开展职业培训，既能为当地发展所需要的产业培养大量人才，又可以满足"走出去"中资企业劳动力需求，更好地带动当地经济发展。发展职业教育援外还能将中国优秀文化与当地文化融合，让当地吸纳中国艰苦奋斗、勤俭、儒家企业管理等文化元素，尽快走向富裕，共建人类命运共同体。

建议教育部国际合作司在制订援助项目计划中更多地向职业教育援助倾斜，同时兼顾在基础教育援助亚洲和非洲方面做一些有益的汉语教育尝试项目。

7. 鲁班工坊与孔子学堂之间的关系

对于资助海外汉语学习是否应被纳入教育援助范畴，人们有不同观点。西方援助国一般不把其语言在海外的推广作为援助。如果受援国主动要求将支持其汉语学习作为援助项目，并且汉语已经是受援国的使用语言，则这种行动显示出援助性质。但目前汉语在海外的使用情况还没有成为受援国最需要支持的援助内容。

鲁班工坊是职业教育走出去举办学校的代名词，职业教育与汉语不一样，属于中性的科目，任何国家都拥有职业教育。这也是发展中国家急需加强的教育层级，广大发展中国家对援助职业教育有巨大的需求。教育部曾于2019年请高等教育学会和职业教育学会分别研究普通高校和高职走出去援外情况，研究发现职业教育走出去更成功，更显多样化，更受当地欢迎。另外，在没有中央政府政策和财政支持的情况下，天津政府用500万元撬动了天津职业院校的能量，短短几年间在海外建立了十多家鲁班工坊。

尝试的鲁班工坊机制遇到的最大困难是资金无法通过正规渠道汇出，不像孔子学堂有国家汉办机制管理，可以正常将资金汇出，并有海外使馆及教育处组的协助。

建议教育部国际合作司和职业教育与成人教育司继续鼓励地方政府尝试海外鲁班工坊建设，协助提供有关便利，组织制定和完善机制的体系框架和质量标准，在成熟以后报请中央政府批准，设立官民合办的鲁班工坊机制，既有中央资金支持，又配套地方政府和民间组织的资金，形成亲民的协会性质的机构，专门管理和推动"鲁班工坊"职业教育对外援助，为受援国职业教育发展提供有力支持。

此外，建议教育部国际合作司就中国高职积极推动与发展中国家特别是亚太地区国家达成学历互认，加强地区人员流动，实现经济双赢，更好地服务于国家"一带一路"倡议的推进。

（四）多样化教育援助方式

1. 办好来华学习职业教育专项奖学助学金

来华奖学金对其他发展中国家帮助较大，许多发展中国家处于对职业技能人才的高需求阶段，就读中国实用性和可操作性较强的职业技术学院相关专业，通过学习去了解和认同中国工业设备和产品，对其国家和个人未来发展有利。

建议教育部国际合作司和留学基金委逐步增加职业教育奖学金名额，同时优化管理。

2. 优化来华短期培训

中国人均国民收入仍很低，教育与培训方面的援助应特别注意成本效益。短期来华访问和开会应尽可能与培训以及重大活动结合起来，提高资金使用效果。政府各业务部委援助来华短期或长期培训援助项目作为传统项目可以继续保持，但从其效果与投入相比看，最好是将短期来华访问项目与培训结合，将短期来华时间与重大活动结合，非必要的短期来华项目应尽可能减少，将资金用在更能帮助受援国人力资源发展上。

3. 加大在海外举办独资、合资及合作学校

公共机构和国企出国独立举办学历教育学校应该是未来国家支持高等教育援助的一个重点。经济落后的发展中国家急需外国前来举办普通教育和职业教育机构，为落实"一带一路"倡议，这种教育走出去到国外办学也是一种重要援助方式，更有利于中国帮助当地快速有效发展学历教育，援助国公共机构独立海外办学效率高，但在法律和财务上困难大，且发展不稳定。采取法人来自受

援国的合资及合作办学是援助国的普遍做法，这是中国教育及职业教育援外的重要途径。培训性质的援助是学历教育援助的基础。

为了确保这种援助的可操作性、规范性、规模性和可持续性，吸取以前办海外孔子学院的教训，建议以试点较为成功的地方政府为龙头，设立由地方政府、私人、企业等共同出资的基金会或协会机构，类似政府出资较少的法国"法语联盟"这一民间社会机构性质，统筹管理和资助海外举办的各类职业教育机构或统一称为"鲁班工坊"的机构，中央政府在模式成熟后给予一定的外汇政策和财政支持，并负责教学监督与指导。

目前职业教育援外试点较为成功的地方有广东、江苏、天津。这种海外教育模式一旦获批学历教育，则可纳入当地国民教育体系，举办独立学历教育有一定的难度，但从中赞职业技术学院的案例看是完全可行的，建议教育部趁非洲各方面仍处于发展的机遇期，尽快规划、有序推进独立或合作办学，推动非洲教育大发展。

中国有色金属集团在赞比亚举办的职业学院可以作为参考。国企与公立职院合作在海外办独立学校模式较为成功，它不仅能将中国教育纳入当地国民教育体系，为当地就业率改善提供帮助，而且可以调动大中型企业，特别是帮助那些在受援国开展经济生产业务并有巨大收益的企业培育海外教育项目，同时让发展中国家，特别是相关国家人民感受到合作互利、共同发展的实惠。经合组织2016年度的官方发展援助报告强调"作为商务机会的可持续发展目标"，增加官方发展援助以外的援助资金，以提升各国发展援助的总量，并更好地实现国家对外援助的总体目标。2014年，经合组织的统计数字显示，当年私营机构和非政府组织提供的资金总量已经达到了320亿美元[①]。中赞学院并非私营机构举办，类似模式可以作为中国政府职业教育援助内容。

另外，开展海外合资办学的国内学校也需要继续摸索合规、合法、合理的模式，在尝试阶段，既确保国有资产资金变通或捐赠在海外的有效使用，又确保其安全性和可持续性，未来纳入国家机制，资产才能获得可靠保障或合法定性。

此外，与受援国学校在教师资源上的合作是更具可持续性技术合作，全国各参与学校应在教育部的统一协调下发挥各自长处、避免重复，不仅在学校和个人国际化指标要求上获得益处，更要将教学合作做实做强，打造发展中国家

---

① OECD. Development co-operation report 2016:the sustainable development goals as business opportunities[M]. Paris:OECD,2016.

南南教育合作的典范。

4. 丰富发展中国家孔子学院（课堂）的职业教育内容

对外汉语教学从其性质上来说一般不属于对外援助，由于海外职业教育既能服务于中国海外企业，又能帮助当地青年就业，具有较高的实用性，更受当地社会欢迎，带有援助性质，应鼓励国内高职院校协同企业大力发展"中文+职业技能"的特色办学模式。海外鲁班学堂和海外孔子学院两者不宜合并推进，但职业教育可以利用发展中国家孔子学院的平台逐步满足当地社会急需，并将孔子学院作为中国研究非洲教育与社会的基地①。

5. 推进国际多边教育援助

应当加大发展对非教育援助的南北南三角合作和多边合作，继续发展南南教育合作。中国之前的对非教育援助更多采取的是双边援助机制，然而在全球合作趋势越来越明显的情况下，中国需要和世界银行、联合国教科文组织、联合国开发计划署、联合国儿童发展基金会等国际组织以及一些西方发达国家，共同开展援助工作，这样既有助于中国提升自己的国际影响力，树立良好的国际形象，增强援助的效果，又可以提高中国教育机构的国际化程度和参与国际化事务的能力。

（五）教育援助经费分配和使用

1. 加大中央政府通过多边机构对发展中国家教育提供援助

通过国际多边机构援助越来越具增值效果，中国对外援助中多边渠道的利用相对偏少②。多边援助具有诸多优势：在宣传上，通过多边舞台能发挥更大的作用，让各国都能知晓本国做出的援助努力；在信誉上，援助项目在受援国更具可信度，更容易推动；在范围上，能够针对一个主题开展多国教育援助；在援助内容上，多边组织发出的倡议或计划多基于对发展中国家普遍问题的研究成果③；在执行上，由多边组织的经验丰富的专家负责；在评估上，多边组织会将规范化执行报告提交给出资国。弊端是，多边援助往往在经由联合国系统的机构时要被收取13%左右的管理费；另外，与各受援国建立的泛泛关系不如双

---

① 李荣林. 中国南南合作发展报告[J]. 中国对发展中国家的援助与合作，2015(3).
② 熊厚. 中国对外多边援助的理念与实践[J]. 外交评论，2010(5).
③ UNDESA. Development cooperation for the MDGs: maximizing results, international development cooperation report[M]. New York: United Nations, 2010: 74.

边援助的关系牢固。

建议教育部教科文组织全国委员会制订多边教育援助计划，会商外交部和财政部加大通过教科文组织设立为非洲服务的中小型教育信托基金的项目数量。

中国作为发展中国家，不必像西方发展援助委员会那样向欧洲委员会机构、世界银行和联合国儿童基金会倡议建立的教育融资计划等投入多变性援助资金，教育部可以面向联合国教科文组织等非资助性机构提供教育援助信托基金，向这些国际组织的南南合作基金和教育计划加大教育项目资助。教育部从2012年起向联合国教科文组织提供用于非洲师资培训的信托基金项目，不应将项目设计成单一多期项目，项目援助额也应有所减少，应分成不同领域、项目金额中等偏下的信托基金项目，如上节所述，要根据国际组织职位空缺领域来设计不同的信托基金项目，项目的推进有助于管理基金项目的人员转正，从而使更多项目管理人逐步过渡到国际正式职员，扩大真正为发展中国家有效服务的中国籍国际职员队伍。

2. 制定双边教育教学援助计划与预算

商务部除了主持援建学校、提供设备和资助与援助项目相关的官员来华学习和培训外，一般不进行其他各级各类教育的援助。商务部的这类教育援助，如果按照西方发展援助委员会统计规则，只是四类教育援助中的一类，即综合性教育援助。教育部在教育援助上拥有巨大的人力资源，但教育部援外资金很少，2020年为2100多万元人民币。在基础教育、高中教育以及高等教育3类援助方面，教育部通过各种小型援助项目有所涉及，但占整个教育援助的比例极低，而西方援助国这3类的资金投入比例在2019年达83.2%。

建议教育部国际合作司制订与商务部有别的、教育系统的教育和教学援助以及鲁班工坊建设的计划与预算草案，会商外交部和财政部批准。预算应该加大，幅度逐年提升。教育部系统建立海外鲁班工坊所需的部分建校费用在时机成熟后应纳入国家援助预算。

结束语

受发达国家经济增长下滑、新冠疫情全球蔓延以及南南合作收缩的影响，国际援助面临较大的不确定性。中国提出的"人类命运共同体"是一个崭新的理念，除了与联合国和平发展宗旨以及各项计划吻合，该思想还展示出概念延展性、价值中立性、协商的公正性、大国的包容性四大新意，为联合国改革和发展提供新的动力，是联合国使命的重要补充。

美国、法国、英国等西方国家倡导建立的官方发展援助委员会机制走过了60年历程，其经验和教训为中国新时代对外援助提供了宝贵的参考。

教育援助作为官方发展援助的重要组成部分，在援助国的不懈努力下，推动了受援的发展中国家教育的发展。非洲大陆集中了较多的最不发达国家和低收入国家，成为国际援助的重中之重。

广大发展中国家面临着教育设施落后、教学质量低下、职业教育缺乏、青年失业、社会不稳定的形势，职业教育援助成为改善发展中国家青年就业、推动经济增长的关键。然而，援助动机往往混有道义、经济和政治因素。援助国的教育援助重点各有不同，美国、英国等强调基础教育援助；法国、德国重视高等教育援助，提供大量奖学金；法国、德国、韩国在职业教育援助上保持较高的比例。

中国教育援助机制与其他援助国类似，在国家整体对外援助大框架下运行。从中华人民共和国成立后的独立自主援助，到改革开放后的接受援助，再到共建人类命运共同体，中国教育援助处于青春阶段，充满活力。在"一带一路"倡议和人类命运共同体理念的带动下，中国教育合作与援助呈现全方位大发展。在中央一级，国际发展合作署协调，外交部、商务部、财政部主管，教育部、科技部、农业部等部委和机构参与，各司其职，中国对外教育援助机制不断优化、效果不断提升；在地方一级，地方政府和各高校也根据教育部"推进'一带一路'教育行动"自发开展大量教育援助活动，形成全社会参与帮助其他发展中国家发展教育的局面。中国商务部牵头在发展中国家援建了大量学校、提供了各种教学设备设施、组织了来华培训等；教育系统通过"'一带一路'国际教育合作""中非高校间20+20项目"等诸多援助行动以及向其他发展中国家提供各种来华奖学金，帮助世界各地发展中国家提高教学和科研水平。

中国职业教育援助特色鲜明，除了中央政府对外的援助以外，若干地方政府、海外中资企业、教育系统院校参与了职业教育海外办校、教学设备赠予、教育管理与教学咨询、设立专项奖学金等援助工作，海外鲁班工坊的尝试助力诸多发展中国家职业教育发展，受到当地国家赞赏。

在西方援助国对非洲教育援助下降的同时，中国作为2019年世界银行人均国民收入排名第71位的发展中国家，在人类命运共同体理念的指导下，加大对非洲、亚洲等地区的双边教育援助力度，为人类教育发展和经济繁荣做出了无私的贡献。在多边教育援助方面，中国通过联合国教科文组织等国际平台对非洲等发展地区教育发展的努力不断加大。随着中国特色的职业教育援助的推进，各发展中国家未来将会领略到中国慷慨援助对其就业、扶贫、经济腾飞和自立自信的积极影响。